本成果受到中国人民大学"中央高校建设世界一流大学(学科)和特色发展引导专项资金"支持,项目批准号:15XNLG09

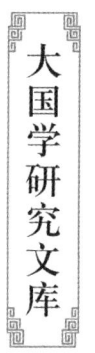

考古所见古代新疆地区的东西方文明交流

The Exchange Between Eastern and Western Civilizations in the Ancient Xinjiang Region from an Archeological Perspective

李 肖◎编

中国社会科学出版社

图书在版编目（CIP）数据

考古所见古代新疆地区的东西方文明交流 / 李肖编. —北京：中国社会科学出版社，2020.6（2021.6 重印）

（大国学研究文库）

ISBN 978-7-5161-3182-4

Ⅰ. ①考… Ⅱ. ①李… Ⅲ. ①考古—新疆—文集②东西文化—文化交流—文化史—新疆—文集 Ⅳ. ①K872.45-53②K294.5-53

中国版本图书馆 CIP 数据核字（2020）第 103291 号

出 版 人	赵剑英
责任编辑	史慕鸿
责任校对	王 龙
责任印制	戴 宽

出　　版	中国社会科学出版社
社　　址	北京鼓楼西大街甲 158 号
邮　　编	100720
网　　址	http://www.csspw.cn
发 行 部	010-84083685
门 市 部	010-84029450
经　　销	新华书店及其他书店
印　　刷	北京明恒达印务有限公司
装　　订	廊坊市广阳区广增装订厂
版　　次	2020 年 6 月第 1 版
印　　次	2021 年 6 月第 2 次印刷
开　　本	710×1000　1/16
印　　张	13.25
插　　页	2
字　　数	224 千字
定　　价	78.00 元

凡购买中国社会科学出版社图书，如有质量问题请与本社营销中心联系调换
电话：010-84083683
版权所有　侵权必究

目　录

新疆考古概述 ……………………………………………… 李肖(1)
汉唐时期边疆地区民族考古遗存 ………………………… 郭物(13)
吐鲁番盆地青铜时代至初铁器时代与周边地区的
　　文化交流 ………………………………………………… 李肖(39)
从洋海墓地的萨满巫师墓解析新疆的萨
　　满教遗存 ……………………………………… 吕恩国　张永兵(60)
裤子、骑马与游牧
　　——新疆吐鲁番洋海墓地出土有裆裤子
　　　　研究 ………………… 黎珂　王睦　李肖　德金　佟湃(90)
世界人文关怀的曙光初现西域
　　——世界最早的假肢吐鲁番出土记 ………… 李　肖　张永兵(112)
拜火教与火崇拜 …………………………………………… 李肖(124)
新疆出土铜鍑的初步科学分析 ………… 梅建军　王博　李肖(136)
西域绿洲人与自然的互动与演变
　　——以高昌绿洲为例 …………………………………… 李肖(150)
交河沟西康家墓地与交河粟特移民的汉化 ……………… 李肖(159)
吐鲁番近年来出土的古代钱币 ………… 李肖　张永兵　丁兰兰(166)

吐鲁番——欧亚大陆种族、语言交流的
　　十字路口 ………………………………………………… 李肖(181)
新疆山普鲁古毛毯上的传说故事 ………………………… 段晴(195)

新疆考古概述

李 肖

一 新疆自然地理概况

新疆维吾尔自治区位于内陆亚洲的东部，中国的西部，面积约160万平方公里，是中国最大的省份。新疆地区四周高山环列，总的地形为"三山夹两盆"即最北部的阿尔泰山，中部的天山，南部的昆仑山、阿尔金山。位于天山和阿尔泰山之间的是准噶尔盆地，位于天山和昆仑山、阿尔金山之间的是塔里木盆地，把新疆分为南北两个部分。新疆西北部为塔尔巴哈台山脉，西南为帕米尔高原，天山山脉中有许多宽阔平坦的山间盆地和谷地，如伊犁河谷地、拜城盆地、焉耆盆地、吐鲁番盆地。南疆周围山地高度一般都在4000米以上，北疆的阿尔泰山3000米以上，准噶尔盆地一般山体较低，也在2000米左右，天山西部和昆仑山南部边界山脉中有许多海拔在6000米以上的高峰。中部盆地及平原的地势起伏和缓，塔里木盆地西高东低，海拔高度在760—1500米之间。准噶尔盆地东高西低，高度在500—1000米之间。山间盆地中以吐鲁番盆地最低，盆地内艾丁湖高度为-154米，是中国陆地上最低洼的地方。在干燥的大陆性荒漠气候影响下，盆地、平原内部河流稀少，植被贫乏，大部分是流沙、戈壁和光裸的盐土地带，地势低洼部分则为盐沼泽或内陆咸水湖泊。

地理环境的不同，直接导致了新疆各区域自然和历史文化的差异。通过分析比对这些差异，可以将整个新疆划分为准噶尔盆地周缘地区和塔里木盆地周缘地区这两大文化区块。

从历史的角度看，准噶尔盆地周缘地区由于气温低寒，降水量大，无霜期短，自古以来就是游牧文明的聚集地；而塔里木盆地周缘地区由于四周高山环绕，使得气候炎热干燥，降水稀少，几乎全是荒漠。得益于周边高山冰川融水的滋润，这里形成了许多基于水系的绿洲，从远古时代起，人们在这里发展起绿洲灌溉农业，最终演变成为著名的西域绿洲城邦诸国。

在以往的历史记载中，天山以北的游牧民族与天山南麓、塔里木盆地周边的绿洲农业民族不仅长期关系敌对，而且在文化上也毫无共同之处，然而通过近些年的考古学研究，人们才逐渐认识到塔里木盆地周缘的绿洲农业民族和天山以北的游牧民族有着相似的文化渊源。

二 新疆考古学的发展历程

新疆位于内陆亚洲的东部，是东西方交通的重要通道，古代东西方文明曾在此碰撞、融合。由于其特殊的地理、气候条件和人文环境，这里又是中国乃至世界地上、地下文物古迹保存最好的地区之一。

在张骞凿空西域之前，中国古代文献对这里没有多少明确的记载。因此，新疆史前史研究主要是建立在考古学的基础上。两汉以后，随着中原与西域的联系加深，历代正史对西域皆有记载。即便如此，想要深刻、完整地了解新疆的历史，考古学资料仍然不可或缺。纵观19世纪末至今一百多年的新疆考古学研究史，可以发现新疆考古学研究经历了一段极为曲折而又漫长的过程，大致可分为五个阶段。

第一阶段：19 世纪末至中华人民共和国建立（1949 年）

这一阶段新疆的考古工作以 1927 年为界分为前后两个部分，1927 年以前的考古工作几乎全部被外国探险家、旅行家垄断。

1898 年，俄国人克莱门茨（D. Klementz）被俄罗斯圣彼得堡科学院派往吐鲁番进行古代城址调查，这是西方学者第一次以考古为目的在新疆从事调查活动。[1]

1900—1914 年，英籍匈牙利人斯坦因多次深入中国西北地区，其中

---

[1] ［英］彼得·霍普科克：《丝绸之路上的外国魔鬼》，杨汉章译，甘肃人民出版社1983年版，第46页。

在新疆地区调查和发掘了一系列的古代遗址，掠掘了大量的文物。①1902—1907年，德国人格伦威德尔和勒柯克等人三次深入新疆地区，考察吐鲁番等地的遗址，在记录和测量的同时剥取了大量的壁画。1906年，法国汉学家伯希和进入喀什，发现了大量的古代佛教遗址。此外日本的大谷探险队也在新疆进行了一系列考古盗掘活动。②

自1927年开始，瑞典地理学家斯文·赫定组织了人数众多的科考团对中国西北地区进行多学科考察。③科考团在中国学术界的压力下吸纳了包括黄文弼在内一些著名的中国学者。因此中瑞西北科考团的调查也是中国人对新疆地区进行科学考古活动的开始，考古方面中方的代表是黄文弼先生，瑞方的代表是贝格曼，考察团调查和发掘的重点在罗布泊地区，黄文弼发现了土垠遗址，贝格曼发现了小河墓地，此外黄文弼先生对塔里木盆地周边绿洲、吐鲁番盆地和哈密地区，贝格曼对罗布泊南缘及且末、东部的乌鲁木齐和吐鲁番地区也都进行了考古调查或试掘。④1933年杨钟健教授在哈密发现七角井遗址。⑤裴文中先生研究了新疆东部收集的彩陶，并撰文指出："新疆之彩陶，似为中国本部之彩陶文化期之晚期。"⑥这些都是中国学者在新疆的考古发现和研究成果。抗日战争爆发后，仅有黄文弼先生在1943—1944年到过新疆考察，而其他的考古工作基本处于停顿状态。

这时期的新疆尚无文物机构和专业的考古人员。在中国从事新疆考古研究的学者仅有黄文弼等人，他们的考察虽然主要是针对汉唐时期的历史遗迹，尤其是佛教遗存，但同时也发现了许多重要的史前遗迹，采集了数以千计的文物资料。

这一时期在新疆进行考古活动的外国学者在获取地下艺术品的同时，也对当地的文物遗迹造成了不可原谅的破坏。客观地看，这些人虽不全是专业

---

① [英] 奥雷尔·斯坦因：《亚洲腹地考古图记》第三卷，巫新华等译，广西师范大学出版社2004年版；[英] 奥雷尔·斯坦因：《斯坦因中国探险手记》（1—4卷），巫新华、伏霄汉译，春风文艺出版社2004年版。

② [英] 彼得·霍普科克：《丝绸之路上的外国魔鬼》，杨汉章译，甘肃人民出版社1983年版。

③ [瑞典] 斯文赫定：《亚洲腹地旅行记》，李述礼译，上海书店1984年版。

④ [瑞典] 贝格曼：《新疆考古记》，王安洪译，新疆人民出版社1997年版。

⑤ 哈密文物志编纂组：《哈密文物志》（附录一），新疆人民出版社1993年版，第372页。

⑥ 裴文中：《新疆之史前考古》，《中央亚细亚》1942年第1卷第1期。

的考古学家，但他们大都经过正规的科学训练，在调查和发掘过程中，注意到文字记录、线图记录和照相记录结合，并发表了许多简报和研究报告，在一定程度上代表了当时世界的考古水平，至今仍具有很大的参考价值。国外学者在新疆的考古活动客观上也刺激了国内学术界对新疆考古的关注。

第二阶段，20世纪50年代至70年代末

自1949年中华人民共和国成立起，新中国开始逐渐重视新疆的考古工作。1953年，当时的西北文化局组织了新疆文物调查工作组，行程五万多公里，对伊犁、吐鲁番、焉耆、库车等多个地区进行了较大规模的调查，这是新中国成立以来在新疆地区开展的首次大规模考古调查。[1]

1956年，新疆文物管理委员会筹备处成立，培养了一批文物考古专业人员。1957—1958年，供职于中国科学院考古研究所的黄文弼先生带领考古队对哈密、伊犁、焉耆和库车等地区进行第二次调查，对哈密焉不拉克墓地和伊犁地区的部分史前遗存进行了发掘，发表了大量珍贵的资料。[2] 这一时期的调查和发掘主要是针对1949年前已经发现的重要遗存，包括尼雅遗址、交河故城、阿斯塔那遗址等，以汉唐时期的佛教考古遗迹为主，同时也涉及了一些史前遗存。新疆东部地区主要有1957年在哈密地区发现的焉不拉克、哈拉墩以及巴里坤石人子乡的彩陶遗存和卡尔桑、阿斯塔那、木垒河等以细石器为主要特征的遗址。[3]

1961年，在伊犁的昭苏、特克斯、察布查尔、伊宁、霍城、绥定等地区，进行了土堆墓的调查和发掘。[4] 1964年，在喀什地区，发现了阿克苏县的哈拉玉尔衮遗址。1972年在疏附县调查了阿克塔拉、温古洛克、库鲁克塔拉和得沃勒克遗址，采集了包括刀、镰和锛等大型工具在内的大

---

[1] 西北文化局新疆文物调查组：《介绍新疆文物调查工作组发现的几种文物古迹》，《文物参考资料》1954年第3期，第35—52页。

[2] 黄文弼：《新疆考古发掘报告》（1957—1958年），中国社会科学院考古研究所编辑，文物出版社1983年版。

[3] 李遇春：《新疆发现的彩陶》，《考古》1959年第3期，第153—154页；吴震：《新疆东部的几处新石器时代遗址》，《考古》1964年第7期，第333—341页。

[4] 中国科学院新疆分院民族研究所考古组：《昭苏古代墓葬试掘简报》，《文物》1962年第7、8期，第98—107页。

量磨制石器、素面夹砂陶片和少量的铜器[1]；同时，在北疆地区进行了石人墓和岩画的调查。此外还发现一些窖藏铜器和零星采集的铜器遗存，另外还有部分未发表的资料介绍可参见《建国以来新疆考古的主要收获》。[2]

在调查和发掘的过程中，一些学者对已发现的史前遗存进行了初步研究。代表人物是吴震和李遇春先生[3]，由于资料的限制，他们都认为新疆新石器时代文化遍布全区，且大部分遗存可归属为三种类型：细石器文化（哈密七角井、吐鲁番阿斯塔那、雅尔湖等遗存）、砾石文化（主要分布于喀什、阿克苏等遗存）和彩陶文化（广泛分布于哈密地区、吐鲁番地区和乌鲁木齐地区）。

从整体来看，这一阶段新疆从事考古研究的专业人员数量较少，发现的史前遗址和墓地也比较分散，虽然对乌鲁木齐的鱼儿沟、阿拉沟、哈密五堡等部分遗址和墓地进行了较为深入的调查和发掘，但总体来看科学发掘的遗存数量还很少，采集和调查的资料仍然占有主导地位，因此很难进行系统的研究。已有的成果仅将史前遗存分成细石器文化、砾石文化和彩陶文化三种类型，而对于出土铜器的遗存则归入铜石并用时代，对遗存的具体文化内涵也未能进行科学的考古学文化定名，缺乏全面、准确地了解。总体上看，此时的新疆考古学研究尚属初步归类阶段。另外，这一时期由于政治环境的原因，中国与苏联和西方国家的学术联系非常少，新疆考古在相对封闭的环境里缓慢探索发展。

第三阶段，20世纪70年代末至80年代末

"文革"结束后，新疆的考古机构陆续恢复工作。中国经济的复苏，也给各地文物考古工作的发展提供了有利的机遇。20世纪70年代末80年代初，新疆地区组织了一次大规模的文物考古调查，调查的范围遍及一

---

[1] 新疆维吾尔自治区博物馆考古队：《新疆疏附县阿克塔拉新石器时代遗址的调查》，《考古》1977年第2期，第107—110页。

[2] 新疆大部分资料未发表，详见维吾尔自治区博物馆、新疆社会科学院考古研究所《建国以来新疆考古的主要收获》，《文物考古工作三十年》（1949—1979），文物出版社1979年版，第169—183页。

[3] 吴震：《关于新疆石器时代的初步探讨》，《新疆日报》1962年1月20日和1962年3月3日；吴震：《新疆东部的几处新石器时代遗址》，《考古》1964年第7期，第333—341页；李遇春：《新疆维吾尔自治区文物考古工作概况》，《文物》1962年第7、8期，第11—15页；李遇春：《新疆发现的彩陶》，《考古》1959年第3期，第153—154页。

些现代人迹罕至的地区，发现了大量的史前遗址和墓葬，在调查的基础上对许多墓地和遗址进行了发掘。主要有哈密地区的焉不拉克墓地、南湾墓地和天山北路墓地（今改名为林雅墓地）；吐鲁番地区的艾丁湖古墓葬、鄯善县洋海古墓地、苏巴什（苏贝希）墓地、托克逊县英亚依拉克和喀格恰克古墓群；乌鲁木齐市南山矿区的阿拉沟墓地和石堆墓遗存；巴音郭楞蒙古自治州的和硕县新塔拉遗址、和静县察吾呼古墓群、轮台县群巴克墓地，罗布泊地区的古墓沟墓地、铁板河古墓，且末县的扎滚鲁克墓地；和田地区的洛浦县；阿勒泰地区的阿勒泰市克尔木齐墓地；喀什地区的香宝宝墓地；伊犁地区新源县；昌吉州木垒县、奇台县等地区的一些墓地和遗址。

其中，从1983年开始，新疆文物考古研究所和中国社会科学院考古研究所分别对和静县察吾呼古墓群进行了发掘，两家合计共发掘墓葬500多座，出土文物4000余件，是这一时期发掘规模最大的墓地。上述的大部分墓地和遗址中都出土有铜器遗存，除此之外，在伊犁地区的巩留、新源、昭苏和察布查尔等县也发现一批铜斧、铜刀、铜镰、铜盘及铜鍑等工具和容器。

1982—1983年，在尼勒克县的奴拉塞山和圆头山发现了两处规模较大的古代铜矿，根据碳十四测定，年代大约属于中原的春秋战国时期[1]，这表明伊犁地区发现的铜器很有可能来源于本地的矿藏。

这一阶段大量考古遗存被发现和发掘，同时，新疆考古研究的学术期刊——《新疆文物》的创刊也为考古资料的发表和研究提供了一个新的平台，这些都极大地促进了新疆考古学的发展。伴随着大量史前遗存的发掘，前一阶段对新疆新石器时代文化三种类型的划分已经无法解释新探知的、复杂的文化面貌。

20世纪80年代初，在苏秉琦先生提出的"区、系、类型"的理论指导下[2]，各地区为了建立区域内的考古学文化编年谱系，都开始进行大规模的考古调查和发掘。与此同时，陈戈先生在对新疆发现的彩陶遗存研究

---

[1] 新疆文物考古研究所：《新疆文物考古工作的新发展》，《文物考古工作十年》（1979—1989），文物出版社1990年版，第343—351页。

[2] 苏秉琦、殷玮璋：《关于考古学文化的区系类型问题》，《苏秉琦考古学论述选集》，文物出版社1984年版，第225—234页。

时，将整个新疆地区划分为东疆、天山北麓、天山南麓和昆仑山北麓四个区，并提出新疆的彩陶既有新石器晚期的，也有铜石并用时代和青铜时代的，还有铁器时代的，而且东部地区的彩陶遗存要早于西部地区，新疆的彩陶是从河西走廊传入等观点。①

1985年，他进一步将整个新疆地区的远古文化划分为二十个文化类型，并明确提出新疆境内真正的新石器时代文化是微乎其微的，只有柴窝堡类型、七角井文化、乌帕尔类型和辛格尔-罗布诺尔文化是属于中石器时代或新石器时代文化，而其他的类型文化都属于青铜时代或者铁器时代文化。② 这些研究成果使新疆史前考古摆脱了简单的三个类型的划分，将大部分史前遗存从新石器文化中辨识出来。

此外，王炳华先生还对新疆青铜时代和铁器时代的年代问题进行了初步界定，他认为"公元前2000年新疆已经进入青铜时代，到公元前1000年，青铜文化非常繁荣，铜器使用非常普遍……在公元前1千纪中叶之后新疆进入了铁器时代"。③

总体来看，在考古学者的努力下，新疆史前考古得到初步的发展。但这一阶段新疆很多地区的史前文化面貌仍然是空白的，而且对已有资料的研究尚不充分，基本不见对考古学文化的区系类型的研究，因此从整个中国考古学的发展进程来看，这一阶段的新疆考古研究明显滞后于国内其他地区。

第四阶段，20世纪90年代初至21世纪初

20世纪90年代以来，新疆地区的经济迅速发展，大规模的基础建设促进了考古发掘工作的开展，同时国家也加大了对新疆地区文物考古事业的投入，越来越多的学者开始从事新疆考古研究，给这一领域注入了新的力量，新疆考古由此进入高速发展阶段，取得了前所未有的成果。

20世纪80年代末至90年代初，全国第二次文物普查工作在新疆展开，对新疆境内的古代遗存进行了更加全面与详细的调查，在此基础上，对一些重要的墓地、遗址进行了考古发掘。

---

① 陈戈：《略论新疆的彩陶》，《新疆社会科学》1982年第2期，第77—103页。
② 陈戈：《关于新疆远古文化的几个问题》，《新疆文物》1985年第1期，第27—38页；
③ 王炳华：《新疆地区青铜时代考古文化试析》，《丝绸之路考古研究》，新疆人民出版社1993年版，第146—163页。

在哈密地区的哈密市和巴里坤县发掘了寒气沟墓地、腐殖酸厂墓地、艾斯克尔墓地、黄田墓地、上庙尔沟Ⅰ号墓地和南湾墓地，同时对前一阶段发掘的五堡墓地的部分资料进行了整理和发表，进一步丰富了哈密地区焉不拉克文化的内涵。

在吐鲁番地区主要是对鄯善县苏贝希墓地和洋海墓地的大规模发掘。洋海墓地共发掘墓葬591座，出土大量的青铜兵器、马具和动物纹器具，对建立吐鲁番地区史前文化体系起到了十分重要的作用。

在乌鲁木齐市重点发掘了柴窝堡林场古墓地。在巴音郭楞蒙古自治州的且末县继续对扎滚鲁克墓地进行全面发掘，同时对加瓦艾日克墓地、轮台群巴克墓地、库尔勒市上户乡古墓葬、和静县哈布其罕墓地、阿克苏地区拜城县克孜尔水库墓地、喀什地区的塔什库尔干下坂地墓地；伊犁地区的索墩布拉克墓地、喀拉苏墓地、穷科克一号墓地、其仁托海墓地、叶什克列克墓地、巩留县山口水库墓地、恰甫其海墓地等进行了发掘。

除了上述地区外，在和田地区克里雅河流域及洛浦县、石河子市、塔城地区也都进行了一些调查和发掘工作。众多遗迹的发掘，为建立新疆地区的史前文化谱系提供了资料基础。苏联解体宣告冷战时代的结束，在相对和平的国际环境下，各国之间的联系增强，20世纪90年代以来，新疆地区的考古机构与许多国家的研究机构合作，在区域内进行了多个考古调查和发掘项目，主要有与美国亚利桑那大学对塔里木盆地南缘的调查，与日本早稻田大学对吐鲁番交河故城沟西墓地的发掘[1]，还有中日合作对尼雅遗址的调查和发掘[2]，中法联合对克里雅河流域的圆沙古城遗址的调查和发掘等[3]。通过这些国际合作，新疆考古逐渐与国际接轨，在发掘水平和研究方法上都有非常明显的改进。

第五阶段，2000年至今

从2000年起，新疆文物考古研究所、中国社科院考古研究所新疆队、

---

[1] 新疆文物考古研究所：《交河沟西1994—1996年度发掘报告》，新疆人民出版社2000年版。

[2] 尼雅遗址经过多次发掘，发表的成果也较多，见王炳华《尼雅考古回顾及收获》，《新疆文物》1996年第1、2期；灵均：《中日尼雅遗址学术研讨会综述》，《西域研究》2000年第2期，第102—103页。

[3] 伊弟利斯、张玉忠：《1993年以来新疆克里雅河流域考古述略》，《西域研究》1997年第3期，第39—72页。

西北大学等机构在新疆考古研究领域取得一系列重要成果，对深化新疆地区考古、历史文化研究，逐步阐明西域历史文明进程，有着重要的价值。

2004—2005年，新疆考古所与吉林大学边疆考古研究中心对罗布泊小河墓地进行了全面发掘，极大地丰富了罗布泊地区史前时期青铜文化的内涵。

2006—2008年，在阿勒泰地区富蕴县额尔齐斯河上游以及喀拉额尔齐斯河二、三级台地上，共发掘墓葬168座，其墓葬时代是从青铜时代到历史时期。

2009—2010年，在阿勒泰市南部克兰河的二级台地上，发掘墓葬60余座；除此之外，还有阿勒泰市和布尔津县境内西水东引沿线，发掘墓葬17座，在布尔津山口电站的二级台地上，发掘墓葬30座，在塔城白杨河水利枢纽工程建设区临近阿勒泰地区的地方，发掘墓葬51座。

2000年至今，为保证丝绸之路重点文物保护项目顺利进行，新疆文物考古研究所对吐鲁番地区的高昌故城、柏孜克里克石窟、台藏塔、胜金口千佛洞等遗址进行了大规模考古发掘。

2004—2006年，吐鲁番地区文物局对吐鲁番胜金口墓地、巴达木墓地、木纳尔墓地、交河沟西墓地进行了抢救性发掘。

2010—2013年，中国社会科学院考古所新疆队对吐鲁番地区吐峪沟千佛洞进行考古发掘。

这一阶段文物考古的主要特色是与国内外科技考古学界合作，积极开展出土文物研究和科技考古研究。田野考古出土的各类遗存，正在被科技考古赋予新的物性含义。

三　新疆考古学的综合研究

新疆考古学研究涉及的时间长、地域广，考古遗存种类较多，文化面貌复杂，但从整体上看这些遗存大致可以划分为史前三个阶段和历史时期两个阶段。

史前时期第一阶段，公元前2千纪初至公元前2千纪中叶；第二阶段，公元前2千纪中叶至公元前1千纪初；第三阶段，公元前1千纪初至西汉时期。历史时期第一阶段为汉唐时期，即公元前2世纪至公元9世纪；第二阶段为宋辽金元时期，即公元10世纪至14世纪。

20世纪80年代，虽然很多新疆地区的史前遗存从新石器时代文化中辨识出来，但很少有人进行过深入的研究。1990年，陈戈先生根据铜器和铁器的有无、绝对年代和相互比较关系将这些史前遗存分别归于青铜时代和早期铁器时代[1]，并指出新疆地区的青铜时代大约是从公元前2000—前1000年左右，从公元前1000年前后开始，则已经进入了早期铁器时代。此后他又针对青铜时代和早期铁器时代文化认识和界定等问题展开了一系列的讨论，虽然目前学术界尚未取得一致的看法[2]，但"早期铁器时代"这一概念在新疆史前考古中的成功引入，无疑推动了该地区史前文化的深入研究。

20世纪90年代以来，新疆史前考古主要研究成果可以分为两类，一类是各地区考古学文化内涵及分区分期研究。在新疆各地已经辨识出多个考古学文化类型，其中焉不拉克文化、察吾呼文化、伊犁河流域文化、苏贝希文化、切木尔切克文化得到了学术界的认可，与之相呼应的是整个新疆地区考古学文化的分区和谱系研究也取得了相当大的进展。

1993年，水涛先生对新疆的史前遗存进行了系统分析，将整个新疆的史前遗存划分为八个区，并对各区内史前文化遗存进行了总结和分析，同时还探讨了区域内各文化的关系以及所含的外来文化因素[3]。虽然由于资料的限制，该文的研究未能详尽地分析各个区内的文化内涵，但该文是首次全面系统地总结和分析整个新疆的史前文化格局，基本上构建了史前文化体系的整体轮廓，这一成果揭开了新疆史前文化研究的新篇章。

1996年，安志敏先生在此基础上将塔里木盆地及其周边地区划分为十个区，并指出各区的考古遗存之间有着明显的差异，它们应该属于性质各异的考古学文化。他还将这些遗存分为前期（公元前2000—前1500年）、中期（公元前1500—前1000年）和后期（公元前1000—前300

---

[1] 陈戈：《关于新疆地区的青铜时代和早期铁器时代文化》，《考古》1990年第4期，第366—374页。

[2] 水涛：《对于新疆早期文化定性问题的基本认识》，《中国西北地区青铜时代考古论集》，科学出版社2001年版，第51—54页；安志敏：《塔里木盆地及其周围的青铜文化遗存》，《考古》1996年第12期，第70—77页；吕恩国：《论新疆考古学研究种存在的几个问题》，《新疆文物》1995年第2期，第70—77页。

[3] 水涛：《新疆青铜时代诸文化的比较研究——附论早期中西文化交流的历史进程》，《中国西北地区青铜时代考古论集》，科学出版社2001年版，第6—46页。

年）三个连续发展的阶段。①

2005年，韩建业先生以陶器为基础，将新疆地区的青铜时代和早期铁器时代文化进行了分区分期研究，该文基本上涉及了新疆地区已发表的大部分遗存，也是目前关于新疆地区史前考古学文化最为全面的研究成果。②

2013年，郭物教授在《新疆的青铜晚期至早期铁器时代文化》一书中对公元前1千纪新疆地区的考古遗存进行了较为全面的分析，对更早阶段的部分文化遗存也有所涉及。

第二类研究主要是针对中西方文化交流问题开展的。由于新疆地区位于欧亚大陆腹地，是中国内地与中亚地区联系的枢纽，其特殊的地理位置使该地区成为早期中西方文化交流研究中不可缺少的一环。近年来，水涛、李水城、林梅村和梅建军等多位学者都先后对这一问题进行过深入地探讨。

水涛先生认为，新疆史前文化的形成和发展过程中受到了来自东、西、北三方面因素的影响，早期中西文化交流开始的时间，不晚于青铜文化的形成时期。③

李水城先生曾多次撰文强调新疆东部地区与甘青地区的密切联系，他指出新疆东部地区和甘青地区是东西方早期冶铜术传播与互动的重要孔道，也是连接黄河文明与中亚文明的中介区域。④

林梅村先生在《吐火罗人的起源与迁徙》一文中，对新疆北部的克尔木齐墓地遗存和罗布泊古墓沟墓地的来源进行了推测，他认为这两类遗存都是外来居民迁徙形成的，而最初的文化源头应该是在黑海北部和乌拉尔地区的颜那亚文化。⑤

梅建军先生则强调了中国西北的早期铜器受到了奥库涅夫、塞伊玛－图比诺和安德罗诺沃等诸多外来文化的影响，而欧亚草原文化的影响是多

---

① 安志敏：《塔里木盆地及其周围的青铜文化遗存》，《考古》1996年第12期，第70—77页。

② 韩建业：《新疆青铜时代—早期铁器时代文化的分期和谱系》，《新疆文物》2005年第3期，第57—99页。

③ 水涛：《新疆青铜时代诸文化的比较研究——附论早期中西文化交流的历史进程》，《中国西北地区青铜时代考古论集》，科学出版社2001年版，第6—46页。

④ 李水城：《西北与中原早期冶铜业的区域特征及交互作用》，《考古学报》2005年第3期，第239—278页。

⑤ 林梅村：《吐火罗人的起源与迁徙》，《新疆文物》2002年第3、4期，第69—82页。

源的、间接的和不连贯的。①

除了一些国内学者外，许多国外学者也纷纷参与新疆考古和早期中西方文化交流的研究，他们从整个欧亚草原的出发进行对比分析，其研究成果极大的开阔了新疆考古学的视野。

此外，对于新疆地区早期铜器的冶金学和史前居民的体质人类学的研究也在广泛开展起来，以梅建军先生为代表的多位冶金专家对新疆哈密的天山北路墓地、拜城的克孜尔水库墓地、克里雅河流域青铜器及其他地区的早期青铜器进行了大量的冶金学分析，这些研究不仅提供了相关青铜器的化学成分和制作工艺等方面的信息，而且对于铜器的合金成分与当地矿产关系及与邻近地区出土铜器的关系等问题都进行了有益的探讨。

关于新疆史前居民的体质人类学研究，韩康信先生在对古墓沟、阿拉沟、焉不拉克等多处墓地出土人骨分析的基础上，将整个新疆地区史前时期居民分为原始欧洲、帕米尔-费尔干纳、地中海东支和蒙古人四种类型，同时他还对这四个类型人群的文化因素来源进行了推测。② 此外，崔银秋博士将新兴的线粒体 DNA 研究应用于新疆古代人群分析，通过对吐鲁番和罗布泊地区古代人种的线粒体 DNA 分析，指出吐鲁番盆地早在青铜和铁器时代就存在着欧亚谱系混合的现象，吐鲁番古代人群比现代新疆土著群体更接近欧洲群体；而罗布泊地区的古代人群从多项指数来看，均接近欧洲群体，其研究无疑具有开创性，而且该项研究也得到了国外相关学者的高度评价。冶金学和体质人类学等相关学科在新疆考古学中的应用，极大地推动了该地区史前考古的发展。同时，在植物与环境考古领域也有了突破性的进展。

经过一个世纪的发展，在众多国内外学术机构的参与下，新疆考古研究逐渐与国际学术界并轨发展，成为多学科研究的平台，对解决一些学术前沿问题做出了不可小觑的贡献。

（作者单位：中国人民大学国学院）

---

① 梅建军、高滨秀：《塞伊玛-图比诺现象和中国西北地区的早期青铜文化》，《新疆文物》2003 年第 1 期，第 47—57 页。

② 韩康信：《丝绸之路古代居民种族人类学研究》，新疆人民出版社 1993 年版。

汉唐时期边疆地区民族考古遗存

郭 物

中国是以汉族为主体的多民族国家。在历史上，周边的民族或地方政权与中央王朝之间发生过错综复杂的各种关系。长期的共生共存，造成了文化和种族的融合。边疆诸民族在特殊的自然和人文条件下，创造出很多独具特色的文化。随着考古工作在边疆地区的不断展开，得以通过具体的实物遗存展现他们不凡的历史成就。汉唐时期，是中国历史上的鼎盛时期，这一时期中外文化交流广泛，边疆民族在中原王朝的带动下，蒸蒸日上。现选取汉唐时期的边疆民族，主要利用考古材料，对其创造的文化作一个简要的介绍。本文涉及的地域范围，东到大兴安岭，西至帕米尔高原，以及西南的西藏和云南。材料主要是现代中国境内的考古发现实物，但由于古代有的民族不一定完全活动于现代中国境内，所以，必要时也部分地涉及境外考古发现。

一 北方草原地区游牧民族文物

广袤的北方草原地区是游牧民族生活的地域，中国境内包括内蒙古、宁夏、甘青、新疆北疆地区。从青铜时代晚期至铁器时代早期，主要由于气候的原因，北方民族先后完成了从农耕畜牧文化向游牧文化的转变。草原特殊的自然环境，造就了强悍好动的游牧民族，孕育了独特的草原文化。据文献记载，秦汉以前，北方草原地带就兴起过很多游牧民族；从汉至唐代，这一地区先后是匈奴、塞种、大月氏、乌孙、鲜卑、嚈哒、柔然、高车、突厥和回纥等游牧民族的驻牧地。其中有的民族的物质文化已经为考古工作所揭示，有的则尚未发现或确定。

（一）匈奴

匈奴是中国古代北方民族中，最早统一大漠南北全部地区并建立起国家政权——匈奴单于国的民族。它兴起于公元前3世纪（战国时期），衰落于公元1世纪（东汉时期），在大漠南北活跃了约300年。公元48年，匈奴分裂为南北两部，南匈奴归附于汉，入居塞内，北匈奴不久（公元91年）因战败而西迁中亚和欧洲。东汉末年，入居塞内的匈奴人开始分化，除南匈奴外，出现了屠各、卢水胡和铁弗等部，它们在"五胡十六国"期间都曾在中原建立国家政权。[①] 值得一提的是丁零，或书作丁令、丁灵，游牧于北海（今贝加尔湖）一带。匈奴强盛时把它征服，其游牧地成为匈奴单于国的一个辖区。丁零在南北朝时称为敕勒（亦称高车），主要活动于新疆北疆，曾南下塔里木盆地建国并灭西域鄯善国。敕勒至隋唐时称为铁勒，其时铁勒已发展为一个庞大的部族群体。

大量的汉代匈奴遗存发现于蒙古人民共和国。《史记·匈奴列传》载，匈奴人"其送死有棺椁、金银、衣裘，而无封树、丧服"。在土谢图汗的诺颜山发现了大量的匈奴墓葬，葬俗同文献记载基本相近。又载：匈奴人"逐水草迁徙，毋城郭，常处、耕田之业"。但据苏联和蒙古人民共和国考古学家近数十年来的考古工作，却发现了十多处被认为是匈奴的城镇遗址，另外还发现了匈奴的庙宇遗址。[②]

中国境内已被确认的汉代匈奴遗存不多。有的已经彻底汉化，如青海大通上孙家寨东汉晚期墓地，如果不是发现"汉匈奴归义亲汉长"铜印以及三具有北亚蒙古人种特征的颅骨，我们几乎不可能知道其是匈奴墓。在陕西长安县沣西乡客省庄发现了一座汉代匈奴墓，墓主可能是匈奴的使臣或使臣随员，随葬品具有浓郁的游牧文化特点。墓内随葬的两件长方形透雕铜带扣，花纹是两侧树下分别站立一匹备有鞍鞯的马，中间二人穿绑腿裤，正在角抵（摔跤），反映了匈奴日常的生活。宁夏同心倒墩子墓地还保留了较多的匈奴文化特点，出土了陶罐、透雕铜牌饰和铜环，应当是降汉匈奴的遗存。内蒙古东胜补洞沟墓地是典型的匈奴墓地。有单人葬与男女合葬墓，墓坑南北向，墓主头向北。出土陶罐肩部装饰波浪曲线纹，

---

① 林幹：《中国古代北方民族通论》，内蒙古人民出版社1999年版。
② 林幹：《匈奴史论文选集（1919—1979）》，中华书局1983年版。

靠近底部有一个小孔，可能是为了给罐内储存的粮食透气，这些特征和蒙古发现的匈奴陶罐一样。随葬了铁镢、铜耳环等器物，有的男性骨架右侧放置铁长剑、左臂下侧放一把铁刀以及铁镞，男女腰部都有一圈铁带饰。随葬马、牛、羊头。还随葬半块的汉式铜镜，这与蒙古汉代匈奴墓的葬俗十分相近。此墓地是东汉初年南匈奴单于庭附近的嫡系部族的遗存。

匈奴是青铜鍑的使用者，鍑很有特点。匈奴西迁欧洲后，他们使用的铜鍑造型更加独特。乌鲁木齐南山沟发现一件这样的鍑，通高72厘米，口沿上有蘑菇形耳，口部有一周小方格装饰，腹部框形纹饰之间有箭形纹饰。这样的式样形成于公元350—374年间匈奴西迁至俄罗斯库班河、顿河地区之后，所以新疆发现的这件铜鍑的式样大约是此时期从上述地区又传回的，至于其铸造地，可能就在新疆北疆。这一时期活动于天山以北、热海及特克斯河峡谷的是北匈奴西迁时因孱弱留下的余部——悦般，所以此件铜鍑可能为他们所遗留。这件铜鍑的发现说明悦般的势力还曾到达乌鲁木齐一带（图1）。

图1　匈奴青铜鍑

（二）鲜卑

鲜卑由早期的东胡族演变而来，东汉末期分化出宇文、慕容、段等部，以上各部均属东部鲜卑。此外，鲜卑还有一个拓跋部，其发祥地在大兴安岭北麓的大鲜卑山（今内蒙古呼盟鄂伦春自治旗阿里河镇嘎仙洞附近，在洞内发现"太平真君四年"汉文题刻和早期鲜卑文物），通常称为拓跋鲜卑，南北朝时期建立北魏的就是这一部。拓跋鲜卑之外，还有通常被称为西部鲜卑的秃发部和乞伏部，此二部在"五胡十六国"期间亦曾在河西（今甘肃境黄河以西）一带建立过政权。①

在辽宁北票县房身村发现了石板墓，是慕容鲜卑的重要遗存。其中2号墓出土花树状金饰2件，一大一小，四个角各穿一孔；花蔓状金饰2件，长条形，上有钻孔，可能是冠上的围饰；透雕金饰2件，也是一大一小，皆方形薄金片透雕双龙双凤形，大件在四角、小件在四角和中心，亦均有穿孔。这几件金饰品组成两个头冠，就是文献记载的"步摇冠"，发现戴在头上，随步而摇，款款动人，为慕容鲜卑贵族妇女所钟爱（图2）。这种"步摇冠"源远流长，古代朝鲜和日本也受到了这一习俗的影响。②

图2　慕容金步摇冠

引自孙机《中国圣火》，第89—91页，图二，2；图三，3；图四，3，辽宁教育出版社1996年版。

东部鲜卑最突出的成就是制造马具，他们不但继承了游牧民族制造马具的优秀传统，而且对马鞍等用贵金属进行装饰，使之灿烂华贵。更重要的是东部鲜卑发明了马镫。在北票县房身村北沟墓地和朝阳县袁台子东晋壁画墓中，发现迄今最早的两对马镫，时代为公元3世纪中叶。前者木芯，上面包铜片；后者木芯，包革，涂漆，面饰朱绘云纹图案。马镫虽

---

① 佟柱臣：《中国边疆民族物质文化史》，巴蜀书社1991年版。
② 孙机：《中国圣火》，辽宁教育出版社1996年版。

小，但在世界军事史上却有重要的意义。由于有了马镫，骑兵可以持长兵器冲锋陷阵，甚至可以给马和骑者披上甲胄，战马和骑兵浑然一体，令人生畏，大大提高了骑兵的战斗力。所以北朝考古材料中，着甲骑装的骑士俑大量出现，这和马镫的出现密切相关。马镫在世界的传播，大大加强了战争的烈度，为不善骑射的农耕国家军队创造了战胜强敌的机会。特别值得一提的是，马镫传入欧洲后，极大地改善了骑兵的战斗力，成为欧洲封建制建立的重要军事技术原因之一。

在中国历史上，拓跋鲜卑及其建立的政权具有重要的历史地位。拓跋鲜卑创造的成就是多方面的，早期为游牧民族，所以其文化具有浓郁的草原特色。其中有两种器物很有特色。一是动物纹牌饰，在内蒙古扎赉诺尔和吉林榆树老河深出土了铸有似马似牛的有翼神兽鎏金带扣。神兽可能反映了《魏书·序纪》的记载："献帝命南移，山谷高深，九难八阻，于是欲止。有神兽，其形似马，其身类牛，先行导引，历年乃出。"《史记·匈奴列传》注引张晏语："鲜卑郭落带，瑞兽名也，东胡好服之。"所以，这可能就是鲜卑郭落带，《楚辞》谓之"鲜卑""犀比"，《战国策》谓"黄金犀比"（图3）。

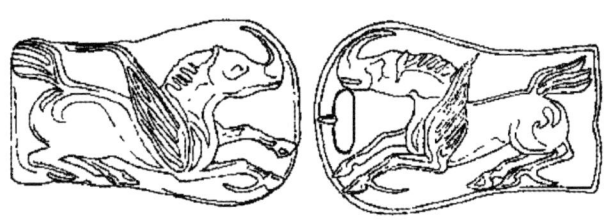

图3 拓跋鲜卑带扣

引自孙机《中国圣火》，第72页，图六，2，辽宁教育出版社1996年版。

凉城县小坝子滩出土一件怪兽纹金牌饰，由黄金模制镂孔四兽组成，为形象相似十分怪异的神兽，重要的是牌饰背面刻有"猗㐌金"三字，为鲜卑拓跋力微之子猗㐌部遗物。这反映了早期鲜卑人的神兽崇拜，也代表了鲜卑金银制作工艺的特点和水平。[①]

[①] 宿白：《东北·内蒙古地区的鲜卑遗迹》（一），《文物》1977年第5期；《盛乐、平城一带的拓跋鲜卑——北魏遗迹》，《文物》1977年第11期。

二是青铜鍑，青铜鍑虽然很早就由北方游牧民族发明，但鲜卑铜鍑有自己的特点，如单纯的"山"字形耳铜鍑、足部为三块板形的铜鍑、三突耳铜鍑和带提梁有盖铜鍑等就是鲜卑的创新。动物牌饰和青铜鍑都是典型的草原文物，而拓跋鲜卑对之融入了自身的文化特色和创造。

入主黄河流域后，拓跋鲜卑汲取了各种文化，其中主要是汉文化，建立了封建国家，成为统治中国北方的大国。其间创造了诸多方面绚烂的文化，这里只提一下其在佛教艺术方面的成就。鲜卑原为北方游牧民族，本不奉佛法，道武皇帝（371—409年）和晋室通聘后，始信奉佛教。后经起落波折，至魏文成帝（440—465年）时又诏令重兴佛教，从此佛教得到很大的发展。与之相应，北魏大事兴建佛教建筑。时至今日我们仍能目睹大量的佛教遗迹和遗物。拓跋鲜卑是一个善于吸纳外来文化的民族，佛教本是外来文化，他们信教后，在其营造佛教造像的过程中，就融合了各地佛教造像成就以及很多犍陀罗和秣菟罗艺术的因素，创造出了独具鲜卑特色、面目一新的佛教艺术。《魏书·释老志》记载："和平初……昙曜白帝于京城西武州塞，凿山石壁，开窟五所，镌建佛像各一……雕饰奇伟，冠于一世。"这五窟即云冈第一期的第16—20窟，其他的石窟同样也是雕饰奇巧。最有意思的是，拓跋鲜卑在雕造佛教石窟的同时，把自己的五位帝王比附成石窟中的佛，而且石窟形制仍模仿游牧生活时的帐篷，呈穹庐状。云冈石窟集中体现了北魏不同阶段对佛教的理解和高超的造像艺术水准。中国四大石窟中的其他三处：龙门石窟、麦积山石窟和敦煌石窟，以及其他很多石窟，都保存了大量北魏时期的佛教艺术瑰宝。[①]

吐谷浑是鲜卑慕容部的一支，其先祖原居辽东。公元4世纪初西迁至青海，与羌人杂居。公元329年自号"吐谷浑"，建立政权，都伏俟城（今青海湖西）。其首领至公元540年前后始称可汗。公元700年后，史书对吐谷浑可汗世系的记载不明。吐谷浑在河西走廊战乱频仍时担当了保护中西、南北交通联系的重任，其都城伏俟城成为我国西部地区政治、经济和文化繁荣的重要城邑。伏俟城遗址已被发现，该城的形制颇为奇特，有外郭城和主城。主城仅在东面开一门，其内又有小城，而外郭城又分为两部分。此种形制为内地城邑所罕见或根本未见。正如《魏书·吐谷浑传》所说：吐谷浑人"虽有城郭而不居，恒处穹庐，逐水草畜牧"。此城

[①] 宿白：《中国石窟寺研究》，文物出版社1996年版。

虽为都城，但主要是为了军事上的攻防和驻兵戍守的需要。它的建筑和设计，显示了青海先民的高度智慧，同时也反映出吐谷浑的物质文明。①

（三）乌孙

乌孙是汉代天山以北最大的游牧王国，最初主要生活在敦煌、祁连之间，因受邻近月氏进攻，首领被杀，牧地被占，部落四散，人民逃往匈奴。西汉初年，首领之子在匈奴的支持下，出兵前往伊犁河上游复仇，击走月氏，并留居伊犁河上游，从此脱离匈奴而独立。活动范围以伊塞克湖和特克斯河流域为中心。乌孙与汉王朝的政治、经济关系是相当密切的，在西汉统一新疆的斗争中曾发挥过很积极的作用。公元前60年（宣帝神爵二年），汉西域都护府建立后，乌孙即属西域都护府管辖，成为西汉统一多民族国家的重要一员，为开发和建设祖国西北边疆发挥过重要作用。

乌孙墓葬很有特点，一般都是有封土的土墩墓，大的直径达30米，小的直径6米上下，墓葬多南北方向排成一列，呈链状分布，多的有20多座，少的有三五座，分布在山前草甸上，颇为壮观。

代表性的如昭苏夏台3号墓，墓室长6米，宽4米，深4米，木椁四壁钉挂毡毯，随葬有丝织品、毛织品、金器、骨器、铜器与漆器。棺木旁边还有腰坑，内有杂乱人骨，或系殉葬奴隶。金器中有嵌宝石的金戒指，宝石周围焊饰小金珠，极为工巧夺目。它既反映了当时牧民的风俗，又是贵重的装饰品。小铁刀穿刺于羊骨，陶器中还残留有乳酪状物，是"以肉为食兮酪为浆"的形象体现。但是，考古资料也说明，乌孙的社会经济绝不单纯是"不田作种树，随畜逐水草"，而是已有了某种定居生活。文献记载乌孙都城叫"赤谷城"，但至今没有找到遗址所在。不同规模的木椁墓室，特别是中期以后那样完备的地下椁室，无疑是死者生前居室生活的幽冥再现。现在伊犁牧区经常见到一种民居木屋，其结构、形制几乎与这种椁室一样，联系到出土的铁铧犁等，可以说明乌孙也存在着一定的农业经济。

考古资料表明，乌孙既有农业，还有制陶、制毡、皮革、木器加工、金属冶炼（铜、铁、金）等手工业。除了家庭手工业外，可能存在某种

---

① 周伟洲：《吐谷浑史》，宁夏人民出版社1985年版。

专业性的手工作坊。①

（四）柔然

柔然兴起于4世纪末，公元402年首领社仑自称可汗建立柔然汗国，与北魏时战时和。北魏末年，北部边境六镇发生人民大起义时，柔然可汗发兵协助镇压起义军，受到北魏王朝的"重赏"和"殊礼"的优待。北魏统治者与柔然统治者的关系因此进一步加强，漠北与中原的经济文化交流更加密切。柔然汗国于公元555年为突厥汗国所灭。

柔然是历史上一个重要的民族，但迄今发现的确认为柔然的文物很少。近年在山西太原发现了隋代的虞弘墓，墓志记载出生鱼国的胡人虞弘曾担任柔然的官员，并出使波斯、吐谷浑。但是由于墓主历经几个朝代，而且由于出使域外的缘故，所以墓中除了具有袄教色彩的石棺床外，很难确定柔然的文物。② 值得一提的是，柔然败北后，也像匈奴一样，向欧洲西迁，史称为"阿瓦尔人"，正是他们把鲜卑发明的马镫传到了西方，促进了历史的发展。

（五）突厥

突厥兴起于公元6世纪中叶，曾在大漠南北和中亚建立起一个庞大的突厥汗国。公元583年分裂为东西两部，今阿尔泰山以东属东突厥汗国，以西属西突厥汗国。东突厥汗国因屡次南侵，于公元630年被唐太宗击灭。西突厥汗国后亦因叛唐并入侵唐境，于公元657年被唐高宗击灭。

东突厥汗国覆灭后，东突厥贵族大都归附唐朝并被任命为高级官吏。过了50余年，有一部分突厥贵族叛唐，重建突厥汗国，史称"后突厥"汗国（682—744年），744年，唐朝与漠北回纥、葛逻禄等联手平定了后突厥汗国。

突厥物质文化最有特点的是古突厥文铭刻和石人。突厥文铭刻有的属于历史传记，有的是墓志，有的是宗教性质，有的是官方记录，刻于岩壁或日常器皿或石碑上，有些还与汉文一起。由于是突厥本民族所记，所以

---

① 王明哲、王炳华：《乌孙研究》，新疆人民出版社1983年版。
② 山西省考古研究所等：《太原隋代虞弘墓清理简报》，《文物》2001年第1期。

记载了大量史书阙如的历史。目前铭刻多发现在境外，此处不述。①

突厥墓一般为石棺墓，大都为方形，有些石棺中部尚残存一木柱。在墓前立石人是突厥文化的显著特点，其石人形体也具有鲜明的特征。突厥石人在新疆的典型代表就是乔夏石人类型中的乔夏亚型，它主要分布于阿尔泰山、天山以及准噶尔西部山地，现知约有40余尊。这些石人面向东，多为圆雕，表现出了头、颈肩、两臂等，颈肩分界明显，有的甚至还雕刻出了服饰。具有蒙古人种特征，脸型明显地宽而平，颧骨明显，大部分都雕刻了髭，曲翘，或宽或细。右手作托杯状或作持杯状，左手握刀或剑；腰带下右侧往往垂以圆形袋囊，也有的垂以砺石、带饰及其他饰物；短刀或长刀一般斜佩于下腹部（图4）。在内蒙古也有少量突厥石人发现。②

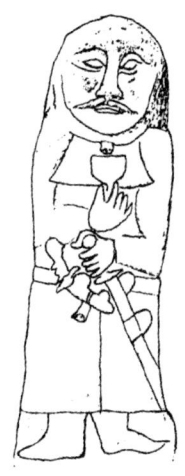

图4 突厥石人

引自王博、祁小山《丝绸之路草原石人研究》，第82页，新疆人民出版社1996年版。

突厥的养马业非常发达。《唐会要》卷七十三说："突厥马技艺绝伦，筋骨合度，其能致远、田猎之用无比。"中原王朝急需的大量战马即来自突厥。据研究，唐太宗李世民昭陵前立的大型石雕"昭陵六骏"，雕刻的

---

① 余太山主编：《西域文化史》，中国友谊出版公司1996年版。芮传明：《古突厥碑铭研究》，上海古籍出版社1998年版。

② 王博、祁小山：《丝绸之路草原石人研究》，新疆人民出版社1996年版。

都是突厥马，其称呼为突厥语的汉文对音。这六匹马跟随李世民出生入死，立下赫赫战功。典型的突厥马有一个显著的特征，称为"三花马"，即把马鬃修剪成三垛，有的还更多。有意思的是，在突厥游牧的新疆北疆地区的很多岩刻中，可以看到骑手和突厥马的形象。

在新疆伊犁哈萨克自治州昭苏县波马的大土墩墓中，出土了大批珍贵文物，是近年草原文化的重要发现。包括镶嵌红宝石金面具、镶嵌红宝石金盖罐、镶嵌红宝石包金金剑鞘、镶嵌红宝石金戒指、镶嵌红玛瑙虎柄金杯、错金银瓶、铁质箭镞和铠甲残片等。其制作以锤揲、镶嵌、金珠细工、焊接为主要工艺，显示了高超的技术水平和艺术品位。这批文物时代在4—6世纪，属于突厥时期，有些器物可能来自嚈哒，因为突厥曾联合波斯重创嚈哒。

（六）回鹘

回纥兴起于8世纪中叶，公元745年攻灭后突厥汗国后，在大漠南北建立起一个回纥汗国，与唐朝十分友好，曾帮助唐朝平定安史之乱。公元788年改称回鹘。公元840年，被居于回纥西北部的黠戛斯攻灭，众部逃散，其中逃往今甘肃河西走廊的称河西回鹘，逃往今新疆东部高昌一带的称为高昌回鹘，逃往葱岭以西的称为葱岭西回鹘。这三部分回鹘后来在各自的所在地建立了政权。回鹘在蒙元以后称畏兀儿。高昌回鹘的后裔，后来发展成为今天的维吾尔族。

回纥在漠北活动了很长时间，曾经以摩尼教为国教，并在今天蒙古人民共和国的卡拉·巴噶顺建立都城，宫城称为鄂尔都八里城，占地约半平方公里（图5）。

都市面积达25平方公里，回纥迄今发现的文物不多，主要是一些碑铭，如磨延啜碑、铁尔痕碑、铁兹碑、苏吉碑、塞福列碑、九姓回鹘可汗碑、牟羽可汗碑和乌兰浩木碑等。回纥还使用粟特字母拼写自己的语言，称为回纥文。乌兰浩木碑上就是用回纥文。回纥文产生了深远的影响，这种文字后来传给了契丹人、蒙古人和满族人。

回纥西迁、南迁后，逐渐成为定居农耕民族，并建立了政权。其文化已变为绿洲文明，此部分将在下一节相关地区讲述。

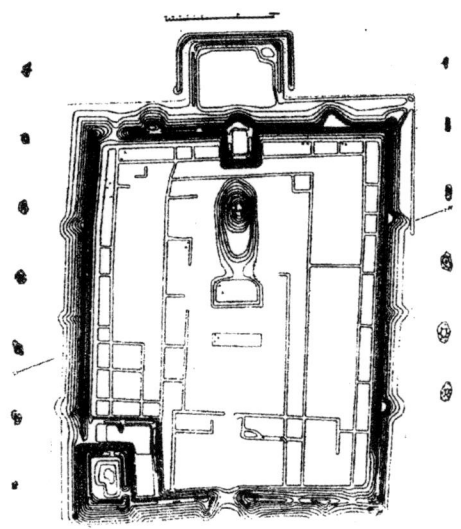

图 5　回鹘故都鄂尔八里宫城

引自林梅村《古道西风——考古新发现所见中西文化交流》，第380页，插图57，生活·读书·新知三联书店2000年版。

二　新疆绿洲诸国考古遗存

在新疆天山以南及吐鲁番等地区，沙漠戈壁的周边，凡有水源的地方都分布着大大小小的绿洲。这些绿洲构成新疆古代的农业区，可从事田耕和牧畜，几乎每个绿洲都有城镇，这些城镇大多位于河流近旁或可引水之地，由于民族和文化传统的原因，地域相近的城镇形成很多小国家，史称"城郭诸国"。国都一般在主要绿洲的主要河流附近。较大的城镇多是当地的政治中心，或经济、宗教中心，或重要交通枢纽所在地，较小的城镇大多与战略要地、驿站、农副产品集散地等有关。新疆古代的绿洲之间多被沙漠戈壁阻隔，来往不便，比较闭塞。故早期民族共同体规模小，数量大，文化类型多，小国林立，汉通西域时号称三十六国。东汉时诸国间的关系已开始有所变化，东汉晚期退出西域后，诸国之间不断互相攻伐兼并。至魏晋时，只剩下车师前部（车师后部在曹魏时为鲜卑所灭）、焉耆、龟兹、疏勒、于阗和鄯善等国，此后北魏又灭亡了车师前部和鄯善。公元443年在车师地区（吐鲁番）以当地的汉族为主体建立了高昌国

（早期包括汉化胡人，中间改朝换代几次，但国名未变。公元450年车师前部亡，地入高昌国）。公元640年麴氏高昌被唐朝灭亡，至此西域仅存焉耆、龟兹、疏勒、于阗四国。上述变化绝大多数都是在西域内外诸因素互动的基础上，境内兼并的结果，这些国家的境域与相应的地理单元基本相合。魏晋南北朝时期形成的高昌、焉耆、龟兹、疏勒、于阗和鄯善文化圈的格局，除鄯善早亡外，余者直至唐代无变化，并对以后产生深远的影响。[①]

（一）高昌

以吐鲁番盆地为中心的周围地区，在汉代时，是车师活跃的地区。《后汉书·西域传》记载，在吐鲁番盆地北部"前后部及东且弥、卑陆、蒲类、移支，是为车师六国"，北与匈奴接，西与渠犁隔山河而邻，南连楼兰，"车师前国王居交河城"。考古发掘了交河沟北台地1号墓地，其中的两座大墓，中心封堆直径26米左右，规模之大，在新疆地区罕见。大墓地表有土坯围墙，有一批殉马（驼）坑，内殉马（驼）20—30余匹不等。大墓内出土遗物丰富，主要有陶、骨、木、金、铜、铁、石、银、漆器及毛、丝织物等。有特殊的曲柄铜镜，骨器如骨雕鹿首、带扣和骨匕等也很有特色。金器出土量大，器型丰富，在新疆为少见，如站立的金鹿、鹰嘴怪兽搏虎牌饰、金冠饰等。有的墓室墓道还有殉人。大墓周围的十多个附葬墓，墓室小，出土器物少，和大墓形成了鲜明对比。墓地时代为汉代，所以墓地应属于古代车师人，大墓可能是车师贵族或者更高层次人物的墓葬。

由于特殊的自然条件和历史原因，高昌的城址保存尚好，著名的有交河故城和高昌故城。交河故城位于吐鲁番市西10公里雅尔乃孜沟村河谷之间台地上，河水分流绕城下，故名"交河"。故城地形狭长，西北—东南走向，长1760米，最宽处300米。城门、街巷、官署、寺院、民居、窑址、古井等遗迹在露天不同程度地保存着。作为生土建筑，其规模和完整程度在世界上都是罕见的。交河故城得以完整保存至今，除当地气候干燥和地处孤岛与外界相对隔绝等自然条件外，还与它所有建筑物均以"减地法"构成有关，即所有建筑不是砌筑起来的，而是从坚硬的地面向

---

① 孟凡人：《新疆考古与史地论集》，科学出版社2000年版。

下挖凿而成，这种独具一格的建筑手法使古城建筑群整体格局牢固地连接于地体，所以，不但墙壁坚固，而且后人只能修补，但无法改变其基础布局。交河故城是古代车师、汉、回鹘等民族因地制宜建成的一座历史文化名城。

高昌故城位于吐鲁番市东南47公里处，北依火焰山，现存部分分内外三重，系不同时期所建。外城方形，周长5.6公里。内城居外城中部。宫城居北，尚存建筑台基多处，城外西南角有唐—高昌回鹘时期大型寺院遗址，除佛教外，还发现摩尼教和景教（基督教的一支）壁画。故城汉为高昌壁，前凉置高昌郡，北魏至唐初为高昌麴氏王都，唐置西州，高昌回鹘时期为亦都护治所。延续1400年，后毁于战火。

吐鲁番市东南40公里处的阿斯塔那，有一片大型家族茔地，是晋—唐时期高昌城里的居民的墓地。多为斜坡洞室墓和少量竖穴偏室墓，出土了汉文文书、织物、墓志、钱币、泥塑、陶器、木器、绢画、农作物、食品等文物数万件，保存至今的饺子、各种花样的点心、水果等让我们能目睹当时的饮食文化，所以有"地下博物馆"之美誉，是了解吐鲁番地区这一时期社会、经济、政治、文化、宗教、艺术以及中西文化交流史的珍贵资料。

吐鲁番地区不同时期的佛教遗迹很多，除了佛寺外，还有很多石窟寺。柏孜克里克石窟是回鹘时期重要的石窟寺。长方形纵券顶式石窟最为普遍，穹隆顶式是10世纪以后高昌回鹘创造的新窟形。窟内除大幅佛立画像外，还有回鹘国王和王后形象的供养人，并有回鹘文榜题说明。最显著的是用暖色赭红作为基调，整个石窟金丽辉煌，摄人心魄。此外，石窟中还保存有珍贵的摩尼教壁画。[①]

（二）焉耆

据考古调查资料，目前坐落在新疆焉耆县城西南12公里的博格达沁古城，可能就是汉焉耆国都员渠城，也是唐焉耆都督府和焉耆镇城之所在。博格达沁古城是焉耆盆地内建筑规模最大的古城遗址。平面大致呈长方形，周长3000多米，城墙基垣完整，保存稍好地段残高4米。城内建筑遗迹多已坍塌。城内地表采集到汉五铢、唐开元通宝、波斯银币等。其

---

① 王炳华：《吐鲁番的古代文明》，新疆人民出版社1989年版。

他金银饰物、料珠、陶器亦常见。古城附近多较大型汉唐墓葬，出土过汉代铜镜、包金铁剑和金质龙纹带扣等。

七个星佛寺遗址，位于焉耆县城西部霍拉山山前地带，由佛寺和石窟组成，是焉耆地区最大的佛教建筑，也是古代焉耆国最重要的佛教寺院。残存的主要遗迹有93处（间）佛教地面建筑和11处石窟，分布面积达6万平方米。南部中心区的南大寺与殿堂、北部中心区的三大殿，为主要地表建筑。石窟依山势开凿，多为支提窟，部分石窟内残存有长方形基座以及壁画。遗址中出土一批精美的佛教雕塑和珍贵的吐火罗文、回鹘文文书，其中以吐火罗文《弥勒会见记》最为著名。吐火罗语是古代流行于古代龟兹和焉耆地区的土著语言，这种语言很早就随印欧人迁徙传入新疆，属印欧语西支，与今天的意大利语等接近，现在可以确定分为吐火罗A方言（焉耆语）和B方言（龟兹语）。该遗址对研究晋宋时期焉耆国和回鹘历史与佛教文化具有极为重要的价值。

（三）龟兹

龟兹是西域大国。龟兹"俗有城郭，其城三重，王宫壮丽，焕若神居"，"外城与长安城等"。今新疆库车东郊发现的皮朗古城可能就是唐代龟兹都城之遗址，城作方形，周约7公里，其部分城墙和宫殿墩台至今保留。中有巨大土台，或即王宫所在。城中土台多用夯土筑成，这种建筑方法本身就反映出是受了内地的影响。

龟兹是丝路佛国。公元3世纪末，佛教在古龟兹兴盛，盛行小乘（也修大乘）佛法，多凿石窟，同时也建佛寺，如皮朗古城中的千间佛寺以及苏巴什古城寺院遗址等。其石窟文化中存在多种因素，既有犍陀罗的文化因素，也有秣菟罗的特点。龟兹有编号的石窟超过500个，在新疆属最多，著名的如克孜尔石窟、库木吐喇石窟和森姆赛姆石窟等。其中克孜尔千佛洞以规模宏大、形成时间早、组合严谨、保存完整等优势，成为龟兹早中期石窟的代表。[①] 龟兹石窟很有自身特点，主要由中心柱窟、大像窟、方形窟和僧房窟组成，特定的题材、窟顶菱形格构图、以绿蓝白为基调的佛教绘画，以及绘画的凹凸画法、晕染法等，是龟兹佛教艺术的显著特征。很多因素深刻影响了中原内地的佛教艺术。

---

① 韩翔、朱英荣：《龟兹石窟》，新疆大学出版社1990年版。

龟兹是乐舞之国。琵琶自西亚、印度传到龟兹后，是古龟兹乐队中的主要乐器，此外如筚篥等也是龟兹乐器。以龟兹乐为代表的西域音乐传入凉州，与中原音乐结合成为西凉乐，深受中原皇帝及民间喜爱。其舞蹈"举止轻飘。或踊或跃，乍动乍息，跷脚、弹指、撼头、弄目，情发于中而不能自止"（《文献通考》卷一百二十九）。其乐舞形象散见于各地石窟雕刻及壁画，如库车苏巴什佛寺舍利盒上所绘的乐舞（见图6）、河南北齐墓陶壶所刻乐舞、成都王建墓浮雕像中龟兹乐伎乐器。龟兹乐舞不仅对内地中原发生影响，甚至影响到日本的音乐舞蹈。

图6 舍利盒上所绘的龟兹乐舞

引自孙机《中国圣火》，第229页，图二八，辽宁教育出版社1996年版。

（四）疏勒

喀什古称"疏勒"。公元2世纪末，疏勒人曾建立了一个城邦国家，它以喀什噶尔河中下游的疏勒城（今巴楚西）为统治中心，同时领有叶尔羌河流域的莎车、斫句迦（汉代称西夜，今叶城北部）及竭盘陀（或称竭叉，今塔什库尔干）三个附庸国。其疆域大致在今新疆喀什地区及克孜勒苏自治州。7世纪初，疏勒国都西迁迦师城（今喀什市一带）。

疏勒遗存保存至今的主要是城址和佛教遗址。托库孜萨来遗址，位于喀什地区巴楚县托库孜萨来山东南端。遗址西部依山而建，险要坚固；东北及南部在山坡上，分内城、外城、大外城三部分。城墙仅留残垣，山腰和山顶均有土坯砌建的城墙、城门遗迹，东侧和北侧尚存部分庙宇遗址。曾出土大量汉文、婆罗谜文、回鹘文和阿拉伯文文书，还有钱币、丝毛织物和佛教壁画等精美文物。托库孜萨来遗址即唐代汉文书记载中的"据史德城"，在唐代一度成为喀什地区政治、经济、文化的重要中心城市，是丝绸之路古道的大站之一，成为喀什地区晋唐佛教文化繁荣时期的典型代表。

莫尔佛塔是莫尔寺院现存的两座佛塔，寺院殿堂分布于两塔之间，已成为废墟，西面约1公里处有歇普岱尔格那（鸽子房）遗址，南面隔恰马克河与罕诺依古城相望，该塔成为罕诺依古城旁的一处标志性建筑物。东塔为方形基址座，梯形腰座，座分5层，逐层缩进，覆钵形塔顶，佛塔总高12.8米。西塔为覆钵形，底大顶小，塔高7米，塔身正面和西侧有佛龛痕迹。寺院东南有僧房的遗迹。寺院遗址内出有石膏塑佛像残片、单耳陶瓶等遗物。莫尔佛塔及寺院遗址地处中国最西部，是晋唐时期喀什克州地区重要的佛教建筑，也是古"疏勒国"都城-罕诺依古城的重要组成部分，对研究佛教初传新疆和汉唐时期喀什地区佛教流行问题具有重要意义。

石头城遗址，位于帕米尔高原上的塔什库尔干县城北，海拔3100米，为晋唐至清代的遗存。古城坐落在山丘上，由城墙、城门、寺院、居住遗址组成。城垣周长约1200余米，分段用土坯或石块砌成，总面积10万多平方米。寺院遗址位于古城东部。城内现存房屋遗迹40余间，大都利用坡地挖筑而成，属半地穴式建筑，墙体均用砾石砌成。城内出土唐代钱币、和田语文书及石磨盘、陶器等遗物。石头城遗址地处喀什绿洲通往中亚及南亚的交通线上，自喀什、英吉沙、叶城、莎车至帕米尔高原的几条道路均汇集于此，地理位置非常重要。晋—南北朝时期为竭盘陀国王都，唐代为葱岭守捉驻节地，是古代丝绸之路上具有重要战略地位的城址。

(五) 鄯善

鄯善早期叫楼兰，楼兰建国（大概不迟于汉初）前是畜牧文化，主要使用磨制石器、陶器和木制器皿，有了原始的农业，基本定居。汉通西域后，由于地当交通要道，楼兰迅速崛起，先后在孔雀河下游地区建了大大小小很多城。① 魏晋时期的楼兰古城最有名，位于孔雀河下游罗布泊西岸。城垣原为不规则的方形，周长1300米，总面积10万多平方米。一条古河道，斜贯全城。城内遗迹尚可分辨出官署、寺院、居民住宅区的差别。全城建筑规模最大的所谓官署区，留存至今的三间土屋面积也只106平方米。城内建筑的基本特点，是当前仍在南疆地区沿用的以木材构架、红柳枝编扎后外涂草泥以为墙壁的建筑。在楼兰城郊清理过一批汉代墓葬，出土最多的是汉代锦绢、漆器、铜镜，它们明显来自中原地区。也有不少土产的精致毛毯、斜纹毛织物、平纹毛布，木器、陶器等，表现了汉晋时代楼兰的社会生活。总之，楼兰古城的兴起与废败，与中原王朝对西域政治、经济的控制、管理，与丝路的经营、建设密切相关。

米兰遗址在若羌东北约70公里，遗址地处古代罗布泊之南，为丝路南道之咽喉。汉晋时属楼兰－鄯善国地，是当时中央政府经营西域的重要根据地。唐代中期为吐蕃占据，同样成为其进出中亚的桥头堡之一。遗址由代表上述时代及文化族属的古城、佛寺、烽燧、灌溉渠道等遗迹组成。

佛教遗迹属魏晋时期，为鄯善较早的寺院遗址，也是我国早期佛教史上的重要遗迹。包括十几处三、四世纪的寺院遗址，其中第2号寺院发现带希腊风格的卷云纹木柱头，6座佛像膝宽1.8米，还有0.9米高的大佛头。第3号寺院址佛塔周围的圆形回廊外壁上，有多幅彩色艳丽的有翼天使壁画和佉卢文题记。回廊东南角有释迦佛，佛旁六弟子侍立，均作剃发和尚状，多属佛说法或佛传故事。

古城可分为汉晋和唐代两个时期，城墙夯筑而成，其上层局部用土坯垒砌，四角有望楼。房屋均用土坯砌成。出土遗物以大量的吐蕃文木简最具特色，内容涉及各个方面。城外烽燧遗迹是古城防御系统的一部分。一些学者认为此城早期为魏晋时期鄯善国的东故城遗址，晚期属唐代吐蕃占领时期。

---

① 孟凡人：《楼兰新史》，光明日报出版社、霍兰德出版有限公司1990年版。

米兰遗址的古城、寺院、佛塔、烽燧、古灌溉渠道等，突出表现了汉唐时期楼兰－鄯善国的城堡建筑、佛教文化、军垦屯田等状况。佛寺遗址中出土的"有翼天使"等壁画，是希腊文化影响佛教艺术后在塔里木盆地开出的一朵奇葩。古城中出土的吐蕃遗物，记录了很多唐代中期以后吐蕃占据米兰地区近百年的历史。

尼雅遗址位于民丰县北约150公里尼雅河下游地区，现已沦入沙漠。此地早期是汉代精绝国，后被鄯善吞并。遗址范围较大，房舍沿干涸的尼雅河散布，南北长约10公里，东西宽约2公里。每组居民房址自三五间至数十间不等。房基用麦草、羊粪合泥铺墁，墙壁是以红柳编墙两面墁泥，保存尚好。房顶虽已不存，仍可看出有的原作平顶。房舍内发现有铁铧、铁镰、大木槌、木杯、木碗、木盘及马腿绊，农产品有麦、青稞、糜谷、蔓菁，食物有羊肉、羊蹄、雁爪等。还有不少丝织、毛织物残片，一枚炭精刻的"司禾府印"，以及大量佉卢文、古和田文及汉文木简、木牍等。

遗址区西北为墓区。棺木多为独木挖成，破坏较重。1957年发现的一座东汉时期的夫妇合葬墓，箱形木棺置于红柳墁泥的矩形墓穴中。墓主已成干尸，全身衣服大都为锦、绸、刺绣，身下所铺毛毯是新疆地区目前所见最早的一件栽绒毯。出土的龟甲纹及葡萄人兽纹毛布，色彩鲜丽，图案独特，表现了很高的毛织工艺水平。除大量丝、毛织物外，还出土了两块蓝色蜡染棉布，印花图案有龙、狮、丰饶女神形象（见图7）。男尸穿棉布裤，这是我国迄今所见最早的棉织物。

图7 尼雅东汉墓出土的印花棉布

引自林梅村《古道西风——考古新发现所见中西文化交流》，第380页，插图57，生活·读书·新知三联书店2000年版。

尼雅古墓中保存完好的长弓、木箭、筒状箭囊、黑陶壶、红陶双系罐、豆状木器、小木筒、木杯、碗、梳、带杆木纺轮、铜戒指、料珠、项链，均具民族特点。生动地显示了丝绸之路上精绝、鄯善地区的物质文化面貌，表现了贵族上层人物的生活状况。近年尼雅发现的一座合葬墓中出了一件珍贵的织锦，在色彩斑斓的云气纹中织出了翼兽、瑞鸟、虎、星等形象，更为珍贵的是在锦中织出了"五星出东方利中国"的天文占卜吉语（图8）。这块锦来自中原，被当地人裁缝为护臂，无论是精致的织锦本身，还是其所蕴含的意义，都已悄然融入古代鄯善贵族的生活中。①

图8　"五星出东方利中国"织锦

引自新疆文物考古研究所《新疆民丰县尼雅遗址95MNI号墓地M8发掘简报》，《文物》2000年第1期，第23页，图四八。

西域人民对中原生活的影响是多方面的，《后汉书·五行志》说："灵帝好胡服、胡帐、胡床、胡坐、胡饭、胡箜篌、胡笛、胡舞，京都贵戚皆竞为之。"在起居方面最大的贡献是较早使用椅凳一类高坐用具，罗布泊、尼雅两个遗址发现汉晋时期雕犍陀罗花纹的木椅，是我国迄今发现的最早的椅子。约于东汉末年传入内地，逐步改变了内地原来席地而坐的习惯。②

---

① 中日共同尼雅遗迹学术考察队：《中日共同尼雅遗迹学术调查报告书》，中村印刷株式会社1999年版。

② 林梅村：《楼兰——一个世纪之谜的解析》，中共中央党校出版社1999年版。

（六）于阗

于阗自古是塔里木盆地南缘的重要地区。早期生活着游牧人，他们可能是北方草原南迁的塞人。洛浦县山普拉古墓对认识他们的文化是一批重要的资料，墓地面积达6平方公里，已发掘墓葬38座，马坑2座。墓葬地表无封土，形制可分两类，一类为方形竖穴墓或称方形土坑棚架墓，此类墓有长方形竖穴墓道，墓室顶为木棚架盖，墓道和墓室周围都间隔树立有木桩，在外侧捆绑芦苇和填塞麦草，墓室四角和中央树立大木头，用以支撑墓顶的盖木。这类墓大都为多人合葬，多的可达一百数十人，男女老少都有，约70%为中年个体。另一类为长方形竖穴土坑墓，有多人葬和单人葬，有的木棺葬具，木棺中的圆木棺、半圆木棺、木盆棺是用胡杨木凿挖而成的，另有用板材做成的梯形或长方形木棺。有的墓旁还有一座殉马坑，其头上缨络等尚存。

随葬品异常丰富，有木器、陶器、铜器、铁器、毛棉丝织物、弓箭以及食品等。出土木器较多，包括盘、盆、碗、杯、带把杯、梳、梭、铲和一件木质手杖等，其中有的容器是用整块胡杨木挖刻而成。陶器数量仅次于木器，有黑和浅红两色，有单耳小口高颈壶、双耳鼓腹平底罐等，还发现很少的彩绘陶器。墓中出土毛织物很多，大部分为墓主人随身穿着的衣服，外穿彩色条纹或方格纹毛布衣服，式样多为套头长衣，妇女穿着裙子，内衣用毛纱或毛罗缝制，衣服边缘往往缝制有彩色或绣花的毛条带，还有毛布缝制的裤子，毡或毛布制作的圆顶或尖顶帽子，脚穿毡袜和长、短筒毡靴。随葬品中还有毛织地毯和一块蓝印花棉布，另在毛织物中有一件彩色花纹图案的"人面马身纹"壁挂，弥足珍贵。铜器有手镯、耳环、铜镜和小件装饰片。在死者颈部还发现以各种兰红色料珠或薏苡籽串成的项链。有铁器镰刀和小铁刀。墓中出土有弓箭，其中有一种箭杆，上端有羽毛，箭头为木制球形状。随葬食品有放置于盘内的羊头、羊肉、羊羔，在小羊皮袋内装有面粉、炒面、油饼和点心，有的在裹尸布内还缝有麦粒，有的死者身旁放着薄荷叶。这批相当于汉至魏晋时期的文物具有明显的西域文化特色，反映了于阗的早期文明内涵。①

---

① 新疆维吾尔自治区博物馆、新疆文物考古研究所：《中国新疆山普拉》，新疆人民出版社2000年版。

在塔克拉玛干沙漠腹地有一座圆沙古城，又名尤木拉克库木古城，位于于田县大河沿乡克里雅古河床的东岸。古城现几乎全被沙丘覆盖。古城呈不规则四边形，城墙周长约995米。城墙结构为木骨泥墙，在南墙中部和东墙北部各有一城门，其门道、门柱、门板的痕迹尚存。城内暴露于地表的建筑遗迹有6处。从发掘清理的情况看，该城始建于汉代，社会经济以饲养业和畜牧业为主。圆沙古城的存在，为继续探寻位于塔克拉玛干沙漠腹地早期文明的遗迹及地理环境的变迁提供了重要线索。

于阗地区发现的古代钱币很有特点，为压印而成，一面有马或骆驼和佉卢文，另一面是汉文。这些于阗汉佉二体钱上的骆驼和马像，与公元前50至公元80年在旁遮普一带塞种人所建王朝几位国王的铸币相似，后者铸币铭文多是希腊、佉卢二体字。于阗汉佉二体钱应是在公元73年班超降伏于阗王之后，当地模仿了外来钱币而铸造的。

于阗是丝路南道佛国，信仰大乘佛教，盛建塔寺。著名的热瓦克佛寺遗址，位于洛浦县的库拉坎斯曼沙漠中，是一处以佛塔为中心的寺院建筑遗址，时代下限为公元6世纪。遗址总面积2370平方米，平面呈方形的院墙用土坯砌筑，南墙中部为院门，院墙内外两侧，均塑有装束华丽的菩萨立像和大量大小不一、形象各异的壁贴和影塑佛像。佛塔用土坯砌筑，塔基和塔身一起残高9米。塔基平面呈"十"字形，塔身为圆柱形。塔院遗址周围还分布多处佛教建筑遗迹。热瓦克塔院佛寺遗址无论建筑风格还是佛像造型或壁画，都保留有十分典型的犍陀罗艺术风格；而其东南墙上的三尊塑像的造型、衣纹走势以及细节处理，又显示出笈多时期秣菟罗艺术的作风，甚至与炳灵寺169窟的立像相似。对研究古代西域佛教和印度佛教以及佛教建筑、雕塑艺术等，都具有不可替代的重要价值。①

三　西南地区的民族考古遗存

（一）吐蕃

西藏和青海部分地区汉晋时有西羌，唐宋时称为吐蕃。在唐代，吐蕃处于显著发展的时期。吐蕃已有自己的文字，见诸大量的文书、碑刻、钟

---

① 张广达、荣新江：《于阗史丛考》，上海书店1993年版。吴焯：《佛教东传与中国佛教艺术》，浙江人民出版社1996年版。

铭等。

吐蕃的王宫寺院一般都依山而建，规模宏大，建筑雄伟。墙体厚实，略有收分，显得庄严稳固，这种墙体除具有较强的抗震作用外，还有较好的保暖效果。狭小低矮的门窗，是古老的碉楼式民居传统做法的沿袭，其本意是强化防御，还可以保暖。雍布拉康、青蛙达孜宫、旁塘宫、帕蚌喀、布达拉宫、大昭寺和小昭寺等宫殿和寺院遗址，都反映了设计者的气魄和建造者的才智。其内外装饰都非常讲究，外墙用色饱满、鲜亮、沉凝，在高原蓝天荒岭的映衬下，十分夺目。殿堂错落有致，金顶宝幢熠熠生辉，雕梁画栋五彩缤纷，琳琅满目的壁画，神态各异的造像，这一切营造出独一无二、令人震撼的雪域文明。

在西藏寺院宫殿建筑中，布达拉宫是最杰出的代表。它始建于公元7世纪，之后又经重建和扩建。布达拉宫高110米，南北宽300余米，沿山砌平楼13层，以红宫、白宫为中央主体建筑。建筑主次分明，等级森严的建筑布局有较明显的政治和宗教喻意，达赖的两组寝宫傲然屹立于布达拉宫之中心顶层，暗喻布达拉与普陀罗、达赖喇嘛与观世音菩萨之间的相关性。布达拉宫总体布局基本采用了黄教经学院和宫堡建筑的传统布置手法，是西藏建筑、雕塑、绘画等艺术的集大成者，是藏族人民勤劳和智慧的结晶。[①]

吐蕃时期列山墓地位于西藏朗县金东乡列村之东的山坡上，墓地西距雅鲁藏布江约6公里。墓地范围约50万平方米，共发现封土墓184座，墓葬分布密集。按封土占地面积可分为大（700平方米以上）、中（90—700平方米）、小型（90平方米以下）。墓葬封土平面形状主要有梯形、方形、圆形、亚字形和方圆复合形等类。墓葬封土最大者边长达66米，占地4300余平方米，封土最高达14米。墓葬构筑技术主要采用典型藏式建筑风格的夹石、夹木夯筑方法。在墓葬分布范围内还发现了建筑、祭祀、石碑座等遗迹现象。列山墓地的规模和墓葬总数在西藏境内是罕见的，有可能是一处赞普级别的陵墓区。

吉堆墓群位于洛扎县吉堆乡。共有墓葬48座，诸墓以1号大墓为中心，呈放射状分布。墓葬封土为覆斗状，平面则为梯形。封土采用夹石夯筑的方法。在墓群东西两面，各有一处摩崖石刻和碑文，两者内容一致，

[①] 马自树主编：《中国边疆民族地区文物集萃》，上海辞书出版社1999年版。

记录吐蕃时期一位赞普（君王）和大臣德乌穷之间的誓文。吉堆墓群对于了解吐蕃公元8—9世纪历史、洛扎地方史和吐蕃丧葬制度具有重要意义。

近年在青海都兰发掘的吐蕃大墓结构复杂，规模宏大。可惜多被盗掘，劫余的文物中，有各地图案奇异的丝绸、刻有吐蕃丞相名字的条石以及道教的道符等。在著名的《步辇图》中，拜见唐太宗的禄东赞穿的外袍，就是用波斯风格的丝绸制成。

吐蕃最重要的是历代赞普墓，位于西藏山南地区穷结县木惹山上。是公元7—9世纪历代赞普的王陵。方圆3公里，现有9座墓，尚未发掘。形制大体相同，均为方形平顶，大小不一，排列也不整齐，多数高达数十米。均以土石夯结而成，夯土层明显坚实，每层厚15—20厘米。据传松赞干布和文成公主及前后几代赞普均葬于此。[①]

（二）滇国与南诏

从秦汉开始，云南正式纳入了当时中央政府的直接管辖之下。汉代滇地有田渔畜产之饶，分靡莫、隽、昆明诸族。滇族"椎结，耕田，有邑聚"[②]，尤受到汉王朝的优遇，而滇族所代表的滇文化，已经在晋宁石寨山等地发现。石寨山墓葬出土的空心茎虎纹铜剑、铜啄、铜叉、铜狼牙棒、铜枕、铜芦笙、铜鼓、贮贝器等，都反映了明显的滇文化特征。由铜人形象显示，女人银锭结、垂髻、戴耳环、跣足，男人总方形发、椎髻、披毡，都代表滇族服饰的样式。铜鼓是云南古代文化中十分典型的器物，甚至形成了一个铜鼓文化圈。很多铜贮贝器上以青铜铸像塑造了宗教祭祀、战争和纳贡等现实场景，生动记录下滇国生活中建筑、服饰、生产、生活、阶级、宗教等重要部分。这些器物造型复杂，应是多合范铸造，有的为了突出主要人物，还对之进行鎏金。大量动物纹饰牌生动表现了野兽撕咬搏斗的瞬间，是不可多得的艺术品，也是北方草原游牧文化在西南的发扬光大。由于墓中出了一枚"滇王之印"金印，不仅证实石寨山含有滇王的墓地，也证实汉武帝"赐滇王王印"的史实，而滇文化所反映的相对发

---

① 霍巍：《西藏古代墓葬制度史》，四川人民出版社1995年版。
② （汉）班固：《汉书》卷九十五《西南夷传》，中华书局1962年版，第3837页。

达的农业、畜牧和手工业，展现了滇族开发西南的重要业绩。① 早在汉武帝时，洱海区域的榆县就属益州郡。当时为了打通西南丝绸之路，在首都长安开凿的昆明池以训练水军，就是仿照洱海的样子。东汉时，西南边疆设立了永昌郡，在物质文化上，表现为汉文化渐占主流。昆明羊甫头墓地非常说明问题，早期（西汉至东汉初年）是典型的滇文化，其中有些墓葬出土的青铜兵器和工具都保留了完整的漆木柲，并出土了造型奇特的一套漆木祖形器；至羊甫头墓地晚期的东汉墓葬，其随葬品已完全汉式。②

三国、两晋到南北朝前期，云南地区始终属于中央或地方的统一管辖之内。自南朝迄唐中叶，爨氏雄踞南中，达数百年，其势力以今之曲靖、陆良为中心，东至黔西，西抵楚雄，南达建水一带，颇极一时之盛。在这一地区发现了不少碑刻，其中曲靖出土的晋振威将军建宁太守爨宝子碑，陆良县的宋龙骧将军护镇蛮校尉宁州刺史爨龙颜碑十分珍贵。前者书法介于隶书和楷书之间，古朴浑厚，被誉为"正书古石第一"；后者书法气势雄浑，笔力遒劲，康有为《广艺舟双楫》推为"楷隶极则"的"神品"，二者在中国书法艺术史上占有重要的地位。

唐代初年，在云南分布着蒙舍诏，在洱海周围居住有许多小部落，史称"河蛮"或"西洱河蛮"，南诏王皮逻阁在兼并五诏前一年，征服了"河蛮"，占据太和城。公元738年，唐玄宗册封皮逻阁为云南王，赐名蒙归义。在唐朝支持下，蒙舍诏兼并了其他五诏，建立南诏国。公元739年，皮逻阁迁居太和城，并以此作为南诏国的王都。

太和城位于今大理和下关之间的太和村西，该城西靠海拔4000多米的险峻的点苍山，东临波涛滚滚的洱海，点苍山、洱海成为城西和城东的天然屏障。太和城主要部分是建筑在点苍山麓的缓坡之上，仅筑北、南两道城墙，北城墙之西端从点苍山佛顶峰起，向东延伸至洱海之滨，全长2公里许。城墙系土质夯筑而起，留存至今较好的一段高3米左右。在城址中常有瓦当、有字瓦出土。最为著名的南诏德化碑原来就立于城中，迄今仍屹立于太和城遗址内。碑高3米，原共3800余字，今存800字。碑乃蒙氏清平官王蛮盛撰文，叙事详尽，是研究南诏历史的珍贵资料。自公元739年皮逻阁建都太和城，至公元779年异牟寻自太和迁都羊苴咩城（在今崇圣寺三塔附近），

---

① 张增祺：《滇国与滇文化》，云南美术出版社1997年版。
② 云南省文物考古研究所等：《云南昆明羊甫头墓地发掘简报》，《文物》2001年第4期。

太和城作为南诏国早期王都历时40年，后作为城镇延用至元初。①

据文献记载，唐代时佛教由中原传入云南。早期主要是信仰净土宗的弥勒佛和阿弥陀佛，之后又传入了密教中的"阿吒力"教派。云南佛教具有鲜明的地域色彩，并同周边地区有联系。观音信仰是云南佛教的特色之一，观音在南诏大理时被赋予神通广大、变幻无穷和至高无上的地位，上至南诏大理王，下至平民百姓，无不敬畏和顶礼膜拜。在这些观音中，最有特色的是阿耶观音，在维修崇圣寺千寻塔时，发现一尊纯金观音立像，通高28厘米，重1135克，背部附有银质背光。观音面容端好，上身裸袒，戴项圈、臂钏，着质薄透体法衣，手势为接引印，这是迄今发现的同类品中最具科学价值和艺术价值的一尊。

把世俗信仰融入佛教是云南佛教特色之二，如在剑川石宝山石窟群中，有雕刻南诏王室的石窟，是南诏本主信仰的生动体现。其中石钟寺2号窟最为精美，正中雕一帐形龛，龛内共雕16身人物。正中有一尊头戴莲花宝珠塔形头囊的王者坐像，王者右侧簇拥7身人像，左侧雕6身人物，龛左右壁各雕一清平官。石窟不大，但龛中人物表情衣饰雕刻入微，栩栩如生，尊卑有序，文武俱全，充分体现了古代云南人民高超的石雕技艺（图9）。

图9 剑川石窟

引自云南大学历史系、北京大学考古文博学院等《剑川石窟——1999年考古调查简报》，《文物》2000年第7期，第76页，图十。

---

① 汪宁生：《云南考古》，云南人民出版社1992年版。

日本京都有邻馆收藏的《南诏图传》后世摹本，分图一卷、传一卷。图卷彩绘纸本，绘制精细，以类似连环画的形式描绘出一系列故事，同时有文字记述，以形象的图画和文字生动地记载了南诏的历史，涉及南诏社会的诸多方面，是十分珍贵的历史画卷。

　　云南的塔也非常有特色，90%的塔为多层密檐式空心方砖塔。南诏的塔上下较小，中部较大，塔体高峻，外部轮廓呈曲线。一般采用简单的叠涩挑檐，装饰上采用花纹图案。文献记载大理地区有各式古塔上百座，现存南诏时期的是大理崇圣寺千寻塔，三塔身姿挺秀，矗立于苍山洱海之间。虽然是砖石结构，但历经数次地震，却依旧卓然挺立，可见古人建筑水平之高超，如今三塔已成了大理地区的象征。南诏的古塔与中原同时期古塔有一定的承袭关系，但又不完全拘泥于中原古塔的模式，它融合本民族、本地区的传统建筑风格，具有鲜明的民族特征，并始终影响着后世的古塔建筑。[1]

（作者单位：中国社会科学院考古研究所）

---

[1] 云南省文物管理委员会编：《南诏大理文物》，文物出版社1992年版。

吐鲁番盆地青铜时代至初铁器时代与周边地区的文化交流

李 肖

一 自然环境简介

吐鲁番地区位于新疆维吾尔自治区东部，地处吐鲁番盆地中间，下辖吐鲁番市、鄯善县、托克逊县。南抵库鲁克山，与巴音郭楞蒙古自治州相邻；北至天山分水岭，与乌鲁木齐、奇台、吉木萨尔等市县毗连。[①]

吐鲁番盆地是新疆东天山中较大的山间盆地。喜马拉雅造山运动以来，这里发生了很大的变动，盆地强烈下沉，大部分降到海平面以下，南部的艾丁湖更低，可达-154米，成为世界上最低的内陆盆地之一。这种地势低降的情况，必然会引起一系列特殊自然现象的发生。例如，这里夏季的气温特别高，全国绝对最高气温（48.1℃）就出现在这里。在吐鲁番县城以西一处沙地上，曾经测得最高温度达82.3℃，这是盆地内最高的地面温度记录。盆地一年的降水量不足16.6毫米，而蒸发量却高达3003.9毫米。其次，吐鲁番盆地与天山山地之间的高差很大，引起了气压梯度的增大，加强了北来气流的强度，强烈的风蚀与风积作用都造成了盆地里的风成地貌。[②]

吐鲁番盆地虽然位于东天山山脉的南坡，降水稀少导致气候干燥，自然环境以戈壁荒漠为主，仅有面积不大的绿洲，夏季虽不适于放牧牲畜，但由于其紧邻天山北坡的森林——草原地区，冬季却是牲畜和游牧人温暖舒适的越冬地。反之，吐鲁番盆地夏季充裕的光热资源使其成为古代新疆

[①] 吐鲁番市地名委员会编：《吐鲁番市地名图志》（内部刊物），1990年，第1页。
[②] 新疆综合考察队地貌组编著：《新疆地貌》，科学出版社1978年版，第106页。

发展绿洲农业和园艺业较早的地区。所以从青铜时代起，吐鲁番盆地的古代文化在与天山以北乃至阿尔泰山周边、南西伯利亚地区的游牧文化有着极为密切关系的同时，来自西方的大、小麦种植技术和栽培葡萄的园艺技术与来自中原的粟类种植技术在此汇集，产生了极具特色的以游牧业为主、农业和园艺业为辅的混合文化。

虽然吐鲁番盆地位于欧亚草原游牧文化的边缘地区，但其特殊的地理位置和极端干燥气候环境，使得在湿润的草原地区难以保存的有机质文物，如尸体、皮革制品、毛织品、食物等得以大量地、完整地保存下来，其种类和数量远远超出了阿尔泰山区和南西伯利亚冰室墓中出土的同类遗物，使这里成为一个巨大的天然博物馆。特别是对近几十年考古发掘成果的整理研究，证明吐鲁番盆地这一时期的考古学文化在研究欧亚草原游牧文明和早期东西方文化交流领域占有非常重要的地位。

对吐鲁番盆地青铜时代至初铁器时代的考古研究已持续了近一个世纪，通过对交河故城沟北墓地[1]、阿拉沟墓地[2]、艾丁湖墓地[3]、喀格恰克墓地[4]、三个桥墓地[5]、苏贝希遗址及墓地[6]、洋海墓地[7]、交河沟北墓地[8]、交河沟西墓地[9]、胜金店墓地[10]等发掘资料的研究证明，从公元前1000年中期开始，在吐鲁番盆地居住着后来以"姑师（车师）"命名的古代民族，已进入铁器时代，过着农牧结合的生活。姑师（车师）人世

---

[1] 黄文弼：《吐鲁番考古记》，科学出版社1954年版。

[2] 新疆社会科学院考古研究所：《阿拉沟竖穴木椁墓发掘简报》，《文物》1981年第1期。

[3] 新疆维吾尔自治区博物馆、吐鲁番地区文管所：《新疆吐鲁番艾丁湖古墓葬》，《考古》1982年第4期。

[4] 吐鲁番地区文管所：《托克逊县喀格恰克古墓群清理简报》，《考古》1987年第7期。

[5] 新疆文物考古研究所、吐鲁番地区文管所：《新疆鄯善县三个桥古墓葬抢救清理简报》，《新疆文物》1997年第2期。

[6] 新疆文物考古研究所、吐鲁番地区文管所：《鄯善苏贝希遗址和墓地发掘简报》，《考古》2002年第6期。

[7] 新疆文物考古研究所、吐鲁番地区文物局：《鄯善县洋海一号墓地发掘简报》《鄯善县洋海二号墓地发掘简报》《鄯善县洋海三号墓地发掘简报》，《新疆文物》2004年第1期。

[8] 联合国教科文组织驻中国代表处、新疆维吾尔自治区文物局、新疆文物考古研究所等：《交河故城——1993、1994年度考古发掘报告》第二章，东方出版社1998年版。

[9] 新疆文物考古研究所：《1996年吐鲁番交河故城沟西墓地汉晋墓葬发掘简报》，《考古》1997年第9期。

[10] 新疆吐鲁番学研究院考古研究所2007、2008年度对因312国道升级改造而遭破坏的胜金店墓地进行了抢救性清理，共清理墓葬31座，发掘资料正在整理之中。

居吐鲁番盆地，交河城及其附近一带是他们活动的中心区域，据史书记载，至迟在公元前102年以前，姑师已经立国。《史记·大宛列传》曰："楼兰、姑师邑有城郭，临盐泽。"到了公元前108年（汉武帝元封三年），姑师在汉朝军事力量的打击下一分为八，在《汉书·西域传》中则出现"车师前国，王治交河城，河水分流绕城下"的记载，指明交河城为车师前国的都城。

通过对胜金店墓地出土的遗物，特别是汉锦、漆器残片等具有断代意义的中原文物的初步分析，基本上可以认定该墓地的上、下限在战国时期到西汉早期，社会发展处于早期铁器时代，是当地土著文化的墓葬遗存。

二 考古发掘简介

胜金店墓地位于新疆吐鲁番市胜金乡胜金店村南郊、胜金店水库与火焰山之间的坡地上，西距吐鲁番市40公里（图1）。为配合312国道吐鲁番—鄯善段复线工程建设，进行前期考古调查时墓地始被发现。2006年5月，由自治区文物考古研究所在公路北侧进行了首次考古发掘，考古资料尚未公布。2007年修路施工时挖掘机在路边山坡上取土，又挖出了人骨和器物，发现了靠近公路南侧的墓葬。同时，吐鲁番学研究院的文物考古

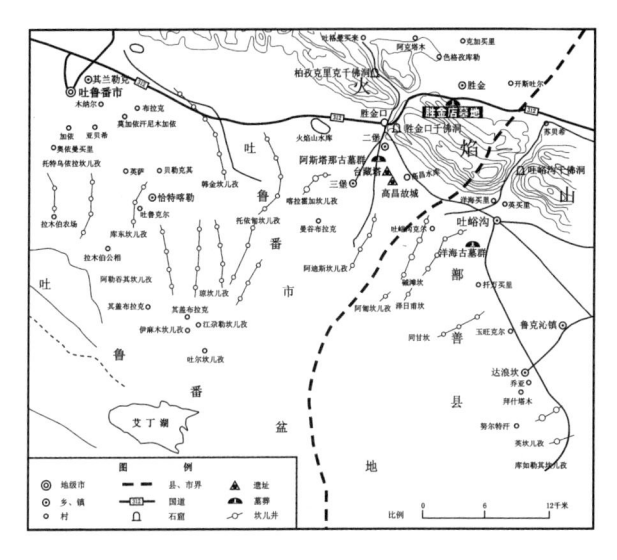

图1 胜金店墓地地理位置示意图

人员在此进行了考古调查。

自2007年10月至2008年4月，共发掘墓葬31座（图2），出土了一批有价值的文物。

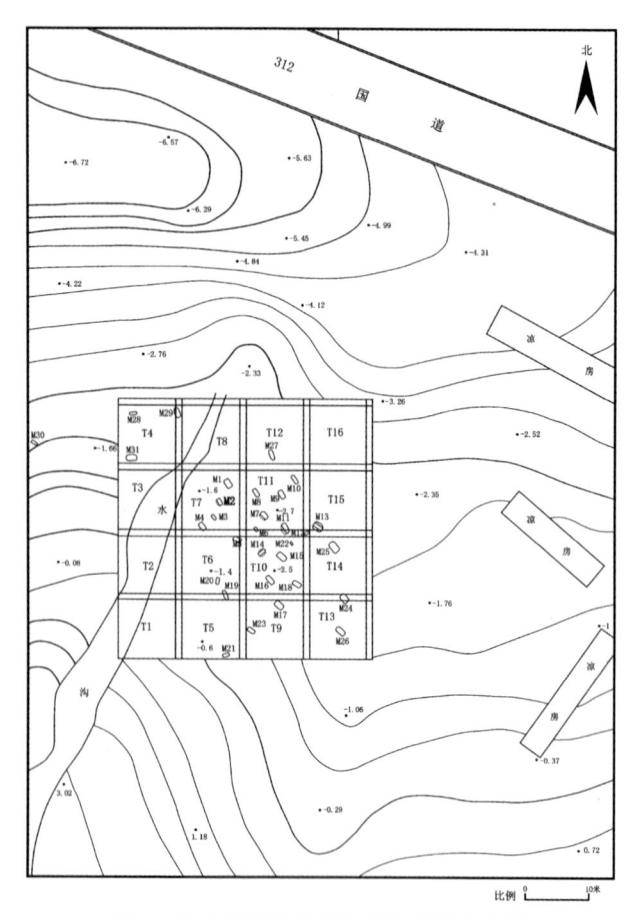

图2　胜金店墓地发掘探方和墓葬分布图

三　墓葬概述

墓地南面为火焰山，北面被旧的312国道施工切断，墓地西侧有冲沟，东面有当地村民用于风干葡萄的晾房。由于历年洪水冲刷所夹带的泥沙在墓地上积滞，致使所有的墓葬都埋在淤积层下，墓地地表无任何标志。采用探方法取去50—80厘米表土层后，墓口方才露出。由于地面有斜坡，雨水来不及下渗即流走，而且每次雨水都会留下新的保护层，所以有些墓葬保存特别好。

现存墓地呈椭圆形，南北长42米，东西宽23米。墓葬分布均匀，排列有序，间隔3—8米。未见打破、叠压现象。少量成人墓旁有儿童祔葬墓。

胜金店墓地的墓葬型制有三种，基本涵盖了吐鲁番盆地史前墓葬的所有型制。一种长方形竖穴二层台墓（A型）。二层台设在长方形的两长边上，距墓口深0.6—0.8米，在二层台上横排圆木或厚木板，尽可能严密地封堵墓室口，继而在横木上覆盖毛毡或用芦苇编织的帘垫。再在毛毡或帘垫上覆盖植物秸秆。所用植物有黑果枸杞、芦苇、糜子草、香蒲、麦秸等，其上再用黏土压实。第二种数量最多，为长方形竖穴土坑墓（B型）。直壁，墓口与墓底长、宽相仿。与上一种不同的是篷盖物直接搭建在墓口上。第三种为竖穴偏室墓（C型），这种墓的竖穴成为墓道，竖穴上口窄长，正底部顺长边留台阶，再向对面掏进成墓室。横切面呈靴形。在墓室口从台阶下向上斜搭成排的木梁，上面铺毛毡或草席，再覆盖植物秸秆，填土。大多数C型墓还用同样的方式在墓道上口即地面上重复搭建棚木，铺芦苇编织的帘子，覆盖植物秸秆，用黏土和成泥后镇压。

葬具主要是长方形四腿木制尸床。长方形边框中有两条横檩，四角各有一只短腿，它们之间都用榫头卯眼接合。上面铺排细木棍或柳树条用皮绳绑紧，有些尸床上还安放一个与其同样大小的长方形拱券顶床罩，床罩用牛皮条和细柳枝捆扎而成，罩上覆盖毛毡。随葬这样木床的墓在整个墓地相对比较少，大多数墓葬仅仅在墓底铺细沙和植物茎秆。

该墓地主要为单人葬和双人葬，少有三人以上的合葬。双人合葬大多为夫妻合葬墓，也有少量同性合葬墓。墓葬中除了早期被盗扰外，还有一部分墓葬尸骨凌乱，应是墓室中早期进水使尸骨移位。另外发现用皮质衣服包裹的散乱骨骼，这种现象可能是二次葬。被扰乱的墓葬中还发现两层骨架叠压的现象，这是多次打开墓室再葬人所形成的。葬式主要有仰身直肢和仰身屈肢，侧身屈肢葬极少。仰身屈肢葬很有特点，上肢微内屈，双手搭在腹部。下肢上屈，双膝外侧各用一根粗芦苇秆支撑住双腿。

随葬器物中的陶器和木质容器多置于人的顶头位置，而长杆木器如弓箭等都顺放在人体右侧，个别弓袋箭囊还悬吊在墓室盖板上。其余的大多数器物都在其生前携带、穿戴和佩戴位置。

四 墓地出土器物

　　墓地所处的火焰山一带，沙质的土层，干燥少雨的气候，以及封闭的墓室空间，使难以保存的木质、毛皮质器物都悉数保存下来。墓葬中出土了许多木器、骨器、皮革制品和毛织物，还有陶器、铜器、铁器、石器、玛瑙珠、玻璃珠等。木器的器类有碗、杯、盘、钵、豆、桶、刀鞘、簪、锥、扣、橛、纺轮、弓箭、镰刀柄、拐杖、冠饰、假肢等。皮质品主要有皮靴、皮扣、板指、护套、刀鞘、弓袋箭囊、绘有图案的羊皮画等。陶器多为素面，有些外施红色陶衣，打磨光洁，器物造型规整。主要有杯、碗、钵、壶、盆、双耳罐等。金属器物有铁刀、铁带钩、铜刀、铜耳环、金耳环、动物纹金饰件等。在墓道或墓口填充物中，还出土了为数较多的小麦、黍、黑果枸杞、芦苇、香蒲、骆驼刺、稗子、虎尾草等植物。

　　木质冠饰奇特而且多样，其中一件通体用薄木板加工黏合而成，呈四方长筒状，中空。底口近方形，因为四个面中只有一个面是平直的，其他三个面都略弧，向外先鼓出以后又逐渐细收成尖状体，中间略粗，与直面相对的那个斜面上方安装一个三角形"尾鳍"或"翼"——像船之尾舵状的薄木片。下端有双小孔，插入木销钉，固定一枚安装在筒中的木条。木条为一细长方体，上面有条形孔，并缠绕头发，以兹便将木冠饰固定在头顶上。这样的木冠饰为成年男性专用。用于成年女性头上的冠饰有两种，一种是与上述男性相同形状的装饰性器物，用整块生牛皮缝制，整体要小一号，比木质冠饰要轻巧得多，销钉、尾鳍具全。这种皮冠饰的后面安装两根起支撑固定作用的柽柳棍，从底部一直延伸到顶端。牛皮筒从后面缝合，至二分之一处收小分开，连尾鳍一起包紧粘牢在两根柽柳棍上。出土时置头顶部，里面尚有头发和黑色毛线编织的发网残片。还有另一种冠饰，下部呈圆筒形，用薄木板弯曲粘贴成。顶盖与圆筒组装在一起，口微敞，口沿上有两段突起，薄沿，像一个倒扣的木桶。顶盖中部有两个半圆形或长方形孔，便于发辫从双孔内穿出后打结，好将木桶一样的冠帽稳定在头顶之上。桶顶两侧分别安装一根微曲的圆木棍（冠翅），并向两侧叉开一定角度。木冠冕成型后，通体外包羊皮，并染成黑色，类似于长着动物双角的木冠饰才算做成。上述类似的冠饰都有多件，它们的基本形态和用途、用法也相同。

成套的弓、箭和弓套箭囊（古称韬箙、帐，俗称弓箭袋）是胜金店墓地考古发现中的又一个亮点。弓套箭囊出土时用自带的皮带悬系在墓室口木盖板上。弓套箭囊十分豪华，用皮条缝缀在一起，皮带头上系牛角制成的精致角扣，可与宽皮带连接，因此可背在肩上或系在腰间。弓套用羚羊皮缝制，呈梯形，上宽下窄。箭囊实际上是两个圆筒，也用羚羊皮缝制，一长一短，长者带盖，短者敞口。想必不用时，箭保存在带盖的筒内，需要用时把箭放入无盖的短筒中，箭尾向上露出一截，为偶然要用时提取方便。弓为反曲的复合弓。这种弓不仅个体大，力量强劲，而且加工工艺达到了登峰造极的水平。弓箭兼有狩猎工具、作战武器、健身器械多种功能，应特别注重其性能。弓者制弓，一定要按照时令选取六种材料：杆、角、胶、筋、漆、丝，但吐鲁番盆地缺少后两种材料，用鹿皮胶和羊肠衣替代。杆使箭射得远，角使箭射得快，筋使箭射得深，胶使各材聚合为弓身，肠衣使弓身坚固。弓的加工步骤是先制作弓胎（杆），在制弓材料中弓杆最强，所以用韧性最强的绣线菊（俗称兔儿条）木，火烤弯曲成型。牛角是用来支撑弓体的，先将牛角撕开，火烤压平，弯曲成型后两面都划出条纹，以利用胶粘合，粘贴在弓杆的内侧。筋是增加强度的，铺三道在弓杆的外侧。弦反向挂在弓上，烘烤弓体给弓定型。通体再反复缠牛筋、肠衣，刷胶。弓弦用牛筋合成，两端做成固定的环，环上再缠羊皮条，弦的中段也同样要缠皮条，以防过早将弦磨断。

五　相关遗迹的考古发掘成果

1. 棺罩与尸床

众所周知，游牧民族和农业民族在生活上的重要区别是前者逐水草而居，后者是住在固定的房屋之内。对于迁徙于四季牧场之间的游牧民族来说，轻便，易于拆装，制作材料来源便利的毛皮、毛纺织品、羊毛毡质地帐篷的使用贯穿了整个古代游牧文化史。但是，对于游牧民族帐篷源流的演变过程，特别是对早期游牧文化帐篷的研究多依赖于文献记载或岩画及绘画作品，几乎不见实物出土。吐鲁番胜金店墓地的考古发掘为我们了解欧亚草原地区游牧文化青铜时代至早期铁器时代游牧民族帐篷的形制、质地、制作工艺提供了珍贵的实物资料。

根据早期的文献记载，最早的游牧人是住在马车或牛车上的，所以最早的游牧帐篷实际上就是畜力车的车篷。这次胜金店墓地出土的棺罩为拱形顶的长方形，以直径2厘米左右的树条为框架，构成拱顶框架的树条和构成底部长方形框架的树条以榫卯结构相接，框架的结合点用皮条固定，框架外再覆以毛毡，和现在蒙古族、哈萨克族帐篷的基本结构并无二致（图3）。整个棺罩做工细致，虽是葬具，但在结构构成上和实用的帐篷没有差别（图4）。

图3　　　　　　　　　　图4

这一时期的墓葬中还有一部分带有床形葬具，即尸床，为木材制成的长方形床形葬具（图5）。从洋海、胜金店墓地的发掘来看，它往往和棺罩配套使用。如果棺罩是仿自车篷的话，那么尸床则代表了车厢，由棺罩和尸床构成的葬具组合意味着死者在冥界居住的帐篷，是活人世界所居住的帐篷的镜像反映。众所周知，游牧民族是不使用床之类的卧具，因为它不便于迁徙和摆放，而是直接在帐篷的地面上铺陈毛毡、地毯或兽皮等柔软、可折叠的物品作为卧具。阿尔泰山－南西伯利亚和吐鲁番盆地同时期墓葬中的葬具在形制和使用方式上的一致性，说明了这两个地域在丧葬文化上的密切联系（图6）。

吐鲁番盆地青铜时代至初铁器时代与周边地区的文化交流　　　　47

图 5　　　　　　　图 6　阿尔泰山 – 南西伯利亚
　　　　　　　　　　　　古墓出土

2. 面具

对于欧亚草原地带的游牧民族来讲，各种现实的及虚幻的动物形象一直是他们的装饰主题，这一点在青铜时代和早期铁器时代更为明显，多为装饰在金器、青铜器、服饰，或刻画在岩画上的形象。但似乎只有在阿尔泰山 – 南西伯利亚地区最早将逝者的形象用高浮雕或泥塑的方式记录下来并置于墓地。

在洋海墓地出土的泥塑人面像和南西伯利亚塔什提克文化的墓葬中出土的泥塑面罩在用途上非常相近（图7）。[①]

3. 金项圈

金项圈，形制大同小异，最早出现于西亚两河流域，广泛分布在西起南俄草原，东至阿尔泰山一带的草原地带，在吐鲁番盆地出土的金项圈是迄今为止此类遗物分布的最东南端（图8、9、10）[②]。

[①] 吉谢列夫：《南西伯利亚古代史》（上册），图一，新疆社会科学院民族研究所1981年版。

[②] 林俊雄：《ヤールホトの「王冠」》，季刊《文化遺産》1997 OCTOBER Vol. 4.

图7 吐鲁番洋海墓地出土　　图8 金项圈 库拉埃夫古墓出土
（俄罗斯艾米尔塔什博物馆藏）

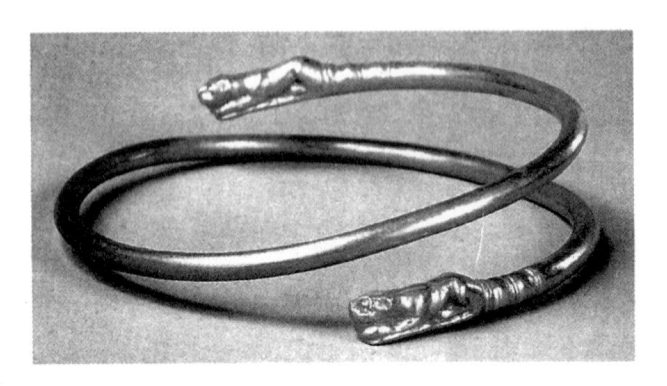

图9 金项圈 切尔托木里克古墓出土（俄罗斯艾米尔塔什博物馆藏）

图10　金项圈　伊塞克古墓出土（哈萨克斯坦考古研究所藏）

1995年在吐鲁番交河故城沟西墓地的发掘中，在相当于西汉早期的车师人墓葬中就出土有此类金项圈。①

4. 铜戈

铜戈，兵器，最早出现于距今3800—3500年的偃师二里头遗址，下限一直延续到秦汉之际，是出自中原本土的独特兵器。在远离中原的南西伯利亚地区，相当于西周时期的卡拉苏克文化墓葬中也出土有形制接近的同类器物，一般称之为"铜戈形器"，在黑海沿岸的斯基泰文化中也有出土。它和中原地区铜戈的最大区别就是没有刃部。② 这种由中原地区向南西伯利亚输出的兵器由于文化交流的作用，向南也传入吐鲁番盆地，最终出现在洋海墓地之中。③ 洋海墓地虽已发掘约800多座墓葬，盗掘的也接近这个数，但仅在追回的盗掘文物中发现有两件"铜戈形器"，正式发掘的墓葬中未见一件，说明这两件器物并非是本地模仿铸造的，而是地地道道的由南西伯利亚一带传入的"舶来品"（图11）。

---

① 联合国教科文组织驻中国代表处、新疆维吾尔自治区文物局、新疆文物考古研究所等：《交河故城——1993、1994年度考古发掘报告》，东方出版社1998年版。

② 藤川繁彦编：《中央ユーラシアの考古学》第3章，同成社，1999年6月。

③ 新疆文物考古研究所：《鄯善县洋海、达浪坎儿古墓群清理简报》，《新疆文物》1989年4期。

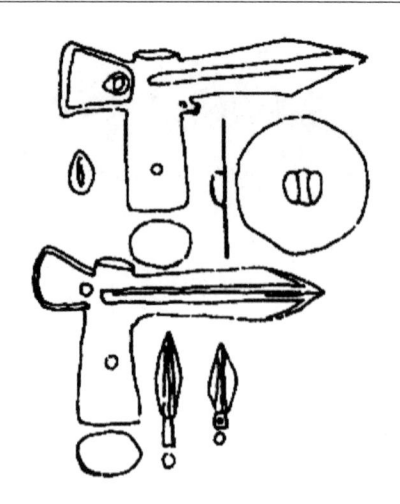

图11 吐鲁番洋海墓地出土的铜戈

5. 鱼纹文身

众所周知，吐鲁番盆地极端干旱，严重缺水。境内连一条像样的河流都没有，从古至今，鱼类在这里都不是人类摄取食物的来源之一。但为什么在吐鲁番早期文化当中却可见到以鱼纹为题材的作品，如在胜金店墓地中就发现有鱼纹的文身（图12）。当我们再一次把目光投向阿尔泰山－南西伯利亚地区青铜时代至早期铁器时代的文化时，这个问题就有了明确的答案。我们在阿尔泰山脉的巴泽雷克古墓中也发现了鱼纹文身（图13）。① 当时的人们还非常喜欢用鱼形来装饰马匹（图14）。

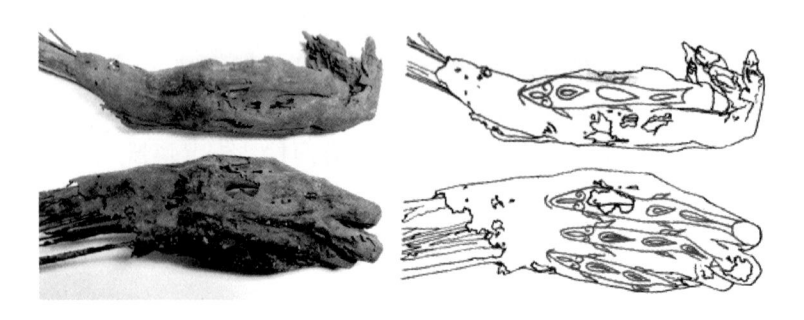

图12 胜金店墓地人手背上的鱼形文身

---

① ［美］史蒂夫·吉尔伯特编介，切拉莉娅·吉尔伯特协助：《文身的历史》第一章，欧阳昱译，百花文艺出版社2006年版。

吐鲁番盆地青铜时代至初铁器时代与周边地区的文化交流　　51

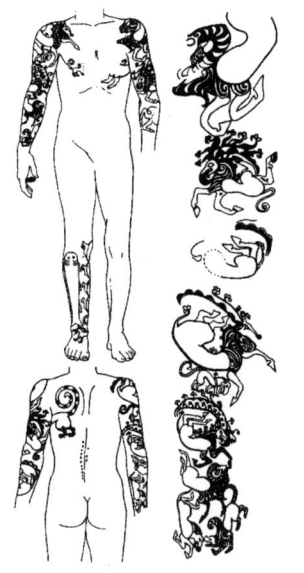

**图 13　左图：巴泽雷克 2 号墓墓主人的文身
（右小腿上的鱼形文身）；右图：局部放大**

图 14　巴泽雷克古墓出土马鞍垫上的鱼形装饰

6. 冠饰

各种礼仪性的冠饰也是这一时期游牧人在重要祭典活动中，甚至包括其本人葬礼上不可或缺的重要服饰之一。从阿尔泰山－南西伯利亚地区到吐鲁番盆地这一时期的冠饰种类繁多，既有硬质的木冠，有鱼背鳍形（图15）和双角状（图16），也有软质的毡帽（图17），复原后的示意图显示出非常高贵、端庄的形象（图18）。还有插在发髻里的箭杆状装饰（图19、20、21），甚至是冲天状的发辫（图22）；但其共同的特征是高耸向上。这和史料上记载的尖帽塞克人的形象是相符的。

图 15　吐鲁番洋海墓地出土的木冠

图 16　吐鲁番胜金店墓地出土的双角状木冠

图 17　阿尔泰山区青铜时代—早期铁器时代出土的女性毡冠

图 18　毡冠的复原示意图

吐鲁番盆地青铜时代至初铁器时代与周边地区的文化交流 53

图 19 哈萨克斯坦伊塞克古墓的金冠饰

图 20 俄罗斯颇罗希马克古墓出土的女性冠饰

图 21 俄罗斯颇罗希马克古墓群 3 号墓地 1 号墓出土的冠饰

图 22 洋海墓地出土的头饰

7. 马鞭和战斧

对于这一时期的游牧人来说，马鞭既是工具，也是身份地位的象征；战斧既是武器，也是仪仗用具。所以这两件东西常常是组合在一起出土，并且有逐渐朝着非实用化的方向发展。另外一个有意思的现象就是在黄金资源非常丰富的阿尔泰山 - 南西伯利亚地区，这两件东西常常用黄金装饰（图23），而在黄金资源疲乏的吐鲁番盆地，只好用铜来装饰（图24、25）。

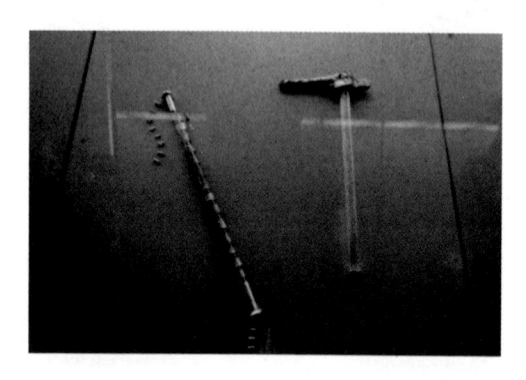

图23　阿尔泰山 - 南西伯利亚出土的，包金皮的马鞭和战斧

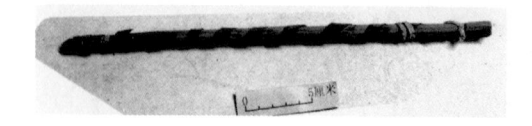

图24　吐鲁番洋海古墓出土的，缠绕有铜皮的马鞭

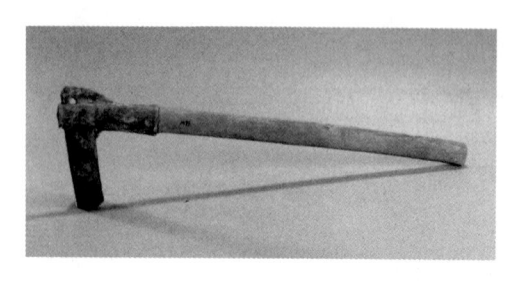

图25　吐鲁番洋海古墓出土的铜斧

8. 带柄木瓢

带柄木瓢也是在这两个地区都能找到共性的遗物（图26、27、28、

29)。除此之外，如单尾翼箭镞（图 30、31）、卷曲式动物纹样（图 32、33、34、35）等都在这两个相距遥远，自然环境差异极大的地区同时存在，而且风格一致，足以证明他们之间的文化联系密切，体现着文化的交流和传播。

图 26　阿尔泰山－南西伯利亚出土

图 27　阿尔泰山－南西伯利亚出土

图 28　吐鲁番托克逊博斯坦乡墓出土

图 29　吐鲁番洋海墓地出土

9. 单尾翼箭镞

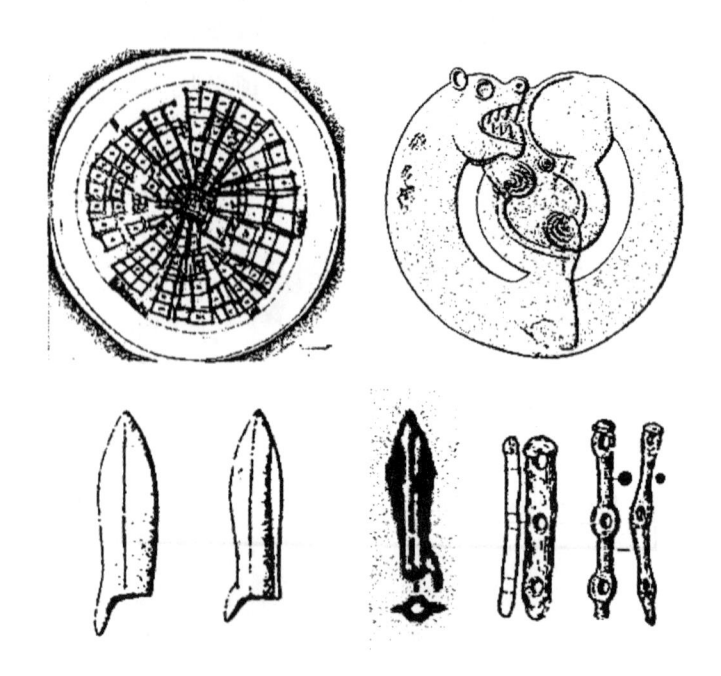

图 30　图瓦阿尔赞 I 号冢及出土器物

吐鲁番盆地青铜时代至初铁器时代与周边地区的文化交流　　57

图31　吐鲁番洋海墓地出土

10. 卷曲式动物纹样

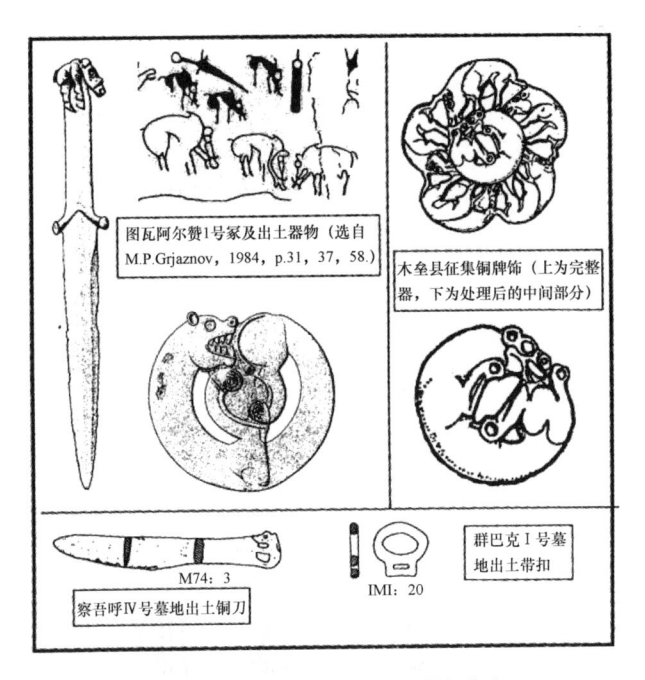

图32　阿尔赞Ⅰ号冢同新疆的联系

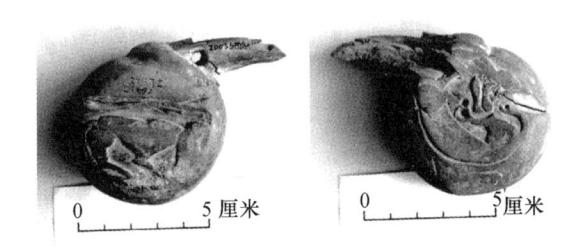

图33　吐鲁番洋海墓地出土

图 34

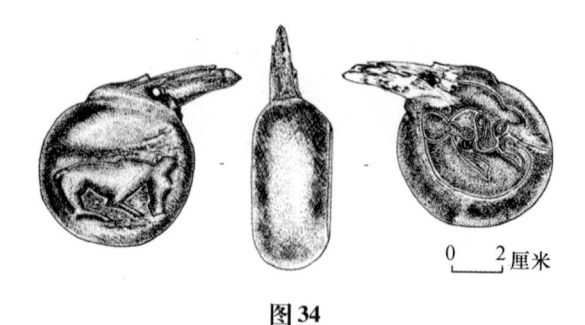

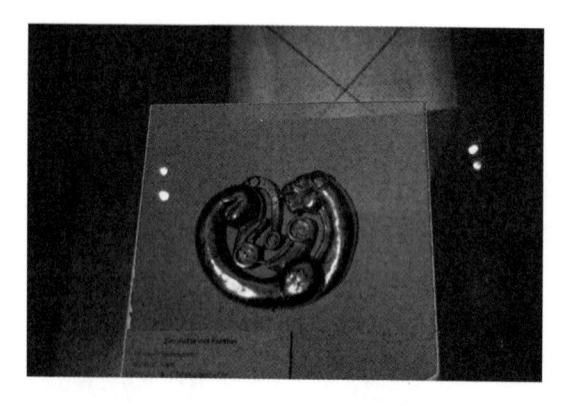

图 35 阿尔泰山 – 南西伯利亚出土

六 结语

    吐鲁番虽然位于欧亚草原地带的边缘，但在青铜时代—早期铁器时代，居住在这里的人们却和中亚地区游牧文化的中心阿尔泰山 – 南西伯利亚有着非常密切的关系，甚至可以认为这些文化的拥有者其主体是来自上述地区。早在 20 世纪 90 年代初，笔者在对新疆准噶尔盆地周缘早期文化遗存进行调查时就注意到，这一地区的古代文化最早是受南西伯利亚地区的影响，直到后来才受到东亚及中亚两河流域和南亚地区的影响。① 这一观点通过对吐鲁番盆地的苏贝希墓地、洋海墓地、胜金店墓地的发掘得到

---

    ① 李肖、党彤：《新疆准噶尔盆地周缘出土铜器初探》，内陸アジア史学会《内陸アジア史研究》第 7・8 合併号，1992 年版。

了加强。在考古材料和技术手段逐渐丰富的今天，这两个地区内在的文化联系也渐渐明朗，本文上述所例举的对比材料虽然是管中窥豹，但由于所对比的材料多是这一时期最基本的文化要素，极具文化特征，故也可让学界对吐鲁番地区和阿尔泰山－南西伯利亚这一时期的文化联系略见一斑。

（作者单位：中国人民大学国学院）

从洋海墓地的萨满巫师墓解析新疆的萨满教遗存

吕恩国　张永兵

吐鲁番盆地是新疆开展考古工作最早的地区，20世纪20年代就发现了新石器时代的，现在看来是青铜时代—早期铁器时代的文化遗物。50年代末，田野考古工作一度集中在阿斯塔那—哈拉和卓墓地的发现和研究上，很少关注，也无力顾及这里的史前考古。1976年，阿斯塔那—哈拉和卓墓地的田野考古发掘报停，也由于基本建设和防盗的需求，从这时才抢先发掘了较多的史前墓葬和遗址。截至2002年底，在吐鲁番盆地及其周围地区共发掘史前墓葬500余座，遗址近千平方米。学者们早就注意到，这一区域内史前文化有很强的一致性，因此提出了"苏贝希文化"的称谓，并在文化特征、绝对年代等多方面进行过研究。相对其他地区的史前文化来说，学者对"苏贝希文化"的看法显得更趋于一致，经过发掘的这些地点都可以纳入"早期铁器时代"这个大的时代框架之下。随后在2003年3—4月对洋海墓地的发掘中，发现了数以百计的可早到青铜时代的墓葬，这些墓葬多以竖穴二层台的型式出现，打破了吐鲁番盆地史前文化的年代格局。也就是说，这些墓葬早于"早期铁器时代"。在这些早期墓葬中，有2座被认为是萨满巫师墓的材料值得重视。

一　墓地的一般情况

洋海墓地位于吐鲁番盆地的鄯善县吐峪沟乡洋海夏村西北、火焰山南麓戈壁沙漠地带。墓葬主要分布在相对独立的三片黄土梁上，其中西片

（Ⅰ号墓地）长 300、宽 50 米，面积 1.5 万平方米，东片（Ⅱ号墓地）长 300 米、宽 80 米，面积 2.4 万平方米，南片（Ⅲ号墓地）长 150、宽 100 米，面积 1.5 万平方米。除此之外，在西北和东南部的许多类似的小土梁子上，还零星分布着一些竖穴墓、偏室墓和斜坡墓道洞室墓。共清理、发掘墓葬 517 座。

洋海墓地墓葬的布局疏密相宜，井然有序。墓葬形制最早的为椭圆形竖穴周边二层台墓、长方形二层台墓，接下来是长方形竖穴墓（敞口或直壁）、长方形竖穴袋状墓（口小底大），最后是竖穴单偏室墓和竖穴双偏室墓。葬具中以用圆木做的尸床最有特色。木床的四条腿和横撑均用榫卯接合，上面铺排横木棍或树枝。尸骨和随葬品被放置于尸床上。除尸床外，还大量使用芦苇编成的精美席子和用香蒲做的草苫子，有时也用毛毡和地毯。墓口横担木梁，上面再用小獐毛、虎尾草、芦苇、甘草、骆驼刺等草本植物遮盖。在封盖好墓室后，往往放置一块或数块土坯。这些土坯个体较大，表面刻画不同的纹样，这也可能是墓志的雏形。

墓葬中出土了丰富的随葬品，有陶、木、铜、石、铁、骨、金、银、角器以及海贝、草编器、皮革制品、毡制品、毛织物和服饰等。

陶器种类有釜、罐、杯、壶、钵、盆、豆、双联罐、花押等。器形和纹样都具有鲜明的地域和时代特征。彩陶纹样最早出现的是网格纹、三角纹、锯齿纹、竖条纹，其后有涡纹、波纹、同心圆纹、羽状纹等。彩陶绝大多数为红地黑彩，也有在一件器物上用黑、白、黄三色绘成复合彩的。还有两件带柄陶器，柄端塑成野山羊和公绵羊头像，形象逼真，栩栩如生。

木器丰富，主要有木桶、皮弓箭袋上的木撑板、带杆的纺轮、旋镖、箜篌（竖琴）、手杖、钻木取火器、碗、钵、盘、冠饰、耳杯、鞭、镳、梳、杼、俑和一些器件。大部分木桶的外口沿都阴刻连续的三角纹，有些木桶的外口沿粘贴白果紫草籽粒，用来显示三角纹。在木桶外壁，阴刻、线刻出成组的动物形象，种类有北山羊、马、狼、虎、狗、骆驼、野猪、马鹿、鸟等。有些木钵、盆、器柄雕刻有山羊、狼、怪兽等形象。随葬的弓均为强劲的复合弓，形式各样，做工考究。

铜器以环首刀、长銎斧（戚）和直銎斧最具时代特征。此外还有双孔马衔、直柄刀以及装饰在马辔头上的铜扣、铜贝、铜节约等。

石器有磨盘、杵、球等。铁器有刀、锥、马衔。金、银很少，主要作装饰品，有耳环和箔片。骨、角器较多，有杯、马衔、镞、排尿管、小觿等。海贝（黄宝螺）有较多出土。草编器、皮革制品、毡制品、毛织物和服饰等难以保存，但也有较多发现。还有泥质吹风管、泥塑人头像、葡萄藤等。

人骨大多保存完好，还有少量干尸出土。早期葬式为侧身屈肢，晚期为仰身直肢。其中有些额骨上有人工穿孔和大面积骨折伤痕。穿孔多为正方形或圆形，边长或直径多1厘米大小。在几只保存较好的人的手背上，可看到绘有繁缛的花纹。

二　萨满巫师墓的详细状况

确定为萨满巫师墓的墓葬现只有两座。

ⅠM21，椭圆形竖穴周边二层台墓，在洋海墓葬分类中为 A 型墓。位于Ⅰ号墓地西南部，东邻ⅠM20，西邻ⅠM18。方向130度。A 型，椭圆形竖穴二层台墓。地表为平垣的砂质戈壁，表土层下为相间的砂层和坚硬而纯净的黄土层。墓口开在表土层下，椭圆形，墓口距地表深0.19米，墓口长径1.63、短径1.54米。二层台宽0.14—0.36、深1.12米。一层在地表深0.6米处，埋葬两具尸骨，均为屈肢葬，一具为 A，壮年女性，头向东南，年龄约25岁，骨架保存较差，头骨破碎；另一具为 B，未成年的儿童，头向西，身穿皮衣，脚穿皮靴，耳戴金耳环，尸骨保存较好，可能为下面墓葬的附葬。二层向下清理距地表1.30米处，发现一排圆木搭建的棚木，其结构是先在墓口用直径0.12米的圆木搭成井字形木架作梁，在木架上很整齐的再摆放一层直径约0.07米的木棍，其上覆盖一层芦苇草。揭去芦苇草、木棍和圆木架后露出墓室，墓室口也呈椭圆形，长径1.31米，短径0.93米，墓底深1.6米。墓室内充满细沙，为埋葬后长期渗漏下去的。墓底还葬有一人 C，已成干尸状，男性中年，40岁左右，头向东南，面向右上，上肢曲向腹部，双下肢叠向右侧屈。头戴羊皮帽，额头上系彩色毛绦带，在绦带上缀有三两成组的海贝。左耳戴铜耳环，右耳戴金耳环，金耳环用细金条弯成圆形，半圈重合，两件大小一样。颈部戴一串玛瑙、绿松石珠项链。内穿翻领毛布衣，这件上衣用多色毛线织出复杂的花纹，尤其是领口、襟边和下摆部分，织成连续的大三角内套重叠的小三角，色彩斑斓。衣边还缀有成串的缨络。左手腕套红色皮质射韝，上面缀一排三枚铜扣。脚穿皮靴，靴面上缀铜扣，靴帮上捆绑毛绦带，上系铜铃。该男子右手握着在短木棍上缠裹了铜片的木马鞭，左手怀抱短木柄青铜斧。手臂旁放置一件带銎的木钵，腰间挂有两个皮袋，分别装有弧背环首铜刀和木柄铜锥。头部前方立一根带杈的木棍，木棍上挂一副马辔头，辔头皮质，其上串满环状、贝状铜扣和铜片，并带着木质的马镳。脚下还随葬了一副羊头骨。该墓主已经成为干尸，皮肉毛发尚存（图1、2）。

随葬品

共出土陶、木、皮、铜、金、石、海贝和毛织物23件。

1. 皮辔头，残，圆柱木马镳，马笼头为圆柱状皮革，笼头皮革上套有桃形铜饰。残长90、绳径1.0、镳长10.7厘米。

2. 海贝，呈椭圆形，中空，中缝呈锯齿状。直径1.3—1.8厘米（图20）。

3. 铜锥，呈四棱锥体，圆柱状木柄。通长16.2、锥长4.3、柄长11.8、柄径0.9厘米。

4. 铜刀，铸制，环首，穹背，柄顶有乳突，弧刃锐利。通长19.1、柄宽1.4、刃宽2.1厘米。

5. 铜耳环，用细铜丝弯曲成1圈半的圆形。直径5.6、丝径0.2厘米。

6. 铜斧，带木柄，木柄截面呈椭圆形，长49.8、直径1.6—2.8厘米。斧身呈长方形，斧背有近三角形突起，前端有圆形穿，斧身和斧銎连接处有一排三角纹，斧身长9.5、宽3.2厘米、弧刃。銎长11.6、内径2.8厘米。斧銎两端外缘有凸棱，斧銎与斧身的夹角呈78度。通高13.7、刃宽3.2、通长50.4厘米。

7. 铜扣，共5枚，大小形状相似，圆形凸顶，背有通钮。①直径1.6厘米；②直径2.1、厚0.3厘米。

8. 皮射韝，红牛皮缝制，筒状。上缀2枚铜扣，出土时戴在墓主人左臂上。长12.6、径9.5厘米（图22），在M119发现相似的一件（图21）。

9. 金耳环，用细金条弯曲成圆环状，两头部分重叠。耳环直径4.65、细金条直径0.25厘米。

10. 木鞭杆，直木棍顶端刻槽，上缠绕铜片。长30.4、直径1.5

厘米。

11. 金耳环，圆柱状细金丝弯曲成不规则环状，两端不闭合。耳环径 1.7、丝径 0.16 厘米。

12. 珠饰，出土时在颈部戴饰着，大小不一。①串珠，一串，由细绳穿联，残长 4.53 厘米；②石珠，圆柱状，内穿孔，高 1.4、径 0.46、孔径 0.2 厘米；③石珠，圆柱状，内穿孔，高 1.2、径 0.6、孔径 0.1 厘米；④玻璃珠，圆柱状，内穿孔，高 0.7、径 0.5、孔径 0.2 厘米；⑤松石，圆柱状，内穿孔，高 0.6、径 1.3、孔径 0.5 厘米；⑥玛瑙珠，圆柱状，内穿孔，高 0.8、径 1.3、孔径 0.36 厘米。

13. 铜扣，2 件，相同。圆形，正面有一圈花边，背面有通钮。直径 2.9、厚 0.4 厘米。

14. 毛编织带和铜扣，毛编织带围绕头一圈扣扎，综地蓝色菱格纹显花。长 59 厘米，宽 5.6 厘米。铜扣饰 4 枚，大小形状相似，圆形，背面有通钮。直径 4、厚 0.3 厘米。

15. 木钵，圆木挖削成，有钮，敞口，近放行口，浅腹，横圜底。口长 16.2、宽 13、高 5.7 厘米。

16. 铜铃，铸造，内穿毛绳，上柱有五道凹弦纹，下面三个长圆形穿孔，其中两孔间有乳钉。长 2.8、大径 1.4 厘米（图 3、25）。

17. 皮靴，靴底和靴面用牛皮，靴筒用羊皮革缝制。①长 18.9、高 20.4 厘米。②长 17.7、高 19.5 厘米。

18. 毛穗，一束，顶端有线绳捆扎提领。通长 40 厘米。

19. 毛编织带，黄棕色，腰带，由黄、棕两色毛线编织成在棕色地上，通体菱格纹，两端有毛穗。残长 196、宽 5.8 厘米。

20. 毛编织带，断为两截。用毛线编成，两头有椭圆形毛球各 6 枚，共残存 10 枚。通长 90、带宽 1.8 厘米。

21. 毛穗，毛线团成缨络状，用紫色和黄色毛线系成。残长 16 厘米。

22. 法衣，棕地红色菱格纹缂毛织物，衣长 110、宽 66 厘米。由两幅缂毛织物缝缀而成：前身一幅上端缂织出二方连续的三角形图案，下端缂织一排由三角形组成的变体山形纹饰，山的上方加饰折线纹。织物四周，即上、下端和两侧均缝缀红色编织绦。后身的一幅仅长 22 厘米，四周也缝缀红色编织绦。前、后两幅仅在两肩处各缝连约 9 厘米，中央留 30 厘米的领口（套头处），两侧垂至上臂。后身织物的下端两侧各缝缀一根短绳，可与前身腋下的小绳相系结。这件衣服是用缂毛织物缝缀的。棕色经线与棕、红色纬线以2/2加强斜纹基础组织，并以通经断纬法，在棕色地上，缂织出红色菱形格图案。菱格由似三瓣状的叶形组成，每边5个；菱格中央又以同样的叶纹分隔成4个小菱格。

23. 长裤，棕地黄色几何纹缂毛织物，裤腰宽52、臀围68厘米；左腿长102、宽24.5—21厘米；右腿长93、宽22—20厘米。这条裤子的腰围至臀围间由四幅毛织物缝制，前后两片各用两幅，两端缝缀系结的毛绳。前后两片的中央缝入另外织成的"阶梯"式裤裆；再将裤裆左侧和右侧的前后两幅合并，织制成左右两条裤腿，从内侧缝合成筒状裤腿。其裆呈"阶梯"状，呈四层阶梯式。

24. 毛编织带，绑腿残断，由黄、棕两色毛线编织成在棕色地上，通体菱格纹，残长16厘米，宽3.5厘米。

M90，位于墓地中南部，东南邻ⅠM89，西北邻ⅠM97。方向103度。B型Ⅱ式，长方形竖穴两长边有二层台。地表为戈壁沙砾层，厚0.15米，墓口开在表土层下打破生土层。墓口近长方形，长2.2、宽1.6—1.78米。二层台宽0.15—0.2、深0.7米。墓底长方形，长2.2、宽1.4、深2.09米。墓内填土为黄色细砂质土，夹有毛织物残片、芦苇、草屑等。墓底中部安放一张四足木床，尸床木制，床足为四根等长的圆木，高0.3米。双帮、四撑、和床足之间均用榫卯接合，上面竖向排铺细木棍。木床长1.78、宽0.8米。木床的四根短足放置在四个挖出的小圆洞内，床上有一具中年男性骨架A，年龄45—55岁，仰身、直肢，下肢部分缺失，原因不明。身下原铺毡片大部分腐烂，腿部存2根短草绳。墓底西南角另有一具人骨架B，壮年女性，大于30岁，骨骼堆放，好像不在生理解剖位置，疑为二次葬。但从现有的骨骼如胫、腓骨在一起的情况来看，不排除有坐姿埋葬的可能。随葬品比较丰富，主要放置于木床两侧和西部墓底。陶器2件，其中1件陶单耳罐放在尸床上头骨右侧；陶单耳罐和木钉在东北角。皮编草篓内盛满大麻籽叶，与马辔头、皮带、木箭和皮弓箭袋置东南角。木盆位于西南角；另1件皮辔头、皮扳指、木鞭、木箭在西北角；竖琴顺放在尸床北侧。还有木钉、皮衣残片、毛织物、羊的头骨、盆骨在床上或西壁边（图5）。

随葬品

共出土陶、木、骨、角、皮、毛等各类器物31件。

1. 陶单耳罐，夹砂红陶，敞口，鼓腹，圜底，耳残。外沿饰菱形网格纹。高6、口径5.8、最大腹径6.8厘米。

2. 皮袋，整块羊皮缝制，原呈直筒状，束腰捆扎，现平面呈葫芦形，口小底大。长14、口宽4.7、底7.2厘米。

3. 陶单耳罐，泥质红陶，小圆唇，广口，深腹，圜底，近底部有一小乳突。口内沿饰细密的锯齿纹。器表通体绘折线三角纹。口径13.2—14.8、高14厘米。

4. 木钉，共10支，均为圆树枝条削制，一端削尖，呈圆锥状。长18.2、径1.8厘米。

5. 木鞭，2件，鞭杆为圆树枝条制作，将折合缝制皮鞭稍打结缠捆在鞭杆上部，在杆顶端钻孔穿皮条，阻挡鞭稍脱落，根部削扁平，钻孔，鞭杆磨光。鞭杆长47.2、径1.6、鞭稍长57厘米。

6. 皮辔头，3件，均残。①为窄皮带挽制，衔残佚，木质马镳，为弧形串珠状，每个镳上有三孔，中间孔与马衔连接，余两孔与笼头缰绳连接，带宽0.8厘米。②为宽皮带挽制，形状与上略同。衔、镳均残，带宽3.2、马镳长17、宽1.5厘米。③马笼头上构件，圆饼形皮件套扣三支柱状皮革，每个皮柱顶端套有骨环。柄径5、柱长5、径1.2厘米（图28）。

7. 角锥（小觿），羚羊角加工磨制而成，柄雕马头形，并穿孔系有带活扣的皮绳，角较锐，通体光滑，出土时扣在皮弓箭袋上，俗称解结锥。长17.8、宽1.5厘米。

8. 皮编草篓，中间夹芨芨草，用细皮条编织而成，通体涂黑色，呈近筒状，平底，提梁残断。出土时篓内盛满绿色大麻叶片和籽种。最大直径23.6、高23.2厘米。

9. 木箭，共5支，均为圆木削制，箭杆呈圆形，铤后端有0.5厘米"U"形的挂弦槽，箭头呈三棱形，脊线分明，锋利。①三翼前后错位分布，通长56、杆径0.7、箭头长5.8厘米。②三翼前后并列，箭头和铤前端麻丝线缠扎。通长57.2、杆径0.6、箭头长3.1厘米。③前端长5厘米未剔皮，并用宽1.4厘米羊皮粘固，插箭头孔呈圆形，杆长38、直径0.6、深3厘米、径0.7—1.2厘米。

10. 木盆，敛口，方唇，圜底，器表乌黑发亮。用圆木刻挖成，呈半球形体，大而厚重。外腹有一大一小两个成一组的四组錾，小錾用来固定用于加固木盆的牛皮带扣，大錾则为了加固盆体。木盆曾经长期使用，底部已明显变薄，有一道裂纹。上缠扎有一周牛皮条。出土时里面还装有捣碎的大麻籽叶。可见原来是作臼使用的。高 22.4、口径 38 厘米。

11. 木橛，共 3 根，将柳树枝条一端削成锥尖状，棒体粗细均匀，未加工，保留原树皮，制作简单。长 30.8、径 1 厘米。

12. 竖琴，用整块胡杨木刻挖成，基本完整，似经打磨抛光。由音箱、颈、弦杆、弦组成，音箱和颈连为一体，音箱上口平面长圆形，底部正中有三角形发音孔。口部蒙羊皮，蒙皮正中竖向穿一根加工好的柽柳棍，再用 5 个小枝等距分别穿在竖棍下，枝、棍交叉呈"十"字形露出蒙皮，再分别引一根用羊肠衣做的琴弦到弦轴上。琴弦仅存一根，但弦轴上有 5 道系弦磨痕。颈呈圆柱形，颈首为圆角长方体，其上穿圆柱状弦杆。通长 61.8 厘米；音箱长 30.6、宽 9.9、深 3.5 厘米；弦杆高 24.8、直径 2.4 厘米；颈长 22.7、颈首长 8.5 厘米（图 19）。

13. 皮袋，整块羊皮缝制，口小，底大，用皮条束腰捆扎，呈葫芦形。长 8、现口径 2、底径 5 厘米。

14. 木钉，树枝杆削制，一端削尖，呈扁锥状。长 14、径 0.6—0.8 厘米。

15. 毛编织带，残，用两股毛线捻成的毛绳交错编织成，呈土黄色。残长 37、宽 2.8 厘米。

16. 皮扳指，整块羊皮仿人手指制作，板指背面用麻线，皮条作系扣绳。长 5.3、宽 3 厘米。

17. 皮弓箭袋，用鞣制过的羊皮缝成，一个大袋外附一个小袋，边上由木撑板并在其上安装有牛皮带。长 68.8、宽 28.4 厘米。

18. 陶器残片，为夹砂红陶，从器形可辨有缸、罐等腹部残片。

19. 毛编织带，红底上带连续的横折线纹。残长 76、宽 6.4 厘米。

20. 毛编织带，残段，红地，蓝色连续横折线纹。残长 30、宽 2 厘米。

21. 毛编织带，2 段，红地，蓝色连续横折线纹。①残长 30、宽 7 厘米；②残长 25、宽 7 厘米。

22. 毛编织带，褐色底蓝色斜线纹，残损严重，现存 7 段共 145 厘米。以一上一下的平纹编织法，在褐色地纹上显现出斜向的蓝色斜线纹饰，形如"W"状。

23. 毛纺织物，残片，有幅边，红、蓝方格纹。残长 22、宽 12 厘米。

24. 木钉，锥形，用木棍削成。长10.3、直径1.2厘米。

25. 皮辔头，牛皮革缝制，两端有死扣。长90、直径0.7厘米。

26. 皮辔头，其中的一部分，牛皮革双层缝制，边缘有截出的曲线和骨卯钉，连接一个有三爪的皮块，爪用骨铆钉和骨扣可与其他皮带扣连。长98、宽3.5厘米。

27. 皮辔头，牛皮革缝制，两端有扣结。长124.8、宽1厘米。

28. 皮辔头，牛皮革制，上有扣环。长100.8、宽1.2厘米。

29. 长衣，蓝色褐饰绯蓝色缂毛开襟长衣残片。已残为3片，①长95、宽82厘米；②长70、宽64厘米；③长20、宽35厘米。残存前襟部分，用蓝色平纹毛织物缝制。细而致密的蓝色纬线覆盖了经线，织物表面呈现蓝色。幅宽42厘米。在肩部缝缀一块长30、宽约15厘米，以一上一下平纹为基础组织，运用通经断纬技法缂织成蓝、绯色相间的菱格形图案的缂毛织物。

30. 毛编织带，红地蓝色方格纹编织带。比较完整，通长93厘米，宽8厘米。分别在两端编织出三个缨穗。

31. 栽绒毯残片，长30、宽20厘米。以平纹为基础组织，将红、蓝两色绒纬，以马蹄扣法拴结在经线上，平均每10厘米有10排绒头。

32. 毛编织带，用本色羊毛捻线做经线，用红色、蓝色、黄色缂织出折线和三角纹饰，残长25厘米，宽5厘米。

33. 毛编织带，①黄棕色地黄色条纹编织带，残长80厘米，宽5厘米；②长15厘米，宽5厘米，用褐色和橘黄色毛线编织成，为编织带收尾部分，将毛编织带分成三股，每股以编辫手法编制，在末端用毛本色线缝合成球形，多余部分呈穗状。

墓葬中有许多随葬品都值得重视。大麻、竖琴、海贝、胫铃、弓箭、皮辔头、皮射韝、铜斧、皮辔头、木鞭杆、金耳环、项链、毛编织带、法衣……

宗教意识是不可能保存下来的，墓葬是保存宗教信仰的上好材料。洋海墓地发掘以后，引起许多学者的关注，关注的重点也包括上述两座所谓的萨满巫师墓葬。M21墓主从头到脚穿戴特殊，体现的是巫师的装束；M90因竖琴身份不同一般，又有大麻随葬，表现的是萨满巫师的道具，两座墓的遗存整合在一起才可称得上一个完整的萨满巫师概念。

三 新疆遗存中的萨满教证据

在新疆，与萨满教相关的遗存很丰富，但主要表现在石人、鹿石、岩画、墓葬资料等方面。

1. 石人

有学者称作草原石人或墓地石人，分布范围主要在蒙古、俄罗斯、哈萨克斯坦、吉尔吉斯斯坦，中国内蒙古和新疆等同属于中央亚洲的草原上。长期以来，对石人的研究一直是中亚考古研究的重要内容之一，很早就有学者论及这一文化现象。石人主要栽立于墓地的地面上，一般独立，也有三五并排而立的，多面向东方。就新疆而言，对石人的研究还远远不够，基本观点都集中和停留在王博、祁小山著《丝绸之路草原石人研究》上。石人都附立在墓葬旁边，是墓葬的组成部分，对石人墓发掘研究的太少是主要的症结。从考古学的角度去研究石人，首先是年代问题。关于这一点，如果抛开分期，学界基本上有统一的看法：从青铜时代晚期开始，经过早期铁器时代，一直到中世纪。其次是族属问题，这有点太难为考古学了。因为青铜时代和早期铁器时代都属史前，当然不可能有文字记载，这种情况下要断定族属是非常困难的。最后是作用，即石人是谁，要他做什么。其实这一点最为重要，因此说法也最多。正确的观点是和萨满教联系起来，墓葬是宗教的产物，所以石人应和宗教信仰有关。有关石人的年代，以前多认为是青铜时代晚期，近十年来蒙古和俄罗斯的考古学者研究成果较多，尤其是早期石人的年代，也就是像切木尔切克喀依纳尔方形石围墓前排列的石人那样。在哈萨克斯坦捷列克特（斋桑泊以北的阿尔泰山区库尔秋姆县），俄罗斯伊纳（阿尔泰边疆区），蒙古国巴彦乌列盖省乌兰胡斯、托尔巴，科布多省布尔干等阿尔泰山前草原地带都发现有石围墓和石人（A. 科瓦列夫文章《切木尔切克奇观》，1999 年）。近年，在天山北麓的木垒县境也有发现。2007 年在科布多省德龙发掘的石人墓中出土的木头，测得 30 个碳 14 定年数据，距今 4500—3900 年，并确定为铜石并用时代。在喀依纳尔和阿克图拜的石人腹部，点击出奔驰的公牛图形，与岩画上的图像类同，大致年代也不晚于青铜时代早期。要之，从公元前 2500 年左右往后的 3 千多年这段时间里，所处的欧亚草原，从考古资料和文献材料看，这里活动的主要是游牧民族，当时他们信仰的是萨满教。因此，石人的产生和作用应该和草原居民3千多年来一直流行的萨满宗教观这一文化传统相联系。但仅此还不够，那石人站立在墓葬旁面向东方，也即太阳初升之地，显而易见，其作用就是一位为墓中所埋葬者超度灵魂的萨满巫师！那虔诚而神秘的表情、复杂的服饰装束、手握法器和器皿等，分明就是洋海出土萨满巫师的翻版（图6）。

2. 鹿石

这里讲的主要是典型鹿石，因在条形石板上雕刻图案化的飞鹿而闻名于世（图7）。也有雕刻站立的鹿、马、驴、牛、野猪以及猫科猛兽等动物（图10）。有的鹿石上仅雕刻了耳环、串珠项链、坠饰、腰带，以及短剑、刀、战斧、挂钩、旋镖、护臂、弓及弓袋箭囊。鹿石主要分布在蒙古国中西部地区，中国新疆北部、俄罗斯南部草原带和中亚也有遗存。分布的地理范围比石人要窄一些，发现的数量相对也少一些。在新疆，鹿石主要分布于阿尔泰山区的青河、富蕴两县境。鹿石均栽立在视野广阔的高台地上，碑体的宽面坐北朝南，而窄面朝东方，即太阳升起的地方。鹿石附近一般情况下都有石堆，周围环绕着七八块石头的小环圈。发掘证明，这种有鹿石的石堆下仅出土马头、牛、羊骨和灰烬，根本不见人的骨骼。鹿石产生于青铜时代晚期并一直延续到早期铁器时代，绝对年代为公元前13—前6世纪。所立位置有别于石人，石人一般都立于墓葬前，而鹿石多立在祭祀性石结构建筑附近。这种祭祀性石结构建筑，蒙古语称"赫拉姆"、"克列克苏尔"和"奥巴"，大概翻译过来，即"太阳神殿"、"祭坛"和"祭祀圈"。在其他语言中也多采用前面那种直译的叫法。对鹿石上图案化的鹿，最初的研究者中有称其为"凤"的（赵养峰称五凤石），可见，这种鹿具有飞翔的表象。实际上，这种用鸟的喙首、鸟的细腿和鹿的身体、鹿的花角组成的鸟鹿合体动物体现的是当地民众的宗教信仰观念，二者结合作为萨满用以沟通天地的信使是理想中的角色，鹿善于奔跑，穿越草原、森林和高山，鸟飞得高，能够起到接力的作用。因此，拟人形的鹿石本身是一个活生生的萨满形象，如上面刻出的腰带、法器、冠饰、耳环、项链，并用文身模糊其面部，对其通天的方法都用刻画的方式表现出来了（图8、11）。洋海墓地出土的萨满巫师干尸可与鹿石有一比较：萨满干尸头上系缀有海贝的彩色毛编织带或佩戴冠饰，并紧紧扣在头顶上，用以防备在施法舞动时脱落。佩戴耳环和项链。腰系牛皮带，佩带弧背铜刀和战斧。随葬皮质弓箭袋，并在左小臂上佩戴红牛皮质射韝。穿着采用缂织法织成的毛布法衣，其上缂织出成排的各种形态和色彩的鹿纹。早些时候，有人就提出，既然鹿石是拟人形的，那么上面排列的鹿纹样可能就是衣服上的纹样这种设想，并创作了图画（图9）。现在看来，洋海墓地出土实物证实了这种设想的正确性。

鹿石是用来表示沟通天、地与人联系的媒介，在当时的宗教生活中，只有萨满巫师才能做这样的媒介。将它立在祭祀性石结构建筑附近，在祭天、祭祖、超度亡灵时施以巫术。鸟是天上的飞禽，而鹿是地上奔跑很快的动物，都具有灵性，把这两种动物融为一体，象征天、地，显示了万物有灵的宗教意识。

祭祀作为一种仪式，事先须经过严密的计划安排。几乎所有的古代文明都举行祭祀，这似乎是受先人记载的启蒙影响。古人通过举行祭祀仪式，来获得驾驭周围环境的信心，有些祭祀仪式在很多民族中都相当普及。例如在人的一生中通常举行的几次仪式，出生、成年和死亡。

青河县三道海子是新疆发现鹿石最多的地方，还发现了迄今最大的用巨石堆成的太阳神殿（祭坛）。它位于一个景致神奇的地方，四面环山，中间平坦，高山湖泊星罗棋布，小河蜿蜒环绕。一座高约16米的石堆像金字塔一样矗立在小河围出的一片平地中间，石堆周长240米。环绕石堆有一圈用石块铺就的环形道，宽5米，直径达210多米，以石堆为中心，四方有石道相连通，呈现为一个大车轮状。这里是鹿石最集中分布的地方，历年在此发现30通，相当于新疆已发现鹿石的一半。这里三种形式的鹿石都有，祭坛周围也是一样，可见，这座用数万立方米大石块堆成的祭坛非一时之功，而是在数百年时间里一次次怀着对祖先和天地的崇拜、宗教的狂热、踏着萨满鼓的节奏修筑成的最终模样。

3. 岩画

岩画是指古代人类刻绘在岩石上的画面，由于石质坚硬，保存至今而不失其本来面目。

新疆的岩画广泛分布于各大山系。主要见于冬季牧场、中低山区以及转场牧道上。高山草原峻峭伟岸的山岩上也有零星发现。以今天的行政区划为地理单元作统计，在差不多47个市、县范围内，均见岩画遗迹，总约300余处。总的分布情况是，南部的昆仑山系较少，中部的天山山系较多，北部的阿尔泰山最丰富。通过第三次文物普查，又有许多新的岩画点被发现。但可以肯定的是，无数的岩画点直至目前还没有被发现和认识。

岩画作为早期游牧人的思想文化载体，主要分布在草原文化地区。新疆北部山区雨水比较充足、四季草场咸备，适宜于早期游牧人的活动，因而岩画分布广泛。雕刻岩画的地点山形突兀、溪水环抱、草场茂盛，山前有宽阔空间，便于进行群体活动，因此是原始巫术活动最为理想的场所。画面看似记录的是古代游牧人的生育、放牧、狩猎等内容，实际蕴含了十分丰富的宗教文化。记录着早期游牧人的经济、社会实践活动，体现着他们的思想观念、信仰、追求，在这些方面多与萨满意识有关。作为生活来源和崇拜对象的动物岩画，在全世界范围内，都赋予了宗教意义（图15）。

表现最明显的是呼图壁县康家石门子生殖崇拜岩画，在120平方米内满布大小不等、动作各异的人物形象达300人，有男有女，或站或卧，或衣或裸。男性生殖器官特别粗壮挺拔（图14），男女交媾图下，有群列舞蹈小人。但最具特征是右臂上举、左臂下垂的舞蹈形象，清晰记录了萨满祭祀活动的具体过程（王炳华《呼图壁康家石门子生殖崇拜岩画》）。

阿尔泰山中可能早到旧石器时代晚期的洞窟彩绘，不止一见形如"兜鍪"的形象，是萨满的象征，表示着萨满通天的内涵。

阿尔泰山北坡海拔1400米以下的低山地带处在逆温层中，这里气温略高，宜于牲畜越冬。牧民深秋至此，仲春以后转移，是牧民们游牧生活中最主要的居留地，婚姻嫁娶、休憩娱乐、宗教祭祀等各种活动，往往多在这一时段内举行。目前新疆地区所见重要岩画遗迹点都在冬牧场中，是很有力的说明。另外，重要转场牧道所在，也是大量遗存岩画的地方。古代游牧民族逐水草而居，四季移徙，寻觅春秋好草、好水，夏日温凉，冬日可避风雪的所在。这样的四季牧场，地点是相对稳定的，因而畜群的迁徙路线受沿途水草、山谷、隘道、分水岭的制约，也都有一定规律。所以，重要牧道，对特定游牧部落，关系重大。这里也是进行原始巫术、宗教活动的场地。受原始思维制约，古代游牧人选择符合其原始巫术、原始宗教信仰的特殊地点，进行岩画、洞窟彩绘创作。这些地点，所在自然环境往往不同于一般，在这些地点进行岩画创作活动，被认为会更利于向神灵传达古代游牧人的祈求、信息。因此，有关岩画、彩绘，也更明显具有特定的巫术思想内涵。呼图壁县康家石门子生殖崇拜岩刻画遗址、特克斯县阿克塔斯岩画、巴里坤县巴里坤湖畔之夹山岩画、裕民县巴尔鲁克山岩画等，所在地点山形突兀、溪水环抱、草场茂盛，山前有宽大空间便于进行群体活动，都是原始巫术活动最为理想的场所（王炳华《新疆文物资料》）。

新疆岩画记述的时代，是宗教巫术、萨满信仰盛行的时代。由于原始思维能力的提高，产生许多怪诞奇异的神灵形象化图像，这是信仰的具体表现，用以反映未知精神世界，把人们带到那久已失去的冥想之中，这也是新疆岩画的主题。在古代游牧民族的经济生活中，狩猎具有重要地位。在已经发现的大量岩画资料中，狩猎画面比重很大。狩猎图景，刻画得也相当细致，可以帮助我们具体认识当年曾在山地、草原上展开过的一幕幕狩猎场景。有时这些作品神奇怪异，但构图完美无缺，形式统一富有美感。其艺术成功的秘密在于均衡感觉的把握，组合构图的高度发展，对艺术本能的控制，与动物亲密无间的关系，对动物世界的熟悉和欣赏，以及对线条无法企及的精到理解。以至于游牧艺人看起来是印象派的艺术家，在纯粹的线条和形式中寻找欢娱。抽象性是最主要的动物风格艺术构成要素，动物往往用带刻线的角或是蹄来表示。在欧亚草原动物风格艺术中，很多动物的身体都被拉长了。一方面，草原艺术品也许是"玩耍冲动"的表现。另一方面，艺匠创造他自己的形式世界，即一种抽取和阐明他深邃情感的新的外在形式，也就是他的艺术作品。再者可能是草原动物风格艺术品的思想根基，是萨满巫术（图16）。

草原游牧民的神是自然界的万物，动物是其中重要的一种，至少是通灵的助手。正如希腊人的神是人一样，他们不知疲倦、精益求精地用最好的材料和最好的形式塑造他们的神，草原牧民也是孜孜不倦地围绕动物这个中心，不断完善他们的信仰系统。人类生活一直依赖于动物，人的依赖感是宗教的基础。一切的改进和外来艺术和技术因素的吸收都为此服务，直到萨满信仰被高级宗教完全代替为止。其中心思想只有一个，就是萨满信仰中活泼不屈的生命力。

4. 墓葬资料

在新疆考古中，材料最为丰富的是墓葬资料，也是表现宗教意识的上好材料。新疆历年发掘史前墓葬5000余座，未发掘者2000余处墓地遍布区内全境。除洋海墓地之外，最重要的是罗布淖尔荒原上的小河墓地，年代属青铜时代早期。1934年贝格曼考察后神秘失踪，2000年重新发现后至2005年全部发掘。小河墓地坐落在一个小沙丘上，顶部矗立着140根高大的木柱，下面有多层共330座墓葬。小河墓地是存在浓烈萨满崇拜的一处青铜时代遗存。为实现子嗣繁衍目的，死者棺木前竖立高达四五米的木柱，悬置祭物，实为萨满教中天人交流的通天树。船形棺前所立圆头木柱和巨桨形物也为萨满通天的工具。绘有花纹的牛头和高大的木雕全身像、微型人面像也彰显了原始宗教神秘的内涵。麻黄枝被安放在每一个死者身旁，至于麻黄枝的功能及寓意，麻黄在萨满教中被视为不朽之物。

在阿尔泰巴泽雷克早期铁器时代一座墓葬中发现2个铜锅，内装石块，还有一烧焦的大麻籽（图17、18），在墓中还发现了三根木柱。与这些发现同一时期，希罗多德记述其见到西徐亚人使用大麻的经过，他们用三根斜柱和毛毡搭起帐篷，在中间放置一个金属盘子，盘子中放入一些烧红的石头，参与仪式的人围坐在帐篷里，再把大麻枝叶放到石头上炙烤，渐渐地有烟气弥散开来，这些西徐亚人兴奋起来，发出快乐的呼喊。考古发现和记述是多么的相似。但洋海巫师服用的大麻很可能要在木臼中先被研磨成粉，然后巫师会服用大麻以进入神幻状态，他们认为在这样的状态下才能与神灵沟通。

有无刺猬是萨满择居地的依据，刺猬敏感，是瘟疫先知者。发掘洋海墓地时就时常发现死在墓穴中的刺猬，墓葬中还出土过陶制的刺猬。

开颅术是一项在颅骨上凿洞的技术，在新疆史前文化中非常普遍（图23、24），这是巫、医不分的表现形式之一。萨满的昏迷多半与治疗有关，又是表现他们通灵能力的重要标志。萨满在社会中的作用首先就是医生、神秘者或有知识的人。在古代文明中，人们认为萨满巫师有着特殊的能力，能够同超自然灵界进行交流。在古代的北亚、中亚、北极地区、北美和非洲的一些地方，萨满在人们的精神生活中起着重要的作用。在世界的这些地方，人们认为萨满巫师可以医病、祛魔，并将死者的灵魂带到阴间灵界去。

以前有人认为，彩陶花纹的许多形象与古代的图腾崇拜有关，如西安半坡的人面形纹。也有人认为与祭祀有关，像哈密天山北路墓地陶器上的萨满巫师图像。但洋海墓地和察吾呼墓地的彩陶纹样，几乎在洋海毛织物纹样中都可以找到其母题（图12、13、27）。

新疆彩陶主要分布在沿天山的中部地区，在南疆的昆仑山北麓一带难以寻觅到它的踪迹，新疆发现的彩陶可分为四个大区，也是新疆目前材料最丰富的四个考古学文化，哈密焉不拉克文化的彩陶年代最早，苏贝希文化次之，接下来是察吾呼文化，最晚是伊犁河流域文化。从东向西不但连成一线，而且在时代上递减，有一个清晰的文化发展和传播过程。察吾呼文化施彩的陶器主要是带流杯、壶、筒形杯和带流罐，纹样主要是棋盘格纹、网状纹和雷纹。尤其是带流杯上的颈带彩、斜带彩和沿下彩，布局和式样不一，花纹富于变化。网纹和棋盘格纹及其变体形式起源于毛纺织物，表明了人们的服饰特征，墓葬中出土的毛织衣服残片，有斜纹、平纹及印染过的红色菱格毛布，这些都以棋盘格纹、网纹和菱格纹的形式反映在彩陶纹样上。洋海墓地的彩陶以各种形式的三角纹为主，还有较多的锯齿纹、网纹和菱格纹等。所见毛织物上的纹样也每每相同，从年代上毛织物又早于这些彩陶器。因此有理由认为，陶器上最初出现的纹样可能来自毛织物的纹样。更重要的是，当穿着华丽服饰、主要使用木制容器，并且笃信萨满教的一群人来到天山一带，他们学会了制造陶器，但又觉得陶器既土气又那么容易破碎，何不借助神的力量，给它们系上多彩的毛编织带，并穿上华丽的外衣，希望陶器能像毛织物一样经久耐用。彩陶纹样来自人的服饰和萨满教的合谋。对现代人来说，这种看法可能显得有些离奇，但古代人觉得，神灵无处不在，凡是人办不到的事情，都可以求助神灵而获得。如果您还觉得不可信，就请看看这些与彩陶器同出的仿皮囊壶，在表面塑出成行的针眼，这又当如何解释呢？

在我国甘肃省东乡林家新石器时代遗址出土过三陶罐炭化的大麻子，河北藁城台古商代遗址中也出土过大麻，波斯祆教有昏迷豪麻植物崇拜，希罗多德也曾提到古代波斯人以大麻为致幻剂。这些都可以说明早期社会人类使用昏迷性药物的普遍性。这些实际例证进一步证明，在史前和文明时代，萨满就在人类社会中扮演着极其重要的角色，为深受生老病死苦折磨的人们寻求死后解脱之道。

四　萨满教的起源和在中亚的传播

17世纪俄国一些旅行家对远东西伯利亚地区的考察被视为萨满教研究之始，有300年的历史。

一般认为，萨满教是人类早期信奉的原始宗教。国内外萨满教研究者普遍把世界上最早出现的巫术宗教遗迹当作萨满教的早期例证。从这个意义上说，萨满教和人类早期宗教具有相同的内涵，它等同于一般学者所说的原始宗教。大约在2万年前，欧洲出现了最早形式的萨满教的证据，这是从研究旧石器时代狩猎者的宗教祭祀岩画中得出的一般结论，因为在图像中可看到迷狂的人形和守护神灵的画面。在西伯利亚、中亚以及世界许多地方的岩画中，专业人员同样也发现了大量萨满巫师的形象。在阿尔泰山早到旧石器时代晚期的洞窟彩绘，有象征萨满的形象，表示着萨满通天的内涵。在广泛意义的中亚北部草原地区，有大量立在地表的石人和拟人形鹿石，这应该也是萨满巫师的典型形象。但像洋海如此装束的早期的萨满巫师，还是第一次发现（图4、26）。

由于对自然的不理解，人类依赖自然，但又惧怕自然，这种矛盾心理的存在，是宗教产生的根源，对自然的崇拜是宗教中最普遍的现象。萨满教就是在这样的情况下自发产生的，因此属原生性宗教。其发展史中或许有非常著名的大巫师，但却没有明确的创教人。主要信仰与祭仪在氏族、部落、民族社会中，自发形成，代代相传。在西伯利亚北部，很多游牧民中都有萨满巫师，人们普遍认为，萨满巫师的魔力能够代代相传，萨满巫师不是想当就可以当的，他们是在出生之前由神灵甄选的。萨满巫师一出生就有残疾，这使他们与众不同。

我国最早记载了萨满情况的是12世纪中叶南宋学者徐梦莘，在他编著的《三朝北盟会编》中有对"珊蛮"的记述。我国阿尔泰语系满-通古斯语族的鄂温克族、鄂伦春族、赫哲族、锡伯族和满族都称他们的巫师为萨满。萨满教是一种原始宗教，大多数学者认为，萨满一词即来源于通古斯语，意为激动、兴奋和疯狂的人。萨满教相信万物有灵，萨满教巫师是跳神之人的专称，他可以将人的祈求、愿望转达给神，也可以将神的意志传达给人。蒙古语族的民族则称"奥德根"，所以有人认为，萨满一词来自蒙古语，意为"知晓者"。突厥语族的民族将萨满称作"奥云"。

在世界的许多地方，萨满巫师用可以造成幻觉的药物来帮助进入出神状态。致幻药物能够扭曲人的感觉并使人产生幻觉，让人在精神上处于癫狂状态或者进入梦幻状态中。墨西哥的萨满巫师把仙人掌当圣物，这种仙人掌内含有一种名为墨斯卡灵的致幻药，因此用它帮助进入出神状态，以使之与神灵交流。西伯利亚的萨满巫师为了进入状态，会吃下数片长在当地的红白相间的致幻大蘑菇，这些蘑菇毒性很大，如果食用过量很容易就会置人于死地。但是，这些巫师凭着多年的经验知道服用剂量，这样既能产生幻觉又不会得病。阿尔泰巴泽雷克，公元前4世纪时萨满在人们的精神生活中起着重要的作用，人们举行埋葬仪式时，萨满巫师带头饮用大麻酒，使人产生幻觉，相信萨满巫师可以祛魔、医病并将死者的灵魂带到阴间灵界去。因此，许多人都称萨满教为"古老的昏迷术"。

巫教和萨满教有共同的起源，都曾经历过自然崇拜（对动物的神化）、图腾崇拜和祖先崇拜（灵魂不死和丧葬仪式）的早期发展史，人和神不能直接沟通和交流，都要依靠巫师、萨满一类的中介人来联系，已成通例。在原始社会中，人们懵懂地面对着世界，对整个世界知之甚少。自然界时而刮风下雨，电闪雷鸣，时而阳光和煦，万里无云，再加上火山、地震、海啸等自然现象，植物的生长、动物的活动等，让人们对自然充满着崇拜和敬畏，人们不能充分地理解自然界的运动，认为自然界和人类一样充满着喜怒哀乐，相信有超自然的生灵统治着自己的生命。人们以为，只要奉行正确的仪式、念诵适当的符咒或是供奉恰当的祭品，自己就能够影响事情发生的进程。只不过掌管自然的是神灵。萨满教为北方原始文化的母源和载体，是氏族的精神核心，是以氏族为本位的原始宗教。宗教信仰给予人类对周遭世界的一种阐释，而祭祀活动也成了人类操纵命运的一项法宝。

有关萨满教术语都是以匈奴官号的形式出现的，而且都与蒙古族萨满教术语完全一致。这说明，匈奴人笃信萨满教，其宗教气氛十分浓厚，匈奴政权可能是政教合一的，至少具有政教合一的色彩。在萨满教研究中，学界已发现了阿尔泰语系各语族都有一些相同的名词术语，甚至有些术语与印第安人萨满教术语相同或相似。

在古代的北亚、中亚、北极地区、北美和非洲的一些地方，萨满在人们的精神生活中起着十分重要的作用。萨满教崇拜万物有灵，认为宇宙分为天上、人世、阴间三层世界，沟通三界是萨满的主要任务，当时的人们同时还认为，萨满巫师可以祛魔、医病并将死者的灵魂带到灵界去。史前时期在北方草原民族中流行萨满信仰，形式千变万化，但祭祀天地是其基本内容。目前所能见到的典型遗存就是石人、石构祭坛、鹿石和岩画。

洋海墓地的两座萨满巫师墓的随葬物品，在整个墓地出土器物群中有许多相类同者。说明在洋海墓地的2000多座史前墓葬中，绝非仅此两座。有人就认为在洋海墓地埋葬的有萨满巫师阶层。这些大麻很可能是在这个木盆中先被研磨成粉，然后被墓主服用以获得癫狂状态，大麻的致幻作用和药用价值成为墓主人保存这些大麻的目的。萨满巫师是通过大麻的致幻作用达到与神相通的境界，举行祭神仪式。另外，萨满巫师的另一个社会功能就是治疗疾病，大麻也可能被用于医药。这些用于陪葬的大麻可能是墓主希望升天后继续从事他的职业。

人类发现大麻的用途已经有一万年的历史。大麻一直与巫、医不可分离。洋海的大麻，很可能是萨满巫师用来致幻，以达到预期的法力。大麻酚是致幻物质，它在大麻的苞片中含量最高，其次是叶、小枝条。洋海的这位萨满巫师的皮编草篓和大木盆里保留了许多大麻的苞片、枝条，由此判断，他很可能知道并能熟练运用大麻的这一特性。古老的昏迷术就是萨满教。

总之，萨满崇拜在新疆出现得极早，而且非常普遍，为存在着深远影响的原始宗教信仰。至今在偏远农村仍见活动。在锡伯族中，萨满至今仍然是存在影响的巫师。偏僻、闭塞的农村，维吾尔族农民驱邪治病的巫法，浸透其中的也是对萨满的崇拜。这些，都表明萨满崇拜，至今仍存在一定市场。

图 1　洋海墓地 M21 萨满巫师墓发掘中

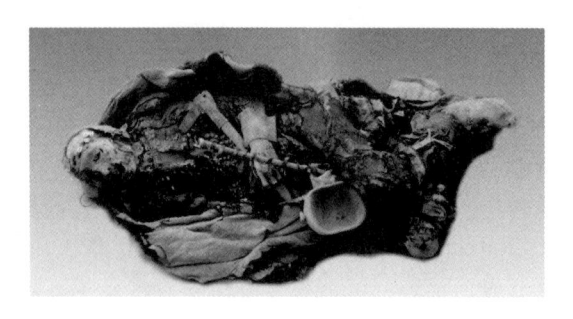

图 2　萨满巫师

图 3　萨满巫师小腿上的铜铃

图 4　萨满巫师复原图

图5　洋海 M90 巫师墓　　　　　图6　蒙古鹿石

图7　青河三海子鹿石和远处的太阳神殿

图8 三海子最新发现的鹿石

图9 鹿石及设想的含义

图 10　鹿石展开图 　　　　　　　　图 11　蒙古鹿石

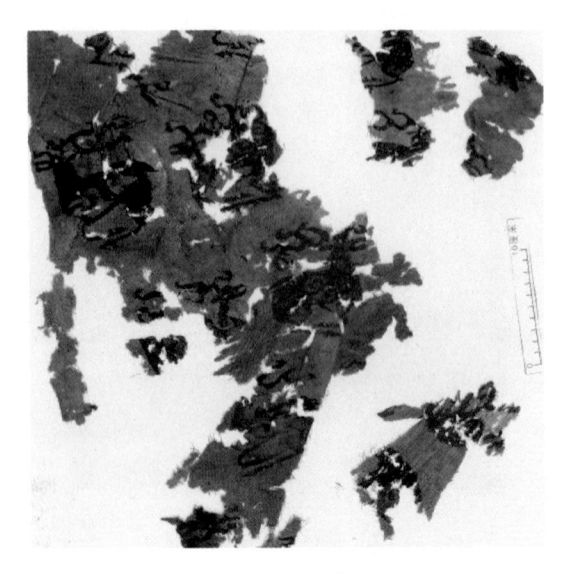

图 12　洋海 I M167：13 带鹿纹的法衣残片

图13 洋海ⅠM167：13 完整的鹿纹摹本

图14 呼图壁康家石门子岩画

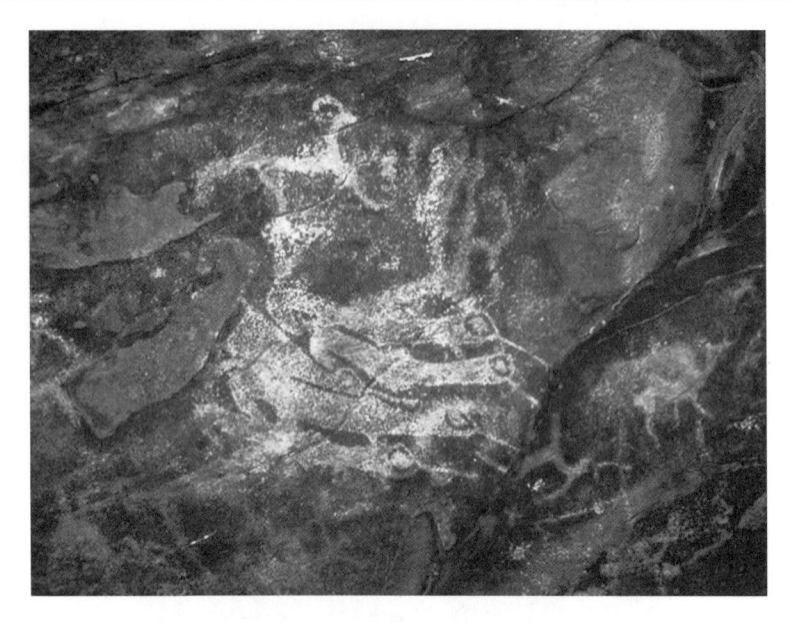

图 15　七河地鹿石风格岩画

图 16　青河岩画中的萨满

从洋海墓地的萨满巫师墓解析新疆的萨满教遗存

图17 巴泽雷克铜釜及从中取出的石块和大麻

图18 巴泽雷克铜釜

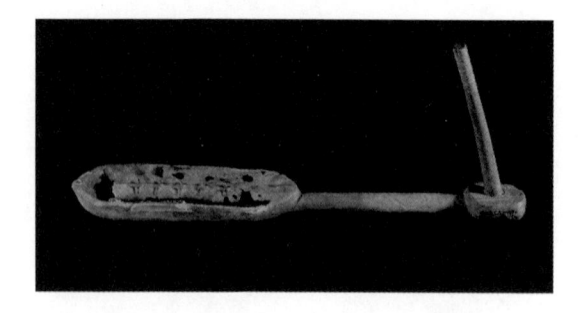

图 19 洋海ⅠM90：12 竖琴（箜篌）

图 20 洋海ⅠM95：11 海贝

图 21 洋海ⅠM119：7 皮射韝

从洋海墓地的萨满巫师墓解析新疆的萨满教遗存　　　　　　　　87

图 22　洋海 I M209∶5 皮射鞲

图 23　洋海 M21 萨满头上装饰

图 24　洋海墓地穿孔头骨

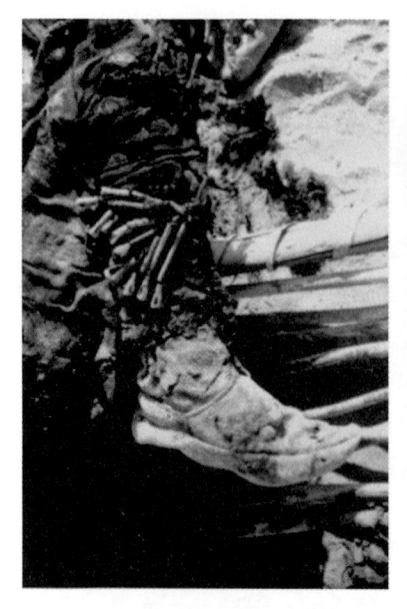

图 25　洋海铜铃管束　　　　　图 26　洋海墓地男性头饰

图 27　1992 年洋海墓地彩陶盆

图 28　M90 骨马镳

（作者单位：新疆吐鲁番学研究院）

裤子、骑马与游牧*
——新疆吐鲁番洋海墓地出土有裆裤子研究

黎珂　王睦　李肖　德金　佟湃

在欧亚草原青铜时代和铁器时代考古研究中,"流动性"是被探讨、诠释和争论最多的概念之一,它与社会基础经济从相对固定的半农半牧到更为流动的游牧之间的转变密不可分,这种转变持续影响着欧亚大陆上的所有民族。[①] 正如伦弗鲁所总结的:"在公元前第一个千年时期的西米里族人、斯基泰人、萨尔马提亚人和塞种人身上,我们看到的是纯游牧的生活方式。绝大多数学术权威对这一观点表示认同。随着青铜马具的使用,骑马在一定程度上已具有军事效能。"[②] 为了提升马匹在长距离奔跑和作战时的速度[③],需要利用一些技术手段来控制马匹,至少需要有一个马笼头。因此,考古出土的、用青铜或其他耐用材料制成的马衔就在这场有关

---

* 本研究课题属于德国联邦科研教育部支持的"丝路霓裳"项目(批准号:01UO1310)的前期调研工作。

① Hanks, B. K., Linduff, K. M., *Social Complexity in Prehistoric Eurasia: Monuments, Metals, and Mobility*, Cambridge University Press, Cambridge, 2009; Frachetti, M., "Multiregional Emergence of Mobile Pastoralism and Nonuniform Institutional Complexity across Eurasia", *Current Anthropology*, 2012, 53 (1), pp. 2 – 38.

② Renfrew, C., "Pastoralism and Interaction: Some Introductory Questions", In: Boyle, K., Renfrew, C., Levine, M. (Eds.), *Ancient Interactions: East and West in Eurasia*, McDonald Institute, Cambridge, 2002, p. 7.

③ Dietz, U. L., "Horseback Riding: Man's Access to Speed?" In: Levine, M., Renfrew, C., Boyle, K. (Eds.), *Prehistoric Steppe Adaptation and the Horse*, McDonald Institute, Cambridge, 2003, pp. 189 – 199.

骑马和"流动性"的讨论中占据了重要地位。① 另一种证明骑马现象存在的方法是观察骑马活动留在骨骼上的痕迹。骑马有可能使被骑马匹发生病理变化②，同时也会对骑马之人造成大腿内侧肌肉拉伤等伤病③。除此之外，还有一类考古发现也能与骑马活动产生联系，那就是服饰。为了能够长距离骑行并在马背上作战，一件允许骑者两腿分开骑跨在马上同时又能保护腰腹和生殖器官的下装必不可少。这一需求如果放到今天，裤子无疑是最佳选择，但在古代，直到约 3000 年前，欧亚大陆上都还只有长衫、袍服以及围腰衣配护腿的组合样式。④ 常见的字典里对裤子的定义是："穿在腰部以下至脚踝的衣服，有两条分开的腿。"⑤ 该定义专门提到分开的双腿是为了强调裤与袍的区别。筒形护腿开始使用的时间比较早，如发现于阿尔卑斯山上穿皮护腿的冰人，年代被确定在约公元前 3350—前 3100 年。⑥ 冰人将皮护腿系在腰带上，下腹部围有腰衣。不过对于我们今天所熟悉的裤子来说，其开端则是以连接两条裤腿并将裤腿与裤腰相连形成一件完整服装的裤裆的出现为标志的。裤裆的结构，不仅能使裤腿大角度张开，同时还能保护骨盆，它的发明是服装制作史上的一次创举，成为制作各类现代实用下装、特殊用途服装以及需要将最大活动限度与最佳身体保护功能相结合的运动服装必要的先决条件。

---

① Anthony, D. W., *The Horse, the Wheel, and Language*: *How Bronze Age Riders from the Eurasian Steppes Shaped the Modern World*, Princeton University Press, Princeton, 2007.

② Benecke, N., Pruvost, M., Weber, C., "Die Pferdeskelette e Archäozoologie und Molekulargenetik", In: Cugunov, K. V., Parzinger, H., Na-gler, A. (Eds.), *Der Skythenzeitliche Fürstenkurgan Arzan 2 in Tuva*, Philipp von Zabern, Mainz, 2010, pp. 249 – 256.

③ Wagner, M., Wu, X., Tarasov, P., Aisha, A., Bronk Ramsey, C., Schultz, M., Schmidt-Schultz, T., Gresky, J., "Radiocarbon-dated Archaeological Record of Early First Millennium B. C. Mounted Pastoralists in the Kunlun Mountains, China", *PNAS*, 2011, 108 (38), pp. 15733 – 15738.

④ Vogelsang, W., "Archaeological Evidence: Climate, Geography, and Dress", In: Eicher, J. B., Vogelsang-Eastwood, G. (Eds.), *Berg Encyclopedia of World Dress and Fashion: vol. 5—Central and Southwest Asia*, Berg, Oxford / New York, 2010, pp. 9 – 13; Randsborg, K., *Bronze Age Textiles: Men, Women and Wealth*, Bristol Classical Press, London, 2011; Bergerbrandt, S., Bender JØrgensen, L., Fossyrs. H., "Appearance in Bronze Age Scandinavia as Seen from the NybØl Burial", *European Journal of Archaeology*, 2013, 16 (2), pp. 247 – 267.

⑤ http：//www.oxforddictionaries.com/us/definition/american_ english/trousers.

⑥ Fleckinger, A. (Ed.), *Ötzi 2.0: Eine Mumie Zwischen Wissenschaft, Kult und Mythos*. Konrad Theiss, Stuttgart, 2011.

关于第一条裤子的出现时间及其在亚洲和欧洲的传播过程，服装史的相关文献资料只能给出种种推测，说明在这个问题上可靠材料相当匮乏，大量论文完全依靠第二手材料、图像和文字说明来完成，且多数不提供有关早期裤子的准确信息[1]，甚至有时作者们还会得出互为对立的结论。如在德国北部托尔斯贝格（Thorsberg）出土的连脚裤（公元3世纪上半叶），被一些作者解释为骑服雏形，但也有人反对这种推断。[2]

目前大部分有关服装的文献资料都已过时，应该根据新发现进行修改。在这种情况下，正确断代、准确记录考古出土的服饰文物，并将其作为第一手资料来探究服装及服装历史的意义空前增长起来。[3]

在尼泊尔喜马拉雅山区的米拜克（Mebrak）发现了一条用动物毛制成的裤子，距今约3600年，遗址中有一处洞穴，曾在公元前400年至公元50年被作为公共墓地使用过。[4] 尽管发表的文章中没有提供更多的有关皮毛裤的资料，但从洞穴中出土的丰富的器物和家畜遗存来看，绵羊、山羊和马匹对当时人们的生活来说是非常重要的，这也清楚地表明了其生活方式是（半）游牧式的。

对于裤子出现的原因，公认的观点是，欧亚草原上的游牧群体对能够增强骑马时的效率和舒适度的服装的需求，催生出裤子的发明并在游牧生

---

[1] Alt, K. W., Burger, J., Simons, A., Schn, W., Grupe, G., Hummel, S., Grosskopf, B., Vach, W., Buitrago Téllez, C., Fischer, C.-H., Möller-Wiering, S., Shrestha, S. S., Pichler, S. L., von den Driesch, A., "Climbing into the Pastdfirst Himalayan Mummies Discovered in Nepal", *Journal of Archaeological Science*, 2003, 30, pp. 1529 – 1535; Rast-Eicher, A., "Switzerland: Bronze and Iron Ages", In: Gleba, M., Mannering, U. (Eds.), *Textiles and Textile Production in Europe from Prehistory to AD 400*, Ancient Textiles Series 11. Oxbow Books, Oxford and Oakville, 2012, pp. 378 – 396.

[2] Möller-Wiering, S., Subbert, J., "Germany", In: Gleba, M., Mannering, U. (Eds.), *Textiles and Textile Production in Europe from Prehistory to AD 400*, Ancient Textiles Series 11. Oxbow Books, Oxford and Oakville, 2012, pp. 153 – 181.

[3] Palmer, A., "Neue Richtungen, Studien und Forschungen zur Modegeschichte in Nordamerika und England", In: Mentges, G. (Ed.), *Kulturanthropologie des Textilen*, Edition Ebersbach, Bamberg, 2005, pp. 75 – 93; Gleba, M., Mannering, U. (Eds.), *Textiles and Textile Production in Europe from Prehistory to AD 400*, Ancient Textiles Series 11. Oxbow Books, Oxford and Oakville, 2012.

[4] Alt, K. W., et al., 2003.

活中发挥重要作用。① 但是迄今为止，关于这一革命性发明的发源地和时间节点等问题，还尚未获得充分论证的材料。

坐落在吐鲁番绿洲上的洋海墓地是近年来发掘的遗址，出土了很多保存状况良好的服饰文物，发掘简报已出版。② 我们对遗址中 M21 出土的一条裤子从年代、剪裁、设计和缝纫等方面首次开展直接地、面对实物地考察和研究，并取同一墓地 M157 出土裤子残片加以对比，本文将就此做逐一介绍。我们的结论将有助于进一步探寻欧亚大陆分腿式下装发明的时间和地点。

一　背景材料和研究方法

1. 洋海墓地

墓地（北纬 42°48′—42°49′，东经 89°39′—89°40′）位于吐鲁番盆地东北的荒漠戈壁地带③，西北距吐鲁番市 43 公里。吐鲁番盆地冬季非常寒冷，1 月的平均气温在 -9.5℃ 左右④，最低达到 -28℃；而夏季又极其炎热，7 月的平均气温在 32.7℃ 以上。在沙漠地区，尽管博格达山和天山

---

① Wolter, G., *Die Verpackung des Männlichen Geschlechts: Eine Illustrierte Kulturgeschichte der Hose*, Jonas Verlag, Marburg, 1988; Wolter, G., "Trouser", In: Steele, V. (Ed.), *Encyclopedia of Clothing and Fashion*, Thomson Gale, Farmington, Hills, 2005, pp. 339 - 341; Lillethun, A., 2010. "Archaeological Evidence: Trade Textiles and Dress in Central and Southwest Asia", In: Eicher, J. B., Vogelsang-Eastwood, G. (Eds.) *Berg Encyclopedia of World Dress and Fashion: vol. 5—Central and Southwest Asia*, Berg, Oxford / New York, 2010, pp. 89 - 96; Good, I., "Bronze Age Cloth and Clothing of the Tarim Basin: The Chärchän Evidence", In: Mair, V. H. (Ed.), *The Bronze Age and Early Iron Age Peoples of Eastern Central Asia*, University of Pennsylvania Museum and Archaeology, Philadelphia, 1998, pp. 656 - 668; Barber, E. J. W., *The Mummies of Ürümchi*, W. W. Norton, New York, 1999; Vogelsang, W., 2010; Stauffer, A., "Reiterkleidung", In: Bemman, J. (Ed.), *Steppenkrieger. Reiternomaden des 7. - 14*, Jhd. aus der Mongolei. LVR Landesmuseum, Bonn, 2012, pp. 91 - 99.

② 新疆吐鲁番学研究院、新疆文物考古研究所：《新疆鄯善洋海墓地发掘报告》，《考古学报》2011 年第 1 期。

③ Jiang, H.-E., Li, X., Zhao, Y.-X., Ferguson, D. K., Hueber, F., Bera, S., Wang, Y.-F., Zhao, L.-C., Liu, C.-J., Li, C.-S., "A New Insight into Cannabis Sativa (Cannabaceae) Utilization from 2500-year-old Yanghai Tombs, Xinjiang, China", *Journal of Ethnopharmacology*, 2006, 108, pp. 414 - 422.

④ Domrös, M., Peng, G., *The Climate of China*, Springer, Berlin, 1988.

的坡谷地带为当地居民和牲畜提供了较为凉爽和舒适的环境,那里的最高温度仍可达50℃。每年的平均降水量只有16毫米(吐鲁番气象台测),表明当地气候极为干燥。① 这种极度干旱的气候和夏季的高温使得有机物质包括纺织品②以及人类的尸体、丰富的植被和动物遗存、粪便、花粉和孢子等都很好地保存下来。③

洋海墓地发现于20世纪70年代早期。2003年,在吕恩国带领下,新疆文物考古研究所和吐鲁番地区文物局共同组队进行发掘工作,共清理500多座墓葬。④ 考古工作表明,该墓地不仅使用面积大,约有54000平方米,且使用时间长,从公元前12世纪延续至公元2世纪。⑤ 对各个墓葬的发掘清理工作揭示出所葬人群的生存模式,但迄今为止只有少量材料在国际刊物上发表,如I号墓地的M90。⑥ 该墓出土一具40岁男性干尸,随葬有骑马用具、碗、箭、乐器、木杯、皮袋、装有大麻籽叶(Cannabis sativa)的木盆等。通过对大麻籽叶进行碳十四年代测定,获得墓葬的碳十四年代为距今2475±30年(通常以公元1950年为零点)⑦,其校正年

---

① Domrös, M., Peng, G., 1988.

② Wagner, M., Wang, B., Tarasov, P., Westh-Hansen, S. M., Völling, E., Heller, J., "The Ornamental Trousers from Sampula (Xinjiang, China): Their Origins and Biography", *Antiquity*, 2009, 83, pp. 1065 – 1075.

③ Jiang, H.-E. et al., 2006; Jiang, H.-E., Li, X., Ferguson, D. K., Wang, Y.-F., Liu, C.-J., Li, C.-S., "The Discovery of Capparis Spinosa L. (Capparidaceae) in the Yanghai Tombs (2800 years b. p.), NW China, and its Medicinal Implications", *Journal of Ethnopharmacology*, 2007, 113, pp. 409 – 420; Jiang, H.-E., Zhang, Y.-B., Li, X., Yao, Y.-F., Ferguson, D. K., Lü, E.-G., Li, C.-S., "Evidence for early Viticulture in China: Proof of a Grapevine (Vitis vinifera L., Vitaceae) in the Yanghai Tombs, Xinjiang", *Journal of Archaeological Science*, 2009, 36, pp. 1458 – 1465; Ghosh, R., Gupta, S., Bera, S., Jiang, H.-E., Li, X., Li, C.-S., "Ovi-caprid Dung as an Indicator of Paleovegetation and Paleoclimate in Northwestern China", *Quaternary Research*, 2008, 70, pp. 149 – 157; Li, X., Wagner, M., Wu, X., Tarasov, P., Zhang, Y., Schmidt, A., Goslar, T., Gresky, J., "Archaeological and Palaeopathological Study on the Third/Second Century BC Grave from Turfan, China: Individual Health History and Regional Implications", *Quaternary International*, 2013, 290 – 291, pp. 335 – 343.

④ Jiang, H.-E. et al., 2009.

⑤ 新疆吐鲁番学研究院、新疆文物考古研究所:《新疆鄯善洋海墓地发掘报告》,《考古学报》2011年第1期。

⑥ Jiang, H.-E. et al., 2006.

⑦ Jiang, H.-E. et al., 2006.

代为公元前 630±95 年[①]。另一例已发表的 II 号墓地 M213 的墓葬材料同样出土一具男尸，随葬有大量木箭、木器、陶罐等，其中一个陶罐装有小米，另一个装有刺山柑和大麻籽叶。[②] 刺山柑的碳十四年代为距今 2620±35 年，即公元前 805±13 年。[③] 同在 II 号墓地的 M2069 出土有葡萄藤，测定的碳十四年代为距今 2245±35 年[④]，即公元前 305±65 年[⑤]，这说明，在近 2300 年前，吐鲁番就已经开始了葡萄栽培。

洋海墓地属苏贝希文化[⑥]，该文化的年代通常定为公元前第一个千年时期[⑦]，与中国文献记载的车师国有关[⑧]。考古发掘资料和历史史料共同证实，当时已有发达的半农半牧社会经济形态[⑨]，并暗示苏贝希文化圈与亚洲其他地区之间有广泛接触[⑩]。

2. M21 和 M157 的位置及考古环境

M21 是本项研究中讨论的重点，位于墓地南部，地表为平坦的砂质戈壁，表土层下为相间的砂层和坚硬而纯净的黄土层。墓口开在表土层下，呈椭圆形（长 1.63、宽 1.54 米），距地表深 0.19 米。墓坑深 1.6 米，二层台宽 0.14—0.36，深 1.12 米。墓中所葬分为明显的两层。第一层埋有两具人骨，位于距地表深 0.6 米处，均屈肢葬。人骨 A 为约 25 岁女性，头向东，骨骸保存较差。人骨 B 为未成年儿童，头向西，身穿皮衣，脚穿皮靴，耳戴金耳环，骨骸保存较好。

距地表 1.3 米处，有一排用圆木搭建的棚木，盖在墓室口上，其上覆盖一层芦苇草。墓室口呈椭圆形，长 1.31、宽 0.93、墓底深 1.6 米。墓

---

① 年代校正软件采用 CalPal 网络版，Danzeglocke, U., Jöris, O., Weninger, B., 2013. CalPal - 2007 online. http://www.calpalonline.de (accessed 01.11.13.)。

② Jiang, H.-E. et al., 2007.

③ Danzeglocke, U. et al., 2013.

④ Jiang, H.-E. et al., 2009.

⑤ Danzeglocke, U. et al., 2013.

⑥ Jiang, H.-E. et al., 2006, 2009.

⑦ 陈戈：《苏贝希文化的源流及与其他文化的关系》，《西域研究》2002 年第 2 期；韩建业：《新疆的青铜时代和早期铁器时代文化》，文物出版社 2007 年版；新疆吐鲁番学研究院、新疆文物考古研究所：《新疆鄯善洋海墓地发掘报告》，《考古学报》2011 年第 1 期。

⑧ Sinor, D. (Ed.), The Cambridge History of Early Inner Asia, Cambridge University Press, Cambridge, 1990.

⑨ Jiang, H.-E. et al., 2006; Ghosh, R. et al., 2008; Li, X. et al., 2013.

⑩ Li, X. et al., 2013.

室（即第二层）内充满细沙，应为在上层的女性和未成年儿童埋葬后长期渗漏所致。墓室中埋有一具干尸（人骨C），为约40岁男性，头向东南，面向右上，上肢曲向腹部，双下肢叠向右侧屈。皮肉、毛发和服装均保存较好。墓中随葬品共41件，有铜、木、金、石器及海贝、皮制品和毛织物等。头旁木棍上挂一副皮辔头，上饰满环状、贝状铜扣和铜片，并带有木马镳。

本文涉及的这具男性干尸所穿裤子的详细资料，是基于2011年6月在吐鲁番对其进行的考察。裤子包括两条筒状裤腿和在裤腿上部中央由前到后缝入的"阶梯"式裤裆片（见文后图1，本文线图绘制黎珂，照片拍摄王睦）。裤子的正面和左裤腿保存尚可，可以观察裤料和接缝的情况；背面及右裤腿部分残（见文后图2），可以观察到裤子的内部结构。

M157出土的裤子与M21所出类似，但保存状况不佳。墓主为约40岁男性[1]，随葬品有木鞭杆、马尾缨子、皮弓箭袋和木复合弓等。

3. M21和M157的年代测定

为获得可靠的年代数据，从M21裤子上采集标本一件、墓中其他器物上采集标本三件，送至波茨南碳十四实验室进行检测。[2] 先由加速质谱仪（AMS）测出碳十四年代，再经树轮校正程序OxCal v4.1.5得出校正年代。[3] 珺瑠从裤子上采集的羊毛标本的碳十四年代为距今2855±30年（波茨南-43695），则裤子的校正年代区间相应地降至公元前1056—前940年（68.2%的可信区间）或公元前1122—前926年（95.4%的可信区间），通过CalPal校正软件得出最终的校正年代为公元前1028±50年。[4] 检测的另外三件标本，即墓中男子所穿法衣上的羊毛标本和左、右两只皮

---

[1] 新疆吐鲁番学研究院、新疆文物考古研究所：《新疆鄯善洋海墓地发掘报告》，《考古学报》2011年第1期。

[2] 详细技术数据见Kramell, A., Li, X., Csuk, R., Wagner, M., Goslar, T., Tarasov, P. E., Kreusel, N., Kluge, R., Wunderlich, C. -H., "Dyes of Late Bronze Age Textile Clothes and Accessories from the Yanghai Archaeological Site, Turfan, China: Determination of the Fibers, Color Analysis and Dating", *Quaternary International*, 2014。

[3] Bronk Ramsey, C., "Deposition Models for Chronological Records", *Quaternary Science Reviews*, 2008, 27 (1-2), pp. 42-60; Bronk Ramsey, C., "Bayesian Analysis of Radiocarbon Dates", *Radiocarbon*, 2009, 51, pp. 337-360.

[4] Danzeglocke, U. et al., 2013.

靴所绑编织带上的羊毛标本，碳十四年代分别为距今 2870 ± 30 年、2810 ± 40 年和 2825 ± 35 年，表明其校正年代与裤子相近。① 鉴于编织带的保存状况远好于法衣，我们推测编织带的年代较法衣晚，也很有可能晚于裤子，而这一推测正与碳十四测年得出的结果相吻合。这种假设和对裤子制作过程的复原研究有助于将 M21 的校正年代定为公元前 1038—前 926 年的范围内（95.4% 的可信区间），墓中出土裤子的校正年代定为公元前 1074—前 935 年的范围内（95.4% 的可信区间）。② M157 裤子上的纤维标本，碳十四年代为距今 2935 ± 30 年，校正年代为公元前 1261—前 1041 年（95.4% 的可信区间），表明该裤子的年代还要更早。③

4. 对 M21 出土裤子的复原研究

首先是测量尺寸，分别在前裆、右腿以及后裆和左腿几处保存较好的地方取位测量（图 1）。之后以绘图、文字和照片的形式对接缝和织片的相互关系及准确位置予以记录。根据这些资料，确定裤子的成形方式并配以原大尺寸的专业绘图和详细文字说明（图 2）。裤子的穿着使用痕迹也被记录下来（见文后图 3）。有关制作方面的复原研究，其内容不仅包括精确的尺寸，同时还有生产工艺和不同的成衣技术。

通过分析接缝和织片的叠压重合关系，研究人员再现出缝纫的整个过程。为了解在缝纫过程中织片的位置，研究人员对织片或接缝处的拉力进行了检测。裤子上一些独特的现象和细节，按不同功能予以记录并加以解读。根据推理出的图案，再运用古老缝纫方法，一条具有可穿性的裤子被科学、精准地复原出来。为了能够做三维立体分析，了解裤子的移动状态和功能，研究人员请模特试穿了复原的裤子。试穿者与裤子主人身材上的些许差异，对裤子的总体功能评估不会造成任何影响。同时又使用傅里叶变换衰减全反射红外光谱仪对经线和纬线样品进行了检测，所获结果均呈现蛋白纤维的值，由此可以确定织物的材料为动物毛。因纤维结构的保存状况不够理想，故无法再做进一步的具体甄别。④

---

① Kramell, A. et al., 2014.
② Kramell, A. et al., 2014.
③ Kramell, A. et al., 2014.
④ 见 Kramell, A. et al., 2014, 染料和纤维分析。

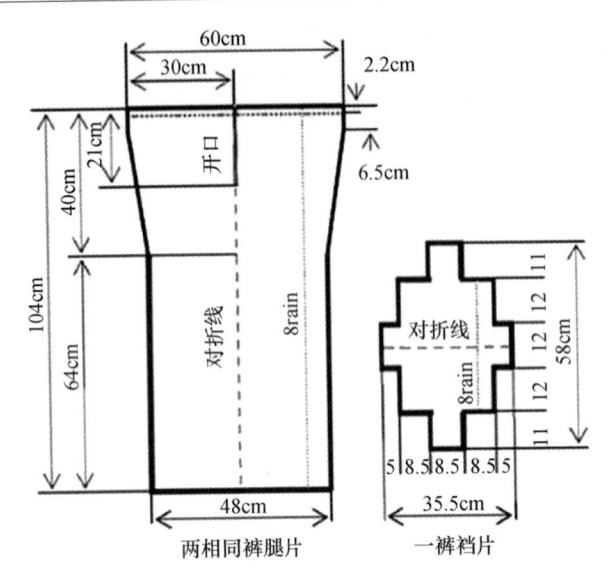

图 1　羊毛裤各个部位及尺寸

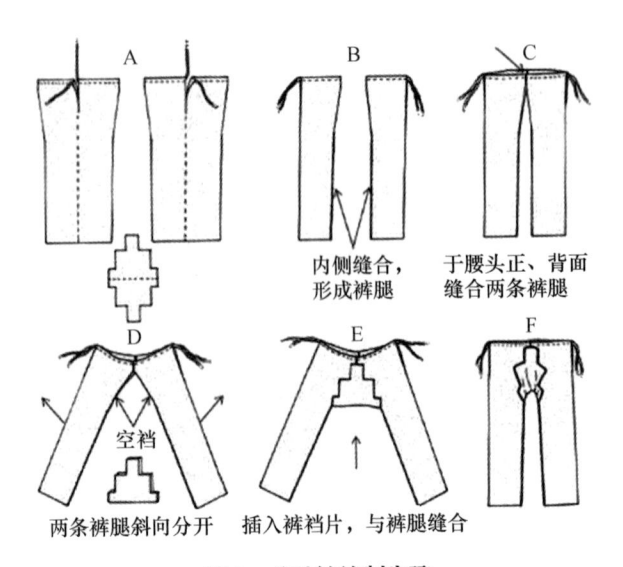

图 2　羊毛裤缝制步骤

二　结论

1. 尺寸、缝纫过程和图案

裤子由三片织物缝制而成，左右各一片做成裤腰连裤腿，第三片为插入的裤裆（见图2）。左右两片的形状一致。每片最长处104厘米，腰宽60厘米，从腰下6.5厘米处开始对称斜向下方变窄至48厘米，并保持这一宽度直至裤脚，这一段的长度为64厘米。在织片上部中间位置，有一21厘米长的开口。裤裆的形状类似一阶梯形十字，拉伸后最大宽度35.5厘米、最大高度58厘米。三层阶梯的宽度或8.5或5厘米，高度或12或11厘米（见图1）。这三片织物织成后（见图2A），按以下步骤缝合成裤：

（1）两片大的织片分别沿中线对折，从斜向变窄的终点处开始缝合直至裤脚，制成长64厘米的裤筒（见图2B）。两条裤筒的缝合线相对，成为各自裤腿的内侧，而带有开口的对折线则成为外侧。

（2）将两个缝好的裤筒拼对在一起，从腰下6.5厘米处沿前后拼对线向上缝合直至腰头边缘（见文后图4C）。

（3）由于裤裆片的阶梯越到底部越斜（见文后图1A、B），故当裤裆片缝入时，裤腿无法再保持垂直平行，必须斜向张开，以便在裤裆处留出足够大的空间（见图2D）。

（4）裤裆片平行对折，插入两裤筒中间，并从腰下6厘米处开始，从前到后与裤腿进行缝合（见图2E）。阶梯十字形裤裆片将两裤腿和裤腰之间的空档连接起来。当把完成后的裤子摆放平整、两裤腿相互平行时，缝入的裤裆片就被挤压变形，出现褶皱，失去了本来面目（见图2F）。

2. 缝合方式和装饰手法

裤腿内侧的缝合处被装饰性的双色辫绳覆盖，从裤脚向上一直延伸至裤裆处打结（见文后图4A）。辫绳由棕色和奶黄色毛线编成，并用与裤子底色相同的棕色毛线缝合。阶梯形十字裤裆的边缘也采用同样手法缝合、装饰（见文后图4B）。辫绳上相间的奶黄色和棕色，与织片上的颜色相同，表明辫绳、织片和毛线均出自同一种材料。在对两条裤腿上部前后连接处进行缝合时，使用的是粗大的缝线，与裤腿在腰下中部前后织片的颜色和质地相同（见文后图4C）。

3. 编织方式和图案构成

两条裤腿的织片均为从裤腰一直织到裤脚底边。裤腰幅边高2.2厘米，有两种不同的颜色，其上部是棕色（纬线），高0.5厘米；紧接着下部是奶黄色（纬线），高1.7厘米。裤腰之下开始转为斜纹组织直至裤脚底边。裤腿织片的长边和开口处均有幅边（见文后图5B）。裤裆织片也是斜纹结构。在靠近皱褶、辫绳压住左裤腿内侧阶梯十字形裤裆织片边缘处，可见竖直幅边。裤腿织片上的经线为棕色，而裤裆织片上的经线为奶黄色，纬线在棕色和奶黄色之间变换形成图案。在裤子的腰腹部，织片底色为奶黄色，以棕色纬线为装饰图案。两两一组的棕色纬线按一定间隔织入，装饰整个裤裆织片。与之相反，裤腿织片则以棕色为底色，以奶黄色纬线为装饰图案。至裤裆的高度，裤腿织片的底色通过连续阶梯形三角纹图案，由奶黄色转换为棕色。至膝盖的高度，出现一圈菱形图案。至小腿肚的高度，织有两圈平行的锯齿纹，另有一圈单行锯齿纹织于裤脚底边处。这些装饰图案所采用的不同编织技法、所用毛线的具体情况等，值得另作研究和论述。

4. 系带

腰部两侧开口处可见残存的扭结状系带，可能是为从两边系紧裤子之用。左侧腰部前片尚留有四根，其中一根仍附在腰上，其余则从打结处散乱伸出（见文后图6A）。很有可能这个结同时将前片的系带和后片已经朽烂的系带都绑在了一起。系带被仔细地缝在腰头开口边缘处，其颜色和质地与裤腿腰腹部位织片的颜色和材质相同，可能是用同一种毛线扭成，也就是腰腹部用作纬线的毛线（见文后图6B）。系带原长已无法确定，只有一根松散、残损的系带看上去还留有原始绳头。在左侧裤腿开口下1厘米处，有一小根扭结而成的系带（见文后图2），而右侧裤腿上相对应处的小系带已缺失。这根小带的作用尚不明确。裤腿底边为毛边，未经锁边处理，因此两条裤腿的织片均有磨损脱线现象（见文后图3A），说明裤子被穿过很长一段时间。因运动而产生的摩擦导致纬线彻底脱落，而经线则松散地悬着（见文后图3B）。底边为何不扦边？其原因只能猜测，也许当时认为没有必要扦边，因为裤子穿上后裤脚要塞进靴子里，被靴子完全遮护住；或者是裤子在穿着一段时间后被截短了。

腰下织片表面许多地方都有剐花磨毛现象（见文后图3C、D），表明这一部分经常受到外来拉力摩擦，有可能是裤子穿着者使用或挂在腰带上的粗粝尖锐物品剐蹭所致。

三 解读和讨论

1. M21出土裤子的整体设计

M21出土裤子的三片织片，在颜色和编织方法上一致，说明使用的是同一种毛线、由同一个人或至少是同一个作坊制作出来的。腰头侧边的开口是在纺织裤腿织片的过程中就已经织成的。没有任何迹象表明织片有被剪裁的痕迹。这些特点说明，从制作过程一开始，就已经按照这三片织片在将来组成裤子时所处的位置和所承担的功能亦即左裤腿片、右裤腿片和裤裆片来进行设计和织造了。其他一些功能性的小细节，如腰头两侧开口及织片上的图案装饰等，也都是按照成品后的用途和审美效果在织造过程中直接织在一定的位置上的。这就要求织工非常了解裤子的整个缝制过程及穿着者的身材尺寸。此外，腰头上扭结的系带、缝合和装饰裤子用的缝合线及辫绳，其颜色和质地均与织片所用毛线相同。因此，缝纫工和织造工一定是可以相互沟通从而使用相同的原材料。由此推论，缝纫工和织造工或者是很紧密地一起合作来完成这条裤子，或者就是同一个人。

2. 与洋海墓地M157出土裤子的比较

另一条出土于M157的裤子残片，在设计结构上与M21的裤子相似，证明这种服装类型在洋海墓地并非孤例。文后图7显示的是M157出土的一条裤子展开后的裤腿残片，上面饰有横向条纹。检查后发现，残片由三部分组成：两裤腿织片和一裤裆织片。利用55厘米宽的残片，可以复原腰头部分，其尺寸大小与M21出土裤子相近。裤子的确切长度已无从得知，唯有残片长度123厘米，比M21裤子长20厘米。这条裤子仅存部分腰头，是否也有腰头两侧开口和系带，也没有办法明确。在织片左上部可以清晰辨认出裤腿的竖直幅边，其上仍连有另一条裤腿的一部分。一条缝线缝合住两条裤腿，形成前后身的中间部分。两条裤腿的腰头下12厘米处各缝有阶梯十字形裤裆残片，其织物结构与缝线相同，很有可能两片裤裆残片属于同一裤裆织片（见文后图8A、B）。它们在形状、位置方面都与 M21 出土裤子类似，都是阶梯十字形，都处于腰头下正中位置，从前身延伸至后臀，深色横向条纹也是直接织入裤裆织片中。这里，裤裆边缘部分内折，缝线为明线，没有采取任何遮挡处理。两片裤裆残片斜向缝在裤腿上，尤其是左腿，在前中或后中竖直裤线的对比下，裤裆残片的斜向位置清晰可见。裤裆残片的斜向位置说明裤裆织片是在两条裤腿向外打开的状态下缝上的。尽管裤裆前后对折的部分已缺失，我们仍能确定其尺寸相当宽大，很有可能从边缘到对折线只有两个阶梯（见文后图9）。很明显，M157 和 M21 出土的裤子在设计上如出一辙，说明这在当时是一种普遍的众所周知的制作。

由于 M157 出土裤子的阶梯十字形裤裆只有第一个阶梯保存下来可供测量，故无法完整复原整个裤裆的尺寸。M157 裤子的裤裆第一个阶梯宽 20 厘米，高 18 厘米，而 M21 则为宽 8.5 厘米，高 11 厘米（见图 1），M157 比 M21 在宽度上超过两倍多，高度上超过三分之二。第二个阶梯，M157 可以复原到宽 15 厘米，高 12 厘米。根据所有残片和缝合痕迹，我们计算出裤裆织片的完整宽度为 50 厘米，完整高度为 60 厘米。因此，M157 裤子的裤裆要比 M21 宽很多（M21 裤裆宽 35.5 厘米），但高度差不多（M21 裤裆高 58 厘米）。更大的裤裆宽度是与裤子的长度相对应的，这说明 M157 出土的裤子是为一个身材比 M21 墓主更高的人而设计制作的。裤裆和裤子腰腹部的颜色黄棕相间，很是美观。与之相对，裤腿则采用明亮的绿松石色和红色织成。[①]

3. 裤裆的设计和作用

通过观察上述两条裤子的裤裆，可以看到阶梯形十字的竖边均有幅边，横边边缘平坦，因此我们推断裤裆织片是直接织成所需形状而并非剪裁而成。裤裆连接了两条裤腿，覆盖住下腹，将两条独立裤筒转变为一条实用的裤子，这种独特功能使其成为裤子制作过程中的关键步骤。裤裆的尺寸比双腿正常活动所需尺寸宽很多，这是为了方便双腿的侧向大幅度运动。在缝纫过程中，插入裤裆之前，先将两条裤腿充分张开，对侧向大幅度运动进行模拟，待角度确定后，就可以很轻松地将裤裆全部展开，以给穿着者最大限度的自由度，可以大步向前和跨骑马上。裤裆从前至后一直延伸到腰下，使得下腹部裤料完整，没有拼接痕迹，这就意味着在长距离

———
① 染料化学分析结果见 Kramell, A. et al., 2014。

骑行过程中对皮肤的摩擦减少，疼痛减轻。所以我们推断洋海裤子的设计不仅是为了适于骑行，而是有意地、专门地为骑马而做。插入裤裆位置的宽度、缝线的位置以及双腿的紧身效果都表明，当时裤子的设计已与现代马裤非常相似。

4. 对裤子历史的研究

已出版的有关服装史的各类研究，大多是通过考察、分析间接资料如穿有裤子的人物形象，以此为基础来追踪裤子的起源。[1] 有些早年间的书籍还在引用法国南部约12000年前的岩画作为证据[2]，但实际上这个证据后被证实并不可靠[3]。裤子被纳入北欧服饰传统应该是有一个相对滞后的过程。[4] 蒂尔根据希腊罗马艺术和文献，认为凯尔特人是第一个从斯基泰人那里学来裤子的欧洲人，时间约在公元前6世纪。[5] 沃尔特认为，萨尔马特人、大夏人和吕底亚人可能在公元前700年以后从波斯人那里吸收了裤子的形制。[6] 里尔蒂安和弗格桑认为，罗马人是在公元前1世纪为其骑兵队而采用了裤子。[7] 沃尔特和蒂尔相信，日耳曼部落是从凯尔特人那里得知的裤子，但二人对此观点所做的论述却大相径庭。[8]

作者们依靠考古和历史资料来讨论在希腊金属艺术品上所显示的斯基泰人上衣下裤的着装模式，以及在阿契美尼德王朝举行仪式大典

---

[1] Gleba, M., Krupa, T., "Ukraine", In: Gleba, M., Mannering, U. (Eds.), *Textiles and Textile Production in Europe from Prehistory to AD 400*, Ancient Textiles Series 11. Oxbow Books, Oxford and Oakville, 2012, pp. 399–425.

[2] Thiel, E., *Die Geschichte des Kostüms: Die Europäische Mode von den Anfängen bis zur Gegenwart*, Henschel, Berlin, 1968; Loschek, I., *Mode: Verführung und Notwendigkeit e Struktur und Strategie der Aussehens-veränderung*, Bruckmann, München, 1991.

[3] Wolter, G., 1988.

[4] Andersson, E. B., Gleba, M., Mannering, U., Vedeler, M., "Archaeological Evidence: Early History of Dress and Fashion in the Nordic Countries", In: Eicher, J. B., Skov, L. (Eds.), *Berg Encyclopedia of World Dress and Fashion: vol. 8—West Europe*, Berg, Oxford/New York, 2010, pp. 72–78.

[5] Thiel, E., *Die Geschichte des Kostüms: Die Europäische Mode von den Anfängen bis zur Gegenwart*, Henschel, Leipzig, 2010.

[6] Wolter, G., 2005.

[7] Lillethun, A., 2010; Vogelsang, W., 2010.

[8] Wolter, G., 1988; Thiel, E., 2010.

的都城波斯波利斯通往中央大厅的阶梯侧面的石墙上所刻的塞人形象。① 但是所有作者提及的着装形象均只显示了双腿部分，而大腿及腰腹部不是被上衣遮盖就是被兵器所挡，以至于无法确定这一部分的具体设计形式。

赵丰及其合著者确认，中国已知最古老的裤子是出土于今河南省境内西周（前1046—前771年）虢国墓地的一条麻裤，但他们并未对该裤做进一步的分析说明。②

在新疆维吾尔自治区的南部，由于气候极为干旱③，公元前1世纪时期的服饰文物得以保全。弗格桑④确定，在新疆维吾尔自治区博物馆内展陈的车师人服装是最古老的裤子。他给出的年代在大约公元前1000年，但没有对如何获取此年代数据做进一步说明，只是引用了巴伯⑤的结论。巴伯和古德曾于1995年前往新疆，他们是继梅尔将保存完好的木乃伊介绍到英语国家后第一批访问乌鲁木齐的外国纺织品专家。⑥ 他们考察了几件且末扎滚鲁克墓地出土的纺织品，在之后发表的文章中提供了第一手的考察数据、线图、照片以及他们对数据的解读。⑦ 巴伯报告说，那个著名

---

① Cernenko, E. V., "The Scythians: 700e300 BC", In: *Men-at-Arms Series, 137*, Osprey, Oxford, 1983; Parzinger, H., *Die frühen Völker Eurasiens*, C. H. Beck, München, 2006; Harlow, M., Llewellyn-Jones, L., "Archaeological Evidence: Pre-Islamic Dress Codes in the Eastern Mediterranean and Southwest Asia", In: Eicher, J. B., Vogelsang-Eastwood, G. (Eds.), *Berg Encyclopedia of World Dress and Fashion: vol. 5—Central and Southwest Asia*, Berg, Oxford / New York, 2010, pp. 24 – 30; Vogelsang, W., 2010.

② Zhao F., Kuang, Y. -H., "Archaeological Evidence: China and Inner Asia", In: Eicher, J. B., Vollmer, J. E. (Eds.), *Berg Encyclopedia of World Dress and Fashion: vol. 6—East Asia*, Berg, Oxford / New York, 2010, pp. 21 – 27.

③ Barber, E. J. W., "Bronze Age Cloth and Clothing of the Tarim Basin: The Kror n (Loulan) and Qumul (Hami) Evidence", In: Mair, V. H. (Ed.), *The Bronze Age and Early Iron Age Peoples of Eastern Central Asia*, University of Pennsylvania Museum and Archaeology, Philadelphia, 1998, pp. 647 – 655; Barber, E. J. W., 1999; Good, I., 1998; 新疆维吾尔自治区博物馆：《古代西域服饰撷萃》，文物出版社2010年版；新疆吐鲁番学研究院、新疆文物考古研究所：《新疆鄯善洋海墓地发掘报告》，《考古学报》2011年第1期。

④ Vogelsang, W., 2010.

⑤ Barber, E. J. W., 1999.

⑥ Mair, V. H. (Ed.), *The Bronze Age and Early Iron Age Peoples of Eastern Central Asia*, University of Pennsylvania Museum and Archaeology, Philadelphia, 1998; 王炳华：《新疆古尸》，新疆人民出版社1999年版。

⑦ Barber, E. J. W., 1998; Good, I., 1998.

的且末人所穿裤子"处在无法进行考察的位置"。[1] 这可能是因为当时他还穿着这条裤子,到2013年我们在新疆博物馆看到他时仍然如此。于是巴伯和古德就改为考察另一条裤子,并在文章中提供了一张很简单的线图来显示菱形裤裆。因裤裆从底部对折,故正面看时呈三角形。[2] 至于出土纺织品的年代,他们直接采用了当地考古专家的数据。约公元前1000年这个数字已经说明,此为粗略估计出来的年代。王炳华曾公布一个碳十四测定的年代数据距今2840±80年(校正年代为公元前1010±115年),检测标本为从且末男尸墓底采集的胡杨木,但是没有进一步给出实验室和标本的详细信息。[3] 与1996年考古发掘所采样本碳十四测定数据结果对比,该年代数据被认为太早。[4] 目前通常把扎滚鲁克墓地出土的大部分文物,包括且末男尸,归入公元前800—前300年这一时间段。[5] 但是,没有任何一件扎滚鲁克出土的裤子被采样做年代测定。

迄今为止,已知的最古老的斯基泰人的裤子出土于阿尔泰山区墓葬中,根据考古类型学和地层学,将其定为巴泽雷克文化,即公元前5—前3世纪[6]。泊罗斯马克和芭科娃[7]发表了出土于阿克-阿拉哈(Ak-Alakha)1号墓地和维克-卡金(Verkh-Kal'djin)2号墓地1号冢和3号冢的羊毛裤的资料,其三角形(菱形)裤裆与巴伯所述扎滚鲁克裤子的裤裆类似,其断代为公元前5世纪末至前4世纪前半叶。[8] 尽管阿尔泰山区冰封墓冢里保存下来的裤子中没有一条被直接拿来进行断代,但最近的研究成果指出,从目前已知的所有相关文物来看,其年代看上去比洋海裤子要

---

[1] Barber, E. J. W., 1999, p. 37.
[2] Barber, E. J. W., 1999, p. 39. Fig. 2.11.
[3] 王炳华:《新疆古尸》,新疆人民出版社1999年版。
[4] 新疆维吾尔自治区博物馆、巴音郭楞蒙古自治州文物管理所、且末县文物管理所:《新疆且末扎滚鲁克一号墓地发掘报告》,《考古学报》2003年第1期。
[5] 新疆维吾尔自治区博物馆、巴音郭楞蒙古自治州文物管理所、且末县文物管理所:《新疆且末扎滚鲁克一号墓地发掘报告》,《考古学报》2003年第1期;新疆维吾尔自治区博物馆:《古代西域服饰撷萃》,文物出版社2010年版。
[6] Molodin, V. I., Polos'mak, N. V., "Die Denkmäler auf dem Ukok-Plateau", In: Parzinger, H. (Ed.), *Im Zeichen des Goldenen Greifen: Königsgräber der Skythen*, Prestel, München, 2007, pp. 140–147.
[7] Polos'mak, N. V., Barkova, L. L., *Kostium i Tekstil' Pazyryktsev Altaya* (IV-III vv. do n. e.), Infolio, Novosibirsk, 2005.
[8] Parzinger, H., 2006.

晚。再晚些的裤子还有出土于尼泊尔喜马拉雅山脉的毛皮裤，校正年代约为公元前400—公元50年[1]；德国的达门多夫（Damendorf）男裤，校正年代为公元135—335年；出土于马克斯－策尔（Marx-Etzel）、由一块布制成的及膝裤，校正年代为公元45—125年[2]。

我们无法肯定本课题所研究的洋海裤子是否在服装史上属于最早的成型裤子之列，有可能更早的实物没有被保存下来或还未被发现，不过若与比其早3—6个世纪、目前已知最早的出土于新疆小河墓地[3]的干尸（北纬40°20′11″，东经88°40′20.3″）来比较的话，小河干尸已经开始头戴毡帽，身穿短裙式带穗腰衣，足蹬皮靴，但独不见裤子[4]，只是用大片长方形毛织毯子或斗篷包裹（例如长225、宽130厘米）[5]，类似的服饰如带穗腰衣和长方形斗篷在丹麦也有出土，年代为公元前14—前12世纪，属于早期青铜时代[6]。

5. 结语

吐鲁番洋海墓地M21和M157出土的两条羊毛裤，年代在公元前13—前10世纪之间，正是中亚东部地区游牧生活方式开始流行之际，早于众所周知的斯基泰出土文物。M21中随葬的马具、M157中随葬的马尾缨子和鞭杆将穿着裤装的男性墓主与骑马联系起来。M21中的铜斧和皮射鞲、M157中的木复合弓和皮弓箭袋提示墓主武士的身份。对两条裤子在设计和缝制过程方面的详细研究，揭示了以下几个特点：

（1）裤子由三片独立的织片制成，即左右各一片近长方形织片（从保存更为完整的M21裤子看，织片长度从腰头直至踝骨附近的裤脚）和一片衔接两个带腰裤腿的阶梯十字形裤裆织片。

---

① Alt, K. W., et al., 2003.

② Möller-Wiering, S., Subbert, J., 2012.

③ 新疆文物考古研究所:《新疆罗布泊小河墓地2003年发掘简报》,《新疆文物》2007年第1期。

④ Mair, V. H. (Ed.), *Secrets of the Silk Road. An Exhibition of Discoveries from the Xinjiang Uyghur Autonomous Region, China*, Bowers Museum, Santa Ana, California, 2010.

⑤ Mair, V. H. (Ed.), 2010.

⑥ Mannering, U., Gleba, M., Bloch Hansen, M., "Denmark", In: Gleba, M., Mannering, U. (Eds.), *Textiles and Textile Production in Europe from Prehistory to AD 400*, Ancient Textiles Series 11. Oxbow Books, Oxford and Oakville, 2012, pp. 91–118.

（2）三片织片均是根据各自在裤子上的明确部位和用途定织而成，无论是在色彩构图还是编织技术上，包括腰边开口和系带，都搭配得当、协调统一，因此是为有目的有计划的编织，织工或者同时也是缝纫工，或者与缝纫工密切配合以完成裤子的制作。

（3）因为是定织，故织片的形状已在织机上固定，并没有剪裁的过程。

（4）织片的大小和尺寸是根据特定的穿着者而设定。

（5）宽大裤裆配修身裤腿的造型是现代马裤的前身。

要剖析人类为使身体适应新挑战而激发出来的创造力，例如本课题所涉及的如何提升运动速度、提高行军和军事行动效率、扩大活动范围等，裤子是最合适的研究对象之一。而新疆出土最古老的服饰与欧洲北部地区（如丹麦、德国）所出服饰的高相似度，也一定会在今后的研究中引起更多重视。

附记：

本研究课题 2011 年考察期间，得到了洋海考古队、吐鲁番博物馆（特别是徐东良和李媛）、吐鲁番学研究院、中国文化遗产研究院（王珊）、德国考古研究院北京代表处（陈晓程）和德国萨克森－安哈特州文物考古局温德里希博士（Dr. H. Wunderlich）的大力支持，以及高斯勒教授（Prof. T. Goslar）在碳十四测年、克伊塞尔（N. Kreusel）在编织结构分析、克哈麦尔（A. Kramell）在纤维分析、莱帕（C. Leipe）在制图方面的通力合作，在此一并表示感谢！

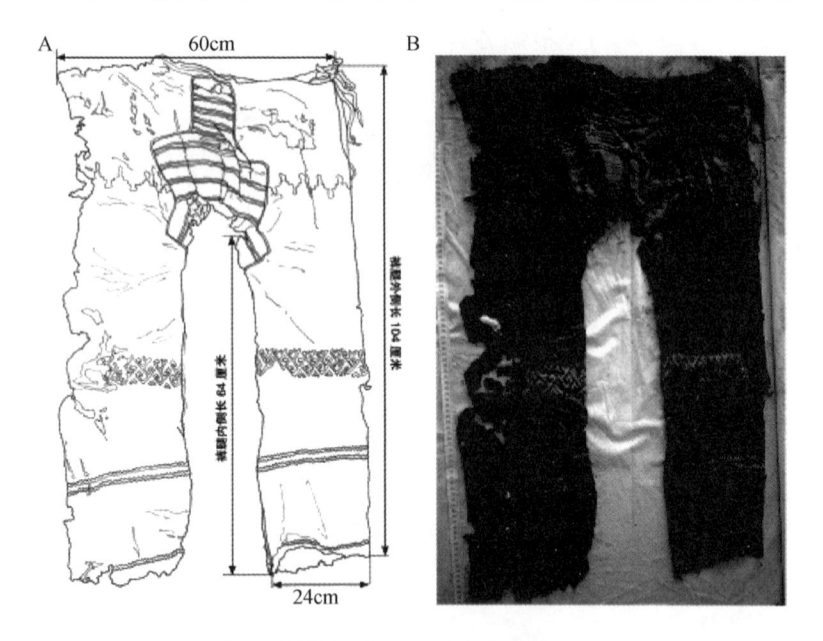

108　考古所见古代新疆地区的东西方文明交流

图 1　洋海墓地 M21 出土羊毛裤正面

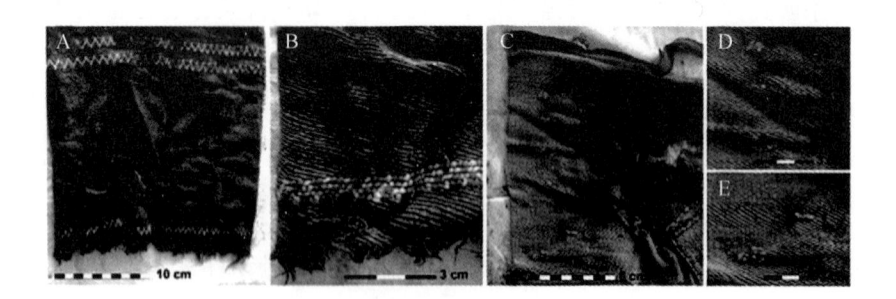

图 2　羊毛裤背面

（A）裤腿底边；（B）裤腿底边松散经线细节；（C）腰下多边磨毛现象；（D）和（E）磨毛细节

图3 磨损和穿用痕迹

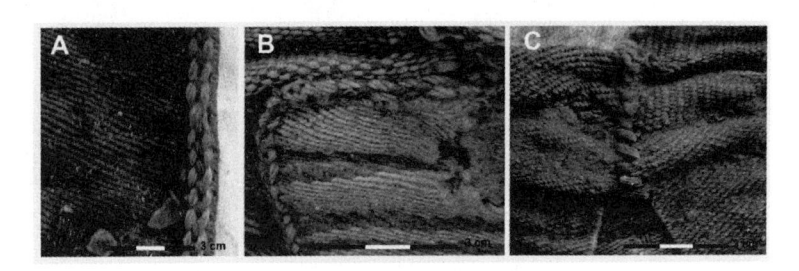

图4 缝线细节

（A）裤腿内侧缝合线被装饰性双色辫绳覆盖；（B）裤裆与裤腿的缝合线也被类似辫绳覆盖；（C）裤子背面正中两裤腿从腰头至腰下6.5厘米处的缝合线

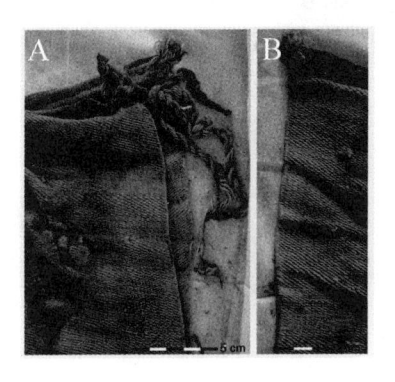

图5 腰侧开口

（A）左侧开口及系带；（B）右侧开口

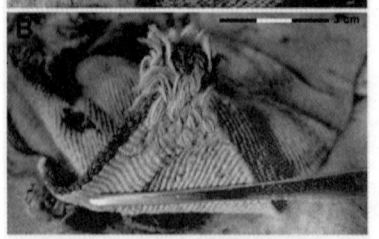

图6 （A）腰头左侧边缘处扭结状系带；
（B）右侧开口处系带起点细节

图7 洋海墓地 M157 出土裤子残片

图8 M157 裤子上部残片
（A）左裤腿及腰部残片、其上压有向内对折的右裤残片、阶梯十字形裤裆残片；（B）右裤腿及腰部残片、另一半阶梯十字形裤裆残片

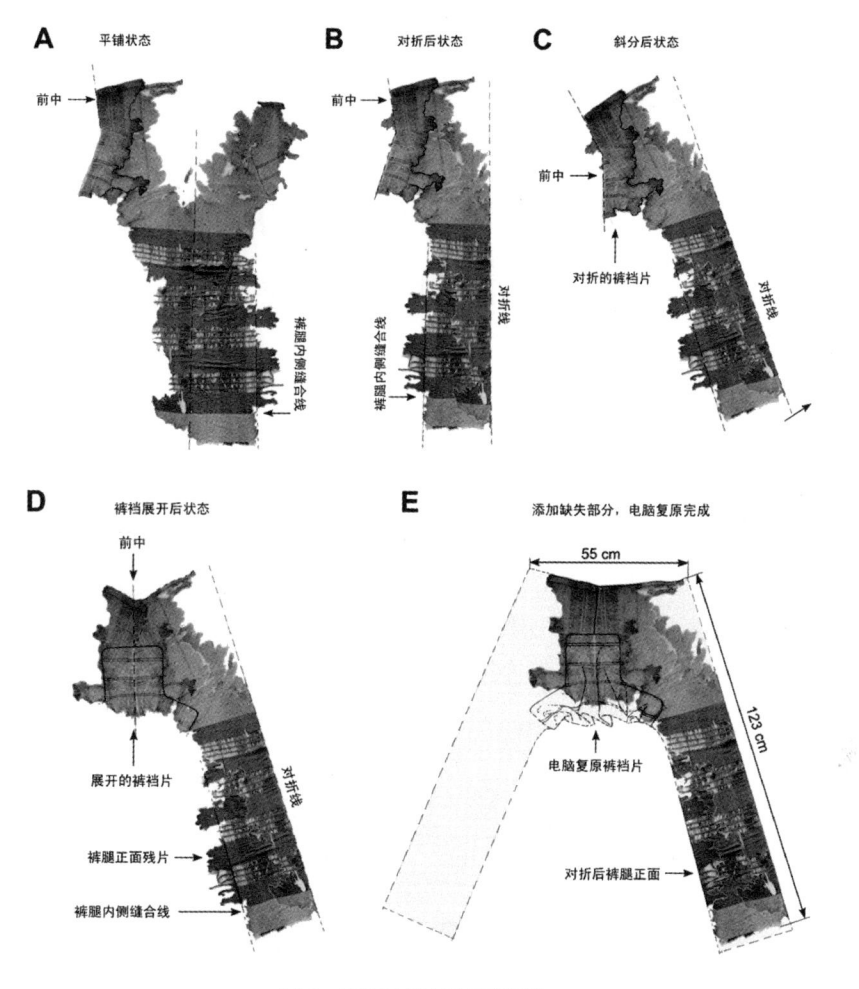

图 9　M157 裤子复原步骤

（中文翻译：陈晓程）

［作者单位：黎珂（Ulrike Beck）、王睦（Mayke Wagner），德国考古研究院欧亚考古研究所；李肖，中国人民大学国学院；德金（Desmond Durkin-Meisterernst），柏林－勃兰登堡人文社科研究院；佟湃（Pavel E. Tarasov），柏林自由大学地质科学研究所］

世界人文关怀的曙光初现西域
——世界最早的假肢吐鲁番出土记

李 肖　张永兵

胜金店墓地位于新疆吐鲁番市胜金乡胜金店村南郊，西距吐鲁番市40公里（图1）。为配合312国道吐鲁番—鄯善段复线工程建设，2007年10月，得到自治区文物局的授权许可后，吐鲁番学研究院考古研究所组织考古专业人员进行了抢救性清理。共发掘墓葬31座（图2），出土了一批包括假肢在内的重要文物。

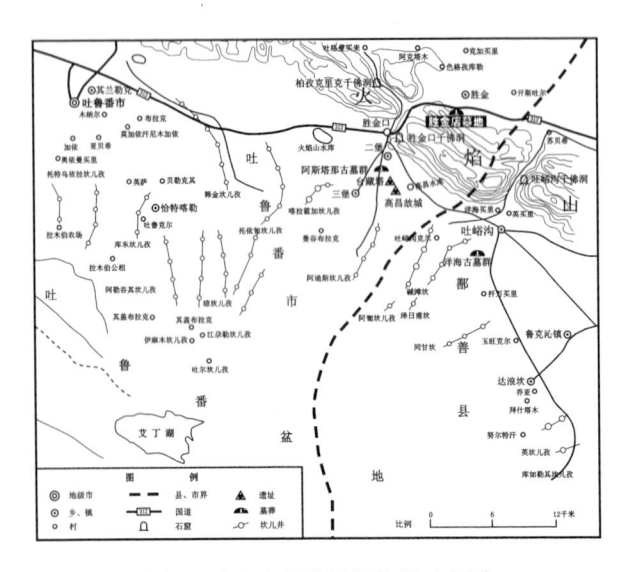

图1　胜金店墓地地理位置示意图

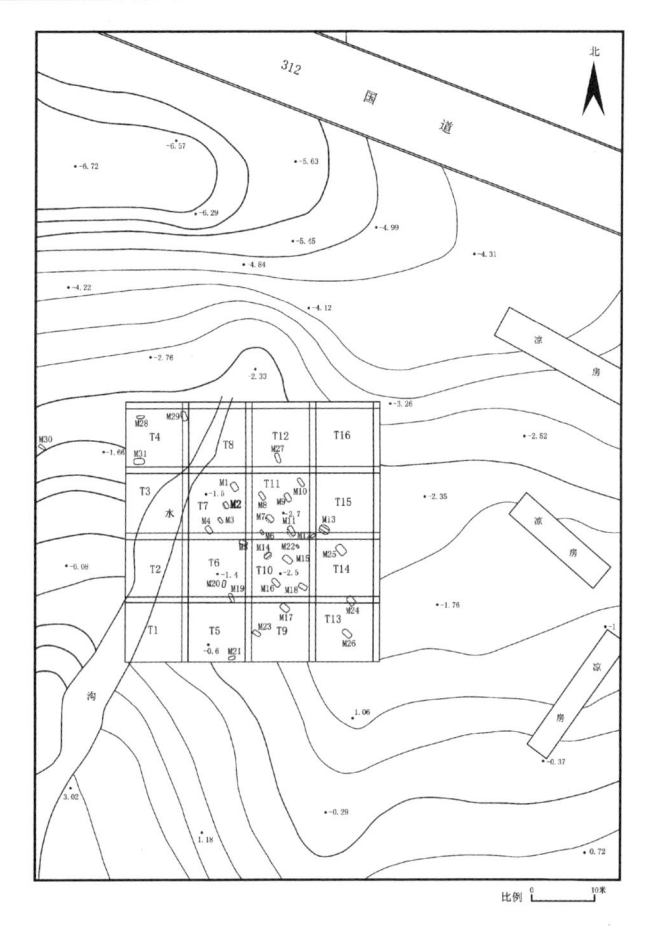

图2 胜金店墓地发掘探方和墓葬分布图

一 墓葬概述

由于墓地位于火焰山北坡根部，干旱少雨，气候及土壤极度干燥，有机质不易腐烂，服饰、木器甚至人体都保存特别好。

现存墓地呈椭圆形，南北长42米，东西宽23米。墓葬分布均匀，排列有序，间隔3—8米。未见打破、叠压现象。少量成人墓旁有儿童袝葬墓。

胜金店墓地的墓葬型制有三种，基本涵盖了吐鲁番盆地史前墓葬的所有型制。一种长方形竖穴二层台墓（A型）。二层台设在长方形的两长边上，距墓口深0.6—0.8米，在二层台上横排圆木或厚木板，尽可能严密地封堵墓室口，继而在横木上覆盖毛毡或用芦苇编织的帘垫。再在毛毡或帘垫上覆盖植物秸秆，其上再用黏土压实。第二种数量最多，为长方形竖穴土坑墓（B型）。直壁，墓口与墓底长、宽相仿。与上一种不同的是篷盖物直接搭建在墓口上。第三种为竖穴偏室墓（C型），这时的竖穴成为墓道，竖穴上口窄长，正底部顺长边留台阶，再向对面掏进成墓室。横切面呈靴形。在墓室口从台阶下向上斜搭成排的木梁，上面铺毛毡或草席，再覆盖植物秸秆，填土。大多数C型墓还用同样的方式在墓道上口即地面上重复搭建棚木，铺芦苇编织的帘子，覆盖植物秸秆，用黏土和成泥后镇压。

葬具主要是长方形四腿木制尸床。长方形边框中有两条横樘，四角各有一只短腿，它们之间都用榫头卯眼接合。上面铺排细木棍或柳树条用皮绳绑紧，有些尸床上还安放一个与其同样大小的长方形拱券顶床罩，床罩用牛皮条和细柳枝捆扎而成，罩上覆盖毛毡。用这样木床的墓在整个墓地相对比较少，大多数墓葬仅仅在墓底铺细沙和植物茎秆。

该墓地主要为单人葬和双人葬，少有三人以上的合葬。双人合葬大多为夫妻合葬墓，也有少量同性合葬墓。墓葬中除了早期被盗扰外，还有一部分墓葬尸骨凌乱，应是墓室中早期进水使尸骨移位。另外发现用皮质衣服包裹的散乱骨骼，这种现象可能是二次葬。被扰乱的墓葬中还发现两层骨架叠压的现象，这是多次打开墓室再葬人所形成。葬式主要有仰身直肢和仰身屈肢，侧身屈肢葬极少。仰身屈肢葬很有特点，上肢微内屈，双手搭在腹部。下肢上屈，双膝外侧各用一根粗芦苇秆支撑住双腿。

随葬器物中的陶器和木质容器多放于人的顶头位置，而长杆木器如弓箭等都顺放在人体右侧，个别弓袋箭囊还悬吊在墓室盖板上。其余的大多数器物都在其生前携带、穿戴和佩戴位置。

二　墓地出土器物

墓地所处的火焰山一带，沙质的土层，干燥少雨的气候，以及封闭的墓室空间，使难以保存的木质、毛皮质器物都悉数保存下来。墓葬中出土了许多木器、骨器、皮革制品和毛织物，还有陶器、铜器、铁器、石器、玛瑙珠、玻璃珠等。木器的器类有碗、杯、盘、钵、豆、桶、刀鞘、簪、锥、扣、橛、纺轮、弓箭、镰刀柄、拐杖、冠饰、假肢等。皮质品主要有皮靴、皮扣、板指、护套、刀鞘、弓袋箭囊、绘有图案的羊皮枕套等。陶器多为素面，有些外施红色陶衣，打磨光洁，器物造型规整。主要有杯、碗、钵、壶、盆、双耳罐等。金属器物有铁刀、铁带钩、铜刀、铜耳环、金耳环、动物纹金饰件等。在墓道或墓口填充物中，还出土了为数较多的小麦、黍、黑果枸杞、芦苇、香蒲、骆驼刺、稗子、虎尾草等植物。

木质冠饰奇特而且多样，其中一件通体用薄木板加工黏合而成，呈四方长筒状，中空。底口近方形，因为四个面中只有一个面是平直的，其他三个面都略弧，向外先鼓出以后又逐渐细收成尖状体，中间略粗，与直面相对的那个斜面上方安装一个三角形"尾鳍"或"翼"——像船之尾舵状的薄木片。下端有双小孔，插入木销钉，固定一枚安装在筒中的木条。木条为一细长方体，上面有条形孔，并缠绕头发，以兹便将木冠饰固定在头顶上。这样的木冠饰为成年男性专用。用于成年女性头上的冠饰有两种，一种是与上述男性相同形状的装饰性器物，用整块生牛皮缝制，整体要小一号，比木质冠饰要轻巧得多，销钉、尾鳍俱全。这种皮冠饰的后面安装两根起支撑固定作用的柽柳棍，从底部一直延伸到顶端。牛皮筒从后面缝合，至二分之一处收小分开，连尾鳍一起包紧粘牢在两根柽柳棍上。出土时置头顶部，里面尚有头发和黑色毛线编织的发网残片。还有另一种冠饰，下部呈圆筒形，用薄木板弯曲粘贴成。顶盖与圆筒组装在一起，口微敞，口沿上有两段突起，薄沿，像一个倒扣的木桶。顶盖中部有两个半圆形或长方形孔，便于发辫从双孔内穿出后打结，好将木桶一样的冠帽稳定在头顶之上。桶顶两侧分别安装一根微曲的圆木棍（冠翅），并向两侧叉开一定角度。木冠冕成型后，通体外包羊皮，并染成黑色，类似于长着动物双角的木冠饰才算做成。上述类似的冠饰都有多件，它们的基本形态和用途、用法也相同。

复合材料制作的假肢是项了不起的发现，当出土并看清它的形状以后，所有在场的人员都惊诧不已，主持发掘工地的李肖教授现场初步推测可能是一具假肢。在检点骨骼做年龄、性别登记时，考古人员发现墓主人左腿骨骼有明显的病变，股骨头颜色不同，更为严重的是该男性的左股骨、胫骨、腓骨、髌骨因骨质增生而牢固地生长在一起并形成锐角，即股骨和胫骨呈70度夹角，有人惊呼：假肢！众人才恍然大悟。

成套的弓、箭和弓套箭囊（古称韬箙、帐，俗称弓箭袋）是胜金店墓地考古发现中的又一个亮点。弓套箭囊出土时用自带的皮带悬系在墓室口木盖板上。弓套箭囊十分豪华，用皮条缝缀在一起，皮带头上系牛角制成的精致角扣，可与宽皮带连接，因此可背在肩上或系在腰间。弓套用羚羊皮缝制，呈梯形，上宽下窄。箭囊实际上是两个圆筒，也用羚羊皮缝制，一长一短，长者带盖，短者敞口。想必不用时，箭保存在带盖的筒内，需要用时把箭放入无盖的短筒中，箭尾向上露出一截，为偶然要用时提取方便。弓为反曲的复合弓。这种弓不仅个体大，力量强劲，而且加工工艺达到了登峰造极的水平。弓箭兼有狩猎工具、作战武器、健身器械多种功能，应特别注重其性能。弓者制弓，一定要按照时令选取六种材料：杆、角、胶、筋、漆、丝，但吐鲁番盆地缺少后两种材料，用鹿皮胶和羊肠衣替代。杆使箭射得远，角使箭射得快，筋使箭射得深，胶使各材聚合为弓身，肠衣使弓身坚固。弓的加工步骤是先制作弓胎（杆），在制弓材料中弓杆最强，所以用韧性最强的绣线菊（俗称兔儿条）木，火烤弯曲成型。牛角是用来支撑弓体的，先将牛角撕开，火烤压平，弯曲成型后两面都划出条纹，以利用胶粘合，粘贴在弓杆的内侧。筋是增加强度的，铺三道在弓杆的外侧。弦反向挂在弓上，烘烤弓体给弓定型。通体再反复缠牛筋、肠衣，刷胶。弓弦用牛筋合成，两端做成固定的环，环上再缠羊皮条，弦的中段也同样要缠皮条，以防过早将弦磨断。

三　2 号墓的发掘

2 号墓（编号：2007TSM2）位于 T7 中部偏东，东北邻 M1，西南邻 M3，并与二者呈南北向排列，方向 300 度。

1. 发掘经过

地表为洪水淤积层，取去 54 厘米厚的这层表土，见到成片的芦苇、麦子、黑果枸杞等草节盖在墓口。取去篷盖物，找到墓口，挖掘竖穴中填充的沙土草屑，至 82 厘米深处陆续见木梁、偏室口和竖穴底部人骨架。侧室内也填满了沙土，首先从北部清理（人的头向），最先见陶双耳罐，又清理出陶单耳杯、复合材料制作的假肢，人骨架和随葬品都暴露无遗。

2. 墓葬结构

像这样的竖穴偏室墓，一般会在偏室口斜搭封盖物。但该墓由于在竖穴底又葬入一人，所以破坏了原来在墓室口的建筑。

竖穴墓道上口搭盖木梁、干草，面积略大于上口。上口呈长圆形，长168、宽76厘米。直壁，深110厘米。顺一长边有侧偏室，中部进深43厘米，高42厘米。墓底平整，呈弧长边、直短边的近长圆形。长168、宽119厘米。横剖面呈靴形（图3）。

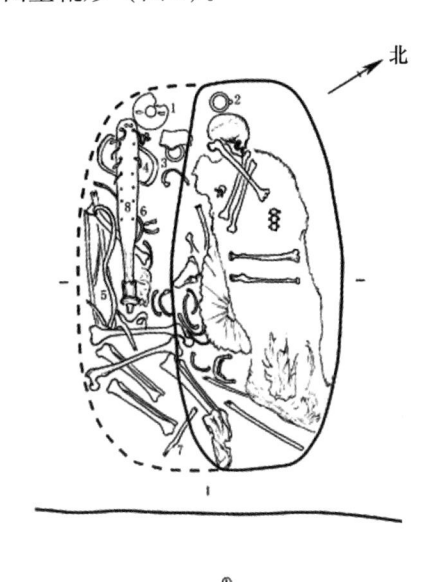

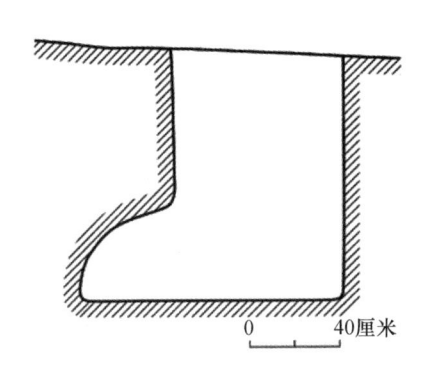

图3　2007TSM2平、剖面图

1. 陶单耳罐；2. 陶单耳杯；3. 陶单耳杯；4. 木盘；5. 复合弓；6. 复合弓；7. 木橛；8. 假肢

3. 人骨架

共葬入2人，从竖穴内骨架下肢叠压在侧室内骨架之上的情形看，竖穴底所埋葬者较晚。A，位于竖穴底，头向西北，面向东，仰身屈肢，头骨和四肢骨在外，其他骨骼都还包裹在毛毡内。B，位于偏室内，头向西北，面向上，仰身屈肢，中年男性，头骨破碎，左下肢骨有病变——股骨、胫骨、腓骨、髌骨由于骨质增生，呈70度角长在了一起，不能活动。

4. 随葬器物

共8件。除2号单耳杯在A头前位置外，还有1件陶单耳杯、1件双耳罐、1件木盘放在B头部，2件复合弓和假肢都顺放在B骨架的右侧，1件木橛在脚下。陶器均为夹砂红陶。

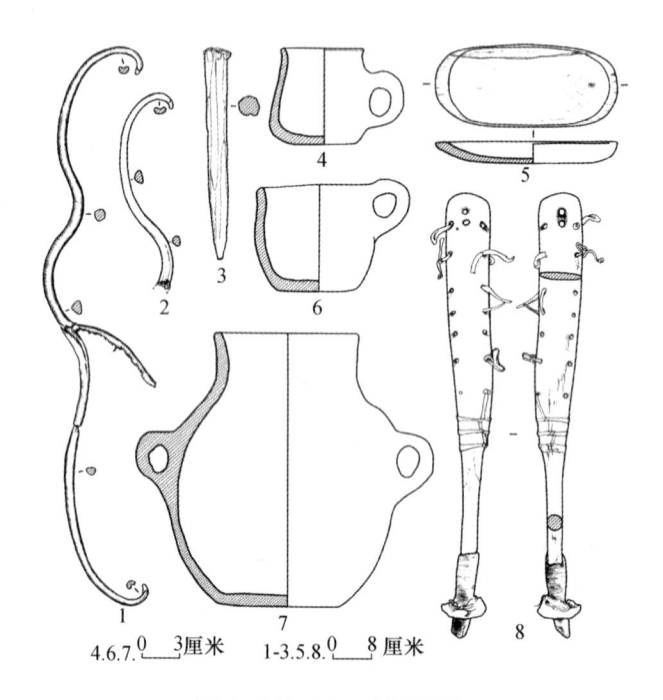

图4　2007TSM2 随葬器物

1. 复合弓（M2：5）；2. 复合弓（M2：6）；3 木橛（M2：7）；4. 陶单耳杯（M2：3）；5. 木盘（M2：4）；6. 陶单耳杯（M2：2）；7. 陶双耳罐（M2：1）；8. 假肢（M2：8）

M2：1. 陶双耳罐，直口，鼓腹，平底。腹部有对称双耳。口径10.8、腹径17.5、底径9.5、高20.5厘米（图4，7）。

M2：2. 陶单耳杯，敞口，鼓腹，平底。沿上单耳，口径9.2、腹径9.5、底径6.5、高8.2厘米（图4，6）。

M2：3. 陶单耳杯，敛口，垂腹，平底。腹单耳，通体抹红色陶衣并磨光。口径6.2、腹径8.4、底径6.4、高7.2厘米（图4，4）。

M2：4. 木盘，椭圆形口，浅腹。用厚木板削成。口长径36.8、短径16.6、高4.2厘米（图4，5）。

M2：5. 复合弓，5弯反曲，中间用1厘米厚的绣线菊木条成型后做骨，内贴牛角片，外粘牛板筋，再缠牛筋绳后刷胶。弓弰三角形，呈倒钩状，以利挂弦，弦已残。弓长112.8、粗径2.2厘米（图4，1）。

M2：6. 复合弓，残段，中间用1厘米厚的绣线菊木条成型后做骨，内贴牛角片，外粘牛板筋，再缠牛筋绳后刷胶。弓弰三角形，呈倒钩状。弓残长39.6、粗径2.2厘米（图4，2）。

M2：7. 木橛，用自然圆木棍削尖，橛尖呈多棱锥体。长42.4、直径4.6厘米（图4，3）。

M2：8. 假肢，用复合材料制作。主体用一块厚榆木板（不确定，疑似桦木）加工而成，通高90.2厘米。上半部为固定板，长52厘米，刚好是使用者股骨的长度。板上部宽8.8、下部宽7.2厘米，中间最厚处2.5厘米，向两边缘渐薄至1厘米。顶端中间竖排2个圆孔，用作皮条伸缩固定贴附在腿上的长短，或固定把手便于左手支撑。两侧各有7枚穿孔，孔中还残存皮绳，用以捆绑在大腿上。假肢中间是连杆，圆柱形，直径3.6厘米。连杆和固定板之间缠三圈用于加固的皮条，并用另一根皮条串连，以避免松动滑脱。底部为支脚，在连杆上套装一个经过加工成形的牛角，牛角套长18厘米，下半截较细，端头呈楔状，利于抓地防滑。在牛角套上穿进一只小马蹄（不确定，疑似驴蹄），用作防陷装置（图4，8）。

四 结语

此次抢救性考古发掘工作取得重大收获。从墓葬形制和出土文物来分析，与吐鲁番盆地发现的苏贝希文化有着强烈的共性。这种文化遗存，在吐鲁番盆地有着广泛的分布，如吐鲁番市的艾丁湖、交河沟北；托克逊县的喀格恰克、阿拉沟；鄯善县境内的三个桥、苏贝希、洋海等。这些文化遗存较早的为青铜时代，晚期已经到了西汉时期。胜金店墓地的碳定年数据为距今2200—2050年，西汉时这里居住的是车师人。

墓葬多为男女成人合葬墓，这种情况很可能是夫妻合葬。墓葬的规模，随葬品的多寡均有较大区别，这有可能是西汉时期车师国的一个家族墓地。

随葬品以木器和皮、毛质制品为主，还有较多的羊、马骨，弓箭用于狩猎和保护畜群，说明当时依然以游牧经济为主。小麦的种植，说明一部分人还从事农业生产活动。

长方拱弧形木床罩，用带毛的牛皮条和柳树枝捆扎而成，上面覆盖毛毡。床罩的样式有可能代表着墓主人生前所居住毡帐的形式。而不是我们通常所认为的那种圆形穹顶，像现代游牧民族所居住的样式。同时这种床罩也有可能是木棺的雏形。

在胜金店墓地发现的木质、皮革制冠饰种类全，保存比较完整，而且出土时都在头前位置。这一点特别重要，因为类似的高尖帽形式的冠饰在洋海墓地、苏贝希墓地、阿拉沟墓地、三个桥墓地均有发现，为确定上述地点同类器穿戴的男、女式、不同年龄式上具有决定性意义。

二号墓出土的假肢做工精巧，能确认它的用途也实属不易。根据木板上部和边孔皮绳的磨损痕迹，可准确复原其使用部位和使用方式（图5）。

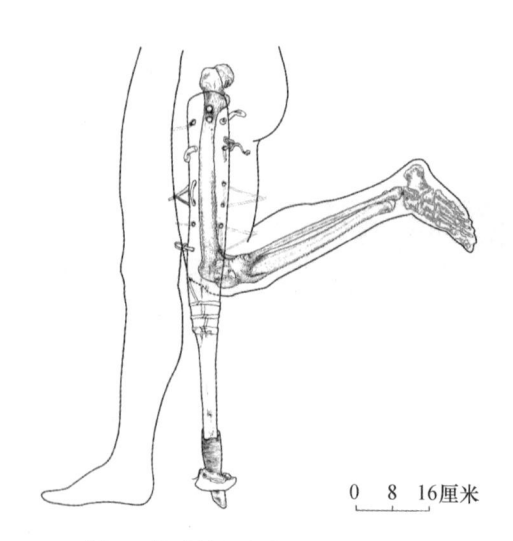

图5 假肢使用部位和方法复原图

墓地所处的吐鲁番盆地具有悠久的木器加工史，我们可以清楚地看到，在距离胜金店墓地不远的洋海墓地和苏贝希墓地，从青铜时代开始，越过早期铁器时代直到汉代，出土的木器都远多于其他质地的器物，尤其是早期墓葬，随葬品中全部为木器，器型也很丰富。生活在这里的人们很早就掌握了砍削、钻孔、雕刻、榫头卯眼、打磨、拼接等技术。加工制作技艺精湛，木器品类齐全，成为生产、生活、宗教、娱乐诸方面不可或缺的工具。了解到这一点，用多种材料制作这样的假肢不存在任何技术上的难题。但还是不由得使人佩服一位残疾人的奇思妙想，毕竟到目前为止，这是在吐鲁番地区发现的唯一一件此类器物，甚至在世界考古发现上也同样是个奇迹。

M2 墓葬照片 　　　　　　　**M2：1 陶双耳罐**

M2：2 陶单耳杯 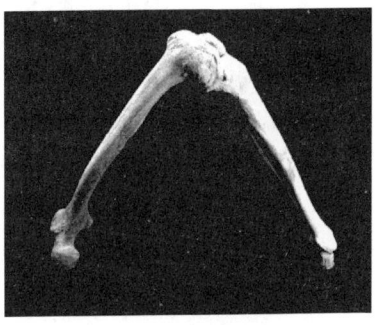　　　　　　**M2 病变腿骨**

M2∶3　陶单耳

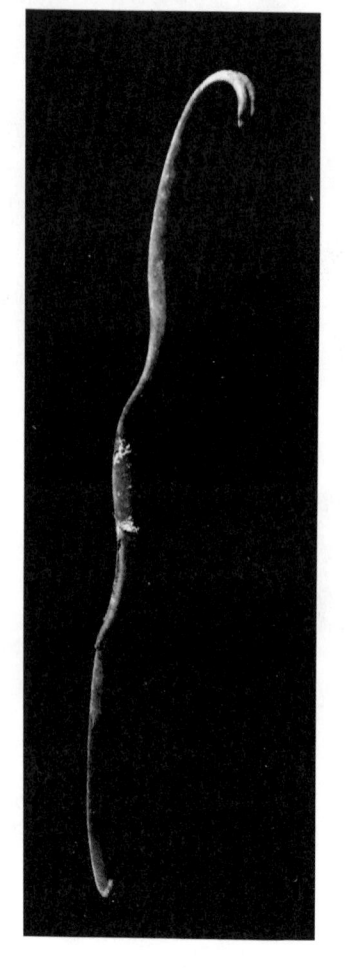

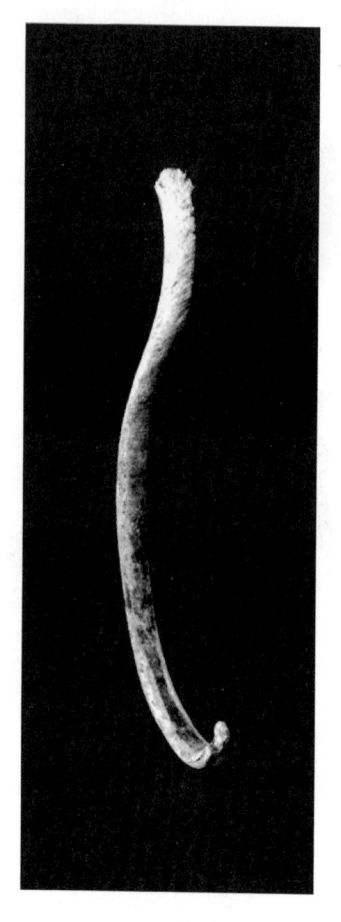

M2∶4　木盘

M2∶5　复合弓

M2∶6　复合弓

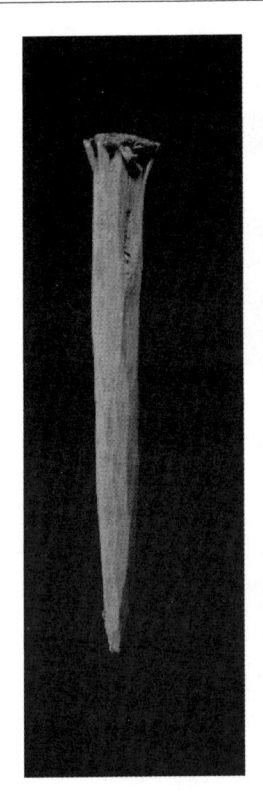

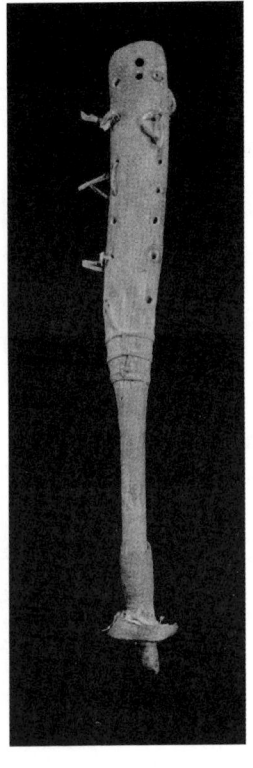

M2：7　木橛　　　　M2：8　假肢（正、背面）

（作者单位：李肖，中国人民大学国学院；张永兵，新疆吐鲁番学研究院）

拜火教与火崇拜*

李 肖

　　1987年，新疆吐鲁番地区鄯善县洋海墓地和达浪坎墓地被盗，新疆文物考古研究所派张铁男研究员会同吐鲁番地区文物管理所前往处理，共收缴清理文物130件并发表了简介。[①] 此后，吐鲁番地区文管所又在农民家里和墓地收回、采集到部分流散文物。[②] 在这次清理中，采集到一件木钵（编号87CYP：108），由于受当时考古发掘资料所限，并未认识到这件器物的重要性，只是当成了一件很普通的圜底木钵登记入库，2010年吐鲁番地区博物馆将其鉴定为馆藏2—3级文物（图1）。该木钵用吐鲁番盆地北侧天山上的雪岭云杉（Schrenk Spruce）制成。由于当时的器物编号随意性较大，除了"87"这个代表1987年发掘年份的数字规范外，第一个字母应该是代表鄯善县的拼音首字母"S"，但这里写成了"C"；第二个字母"Y"是代表洋海墓地的拼音首字倒是没有歧义，按照考古规范第三个字母应该是"墓葬"拼音的首字母"M"，结果却写成了"P"，可能是"被盗墓"的首字拼音，但由于新疆方言"b""p"音不分，所以才出现这种让人不容易搞明白的文物编目。[③] 木钵利用树干的半个侧面整体切削掏挖而成，加工粗糙，平面为圆角长方形，在其长轴方向的两端各

---

　　* 本文为国家社科基金重点项目"新疆地区中西文化交流"（项目批准号：12AZD085）的阶段性成果之一。

　　① 新疆文物考古研究所：《"鄯善古墓被盗案"中部分文物之介绍》，《新疆文物》1989年第4期。

　　② 吐鲁番地区文物局：《鄯善洋海墓地出土文物》，《新疆文物》1998年第3期。

　　③ 此编号的由来是通过请教当时清理这批墓葬的亲历者，现新疆吐鲁番学研究院副研究员张永兵先生后才得以释疑。

有一个凸出部分,为搬动时的手柄。口沿较为平滑,但其中的一侧由于长期使用而磨损凹陷(图2)。底部为圜底,由于长期使用而磨得较为光滑(图3)。由于是清理被盗扰的墓葬,所以这件器物的出土位置、用途、里面的随葬品都不得而知,发掘者可能是由于当时能够对比的材料不多而未做进一步的深入研究。但重新观察后不难发现钵内尚残留有灰烬,内壁和底部有严重烧灼的痕迹(图4、5),甚至在损毁口沿的外侧也能见到烧灼后的碳化部分(图6)。

图1 木钵(87CYP:108)

图2 木钵(87CYP:108)

图3 木钵(87CYP:108)

图4 木钵(87CYP:108)

图5 木钵(87CYP:108)

图6 木钵(87CYP:108)

自从在吐鲁番洋海墓地发现了距今2500年前的大麻实物后①，包括新疆在内的，欧亚大陆中西部古代印欧人群普遍吸食大麻的现象又一次引起学术界的关注，但在吐鲁番洋海墓地里未发现或鉴别出如同阿尔泰－南西伯利亚地区青铜时代墓葬里出土的吸食大麻的工具，成为一个未解之谜。②

2013年，中国社会科学院考古研究所在新疆塔什库尔干县发掘了吉尔赞喀勒墓地（又称"曲曼墓地"），在 M11、M12、M15 号墓葬中出土了木钵状容器，里面放有长期为火烧灼而变黑的十几粒卵石，作者在介绍墓地的文章中称其为木制火坛，是欧亚大陆迄今发现最早最原始的明火入葬火坛（图7、8）。发掘者认为这是在欧亚大陆范围内首次发现距今2500年左右的拜火教遗迹；拜火教起源有波斯或中亚说，这一发现支持了中亚起源说，并有可能把中亚起源地定于塔里木盆地周缘或直接定在帕米尔高原。③

图7　B区M12墓葬，二次葬和木钵　　图8　M2墓葬出土的"火坛"

---

① Jiang He, Li X. et al., "A New Insight into Cannabis Sativa (Cannabaceae) Utilization Feom 2500-year-old Yanghai Tombs, Xinjiang, China", *Journal of Ethnopharmacology*, 2006 (108) 3, pp. 414–422.
② 李肖、吕恩国、张永兵：《新疆鄯善洋海墓地发掘报告》，《考古学报》2011年第1期。
③ 巫新华：《2013年新疆塔什库尔干吉尔赞喀勒墓地的考古发掘》，《西域研究》2014年第1期。

古波斯的琐罗亚斯德教（Zoroastrianism）因为崇拜圣火而被周边其他文明称为拜火教。然而，在欧亚大陆诸多民族，无论其居住地域是在东方或是西方，抑或内亚地区，在其历史发展的早期阶段都有崇拜火的习俗。所以，著名学者林悟殊先生指出："有火崇拜的宗教，未必就是琐罗亚斯德教；有火崇拜习俗的民族，未必就是拜火民族。不过，琐罗亚斯德教特别强调火崇拜，这却是不争的事实。"[①]

古希腊地理学家斯特拉波（Strabo，前64/63—23年），其生活的年代正处于波斯帕提亚王朝（前274—226年）的中叶，他最早记载波斯境内拜火教徒崇拜火庙的习俗，"在卡帕多奇亚地区（Cappadocia）有一种教派，被称为'燃火者'，他们有火庙、围场。火庙正中有火坛，其上有大量灰烬，祭祀使火保持持久不息"。[②]可以看出，拜火教的火坛是建在火庙内的，而不是其他地方，更没有将贮存火种的火罐当作随葬品埋入墓里的任何记载和考古发现。所以，新疆塔什库尔干县吉尔赞喀勒墓地（以下简称该墓地）发现将储存火种的木质容器放在墓里随葬的现象是历史文献和考古发掘都没有记载和证实的事情。

关于琐罗亚斯德教徒丧葬习俗的文字记载，最早可追溯到公元前5世纪，当时希腊的著名学者希罗多德（Herodotus）在其名著《历史》第一卷第一四节中写道："据说波斯人的尸体是只有在被狗或是禽撕裂之后才埋葬的。麻葛僧有这种风俗，那是毫无疑问的，因为他们公然这样实行的。"[③]

拜火教的重要经典《阿维斯陀》中有《梵迪达特》（Vendidad），意思是"驱魔之法"，计有22章，其中第六章记载了拜火教徒处理尸体的方法，也即是驱魔之法。阿胡拉玛兹达要求信徒将尸体"放在最高处让鸟兽啄食，而且要用金属或石块、兽角将尸体头发、双足缚住，否则鸟兽会将其拖入水中或植物中间，玷污大地和水"，对于被鸟兽吃剩下的遗骸应该"放在容器中，避免与兽类接触，也不可玷污雨水。如果无法置办

[①] 林悟殊：《波斯拜火教与古代中国（Zoroastrianism & Ancient China）》，台北：新文丰出版公司1995年版，第51页。

[②] Strabo, *Geography*, XV 3.15 (Loeb Classical Library).

[③] Herodotus, *History* (Loe Classical Library)，参见王以铸译《希罗多德历史》，商务印书馆1985年版。

容器，则可任其安放在地上，让日光来照射"。①

希罗多德记载波斯拜火教徒用狗或禽处理尸体的时代是公元前 5 世纪，和该墓地的时代相当，可见这里的丧葬习俗和拜火教徒存在着巨大的差异。在时代稍晚几个世纪的《魏书》卷一百二十《西域传》"波斯国"条下载道："死者多弃尸于山，一月著服。城外有人别居，唯知丧葬之事，号为不净人，若入城市，摇铃自别。"所以，没有任何记载证明拜火教徒的墓葬如同该墓地这样把逝者未经处理，也没有放入专门容具内的墓葬。再者，拜火教的教义认为将死者直接埋入地下是严重触犯戒律的行为，是必须要处死的重罪。在《小阿维斯陀经》②（Khurtak Avistak）就有"玷污死物（Nasa），将死物在火上烘烤，或将它投入诸水中，或将它埋在地下"，都是要判死刑的重罪。③

根据目前学术界对拜火教的研究，拜火教的创始人琐罗亚斯德生活在公元前 1400—前 1000 年的时代里④，那个时代的拜火教徒其丧葬仪轨虽不像在公元以后那样将遗骸放入纳骨器中，但也是要将尸体搬运至一块平整的坡地或戈壁沙漠，任凭飞禽走兽将尸体吃光，骨殖另行埋葬，免得污染水、火或者其他阿胡拉马兹达的创造。⑤ 所以，该墓地如果是拜火教信徒的墓地，就没有理由不严格按照拜火教的仪轨将遗骸按照教规处理，而是和其他印欧人一样实行土葬。该墓地的遗骨保存完整，二次葬的墓葬所占比例极低，发掘的 41 座墓葬中，只有 3 座是二次葬（即使是二次葬也不能说和拜火教有关），大部分都是完整下葬，此外，将"火坛"埋入墓中则更是玷污圣火的大罪，解释不通。

这个地处帕米尔山东麓塔什库尔干地区的墓地，初步断定其时代是公元前 5 世纪左右，所反映出的考古文化尚处在青铜时代—早期铁器时代，可见其文化发展远远滞后于周边诸文明，甚至落后于塔里木盆地周缘的绿洲文明。在与该墓地相对应的时代里，西侧伊朗高原上已经建立起了波斯

---

① 拜火教经典《阿维斯陀》（Avistak）中的一部分，它摘自其他经典的经文，供每日祈祷时念经之用，见龚方震、晏可佳《祆教史》，上海社会科学院出版社 1998 年版，第 8 页。

② 同上。

③ Dhabhar, Zandi Khurak Avistak, 1963, pp. 132-134.

④ Mary Boyce, Zoroastrians, Their Religious and Practices, London: Routledge & Kegan Paul, 1979, p. 78.

⑤ 龚方震、晏可佳：《祆教史》，上海社会科学院出版社 1998 年版，第 72 页。

阿契美尼德（Achaemenian）王朝（前550—前330年），拜火教已作为国教，在帝国境内风靡流行①。纵观世界文明发展史，任何能够发展成为宗教的信仰毫无例外地都出现在有着深厚文明积淀的地区，而帕米尔高原由于其严苛、贫瘠的自然环境，至今都不是人类宜居之地，所以不具备成为包括拜火教在内的，任何古代宗教的发源地。从考古材料和文献记载来看，原始印欧人（Proto-Indo-Europeans）均实施土葬或火葬，但只有拜火教把逝者放入专门的寂没之塔（dakhma）内让鹰、犬等动物将软组织食尽后，把遗骸放入专门的石函或陶质的纳骨器之中，这是教义的严格规定，没有例外。

最后，新疆地区虽然发现了不少和拜火教有关的，诸如纳骨器等遗物（图9）②，但至今也没有发现寂没之塔（图10）和火坛等遗迹。所以，认为该墓地是拜火教徒的遗存缺乏依据。

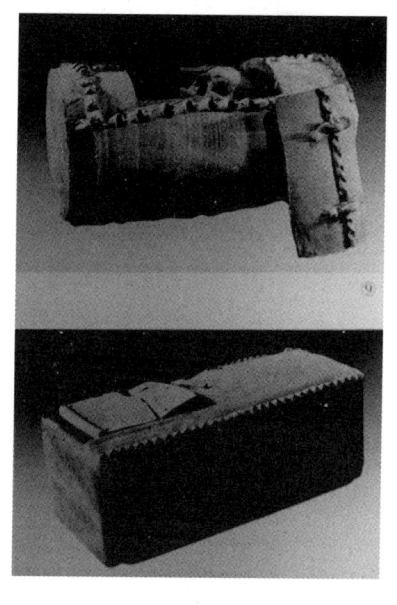

图9 鄯善县吐峪沟出土的纳骨器　　**图10** 伊朗亚兹德（Yazd）的寂没之塔

---

① 林悟殊：《波斯拜火教与古代中国（Zoroastrianism & Ancient China）》，台北：新文丰出版公司1995年版，第2页。

② 祁小山、王博编：《丝绸之路·新疆古代文化》，新疆人民出版社2008年版，第125页。

拜火教崇尚光明和给万物带来生机的水，大约从公元前5000年起，生活在南俄草原上的原始印欧人就将祭水视为重大活动；同样，对光明的载体——火的祭祀也不亚于对水的祭祀，他们每日三次，在晨祷、午祷和晚祷时，将清洁的木材、一些香料和一小块动物脂肪（早期为动物腹内的网膜）等三样祭品投入家里炉灶的火焰中进行祭祀。公元初年，希腊地理学家斯特拉波（Strabo，前64—23年）曾经目睹波斯人祭火，"加入干燥的没有枝权的木柴，把软化的油脂置于火上"[①]，可见祭火仪式并未放在墓葬中进行。

除了祭祀水、火外，他们还向诸神献祭，目的是博得诸神的庇佑，求得今生和来世的福祉，等等。这其中献给诸神的植物祭品有某些植物的汁液、石榴、小麦、蔬果，其中，最主要的是一种称作豪麻（haoma，梵语soma，汉译"苏摩"）的植物。据《阿维斯陀》记载，豪麻为一种绿色植物，种类繁多，多汁多肉，柔韧芳香，遍生于高山幽谷之间，以其酿制的豪麻酒（parahaoma）功效很大，武士饮之可以增加力量和勇气，祭祀饮之将顿生智慧和灵感。豪麻又是草药之冠，可以治疗疾病，有益健康。伊朗-雅利安人把豪麻在石臼里捣烂，取其汁与石榴汁、牛乳调和成豪麻酒，是具有麻醉、兴奋作用的饮品。但是，豪麻究竟为何种植物，祆教经典语焉不详，目前学术界较为认可的观点分为三种：一是认为豪麻为大黄属植物；再就是认为是蛤蟆菌（Amanita muscaria）菌类植物（图11），如沃森（R. G. Wassen）在其大作《苏摩：神圣的仙菌》（1968年）中旁征博引，详加考证，但这种菌类在中亚地区似乎极少分布；1984年，美国加利福尼亚大学的史华兹（M. Schwartz）则考证它为野芸香。[②]但无论是什么成分，豪麻都是榨成汁饮用而不是放在火里熏烟，而且，在《中国植物志》[③]里也未发现在新疆采集到此类植物。所以，到了汉代以后，信仰拜火教的粟特人来到新疆地区，他们在举行祭祀活动时所饮用的豪麻汁里面加入的兴奋剂肯定也不是用上述两类材料制成。反之，欧亚大陆西部直到包括新疆在内的内亚地区，吸食大麻的传统却历

---

① Strabo, *Geography*, XV 3.15 (Loeb Classical Library).
② 史华兹、佛拉瑞特：《苏摩和芸香》，加利福尼亚大学出版社1984年版，第6页。
③ 中国科学院"中国植物志"编辑委员会主编：《中国植物志》，科学出版社2004年版。

史悠久。①

图 11 蛤蟆菌

希罗多德在《历史》第四册中描述道："在葬礼完成之后，斯基泰人会自己清洗一番，他们先涂膏油于头上，然后再清洗掉，最后他们清洗身体。在这些准备工作完成之后，他们就架设三根杆子，上面铺盖一张毡毯，并将这些东西安置牢固，然后在杆子与毛毡之间放一个盆子，再将烧红灼热的石头丢到盆子里。然后斯基泰人便拿着大麻籽爬行入帐，并且将大麻种子放到烧热的石头上，在灼热的石头上会冒出强烈的烟气，这个时候他们开始吸食这些烟气。斯基泰人喜欢这种蒸气浴，他们乐在其中并且兴奋号哭，这是斯基泰人的沐浴。"

在阿尔泰地区巴泽雷克二号墓的墓室内埋有一男和一女，在墓室西南边发现一捆总共有六支的杆子，在这捆杆子的下方有一个方形的四角铜器，铜器之内装有碎裂的石头，这些包有桦树皮的杆子长 122.5 厘米，直径 2—3 厘米，一条小皮带在这些杆子最上端下面 2 厘米处把它们捆绑在一起。在墓室西半边有另外一个铜器，里面同样填放了石头，其上也有以六根杆子所捆绑组成的架子，在这些架子上面覆盖有一张 150×170 厘米的披肩。这张披肩是用作吸食大麻时所需的小幕帐（图 12）。在六根杆子的其中一根杆子上固定着一个皮囊，皮囊内装有大麻籽。容器内的石头之间所残留下来的大麻籽，有些被烧得焦黑，容器的把手用桦树皮包裹着（图 13）。② 对于生活在这一地区的原始印欧人来说，吸食大麻在他们的日常

---

① Herodotus, *History*, IV. 75 (Loe Classical Library).
② 张文玲：《黄金草原：古代欧亚草原文化探微》，上海古籍出版社 2012 年版，第 116 页。

生活与祭祀当中都是很重要的（图14）①，很多学者认为，墓中出土的大麻是作为亡者在另外一个世界里固定使用所需，也不排除为葬礼上举行祭祀仪式所用，但这些解释不通为何在同一墓地里只有极少数墓葬里随葬和吸食大麻有关的物品并且与墓葬的规格无关？通过对新疆鄯善县吐鲁番洋海墓地的研究，这一疑问似乎已经找到最接近事实的答案，那就是随葬上述物品的墓葬，其墓主人生前很可能是专司祭祀的萨满（图15、16）。②

图12 吸食大麻示意图

（张文玲依据 *Zwei Gesichte der Eremintage, Die Skythen und ihr Gold*, Bonn, 1997, S. 159 之图绘制。）

图13 大麻熏炉　　**图14 阿尔泰山－南西伯利亚出土的大麻熏炉**

---

① Gisela Wolf und Frank M. Andraschko und heulen vor Lust, "Der Hanf bei den Skythen", in: *Gold der Steppe, Archaeoloie der Ukraine*, Schleswig, 1991, S. 157–159; Hermann Painger, 2004, S. 52–53.

② 李肖、吕恩国、张永兵：《新疆鄯善洋海墓地发掘报告》，《考古学报》2011年第1期。

拜火教与火崇拜　　　　　　　　　　　　　　　　　　　　　133

图 15　随葬装满大麻叶容器的萨满墓葬　　图 16　装有大麻叶的皮篓

由此可见，无论是鄯善县洋海墓地还是塔什库尔干县吉尔赞喀勒墓地，这类装满烧黑石块的木质容器应该是用来的吸食大麻的工具，而不是拜火教用来贮存圣火火种的火盆。因为这类出土遗物都与萨满和祭祀有关，在祭典当中，萨满通过吸食大麻来达到极度兴奋之态，以期和神灵沟通。从古至今，在波斯以及中亚地区常常可以见到通过吸食大麻来得到萨满式兴奋状态的人们。①

新疆地区在青铜时代—早期铁器时代虽不是拜火教的发祥地，但火崇拜的存在是确凿无疑的。2001 年，俄国著名中亚考古学家马尔沙克（Boris I. Marshak）先生在北大演讲，在会间休息时，笔者专门就新疆及哈萨克斯坦七河流域等地出土的祭火铜盘是否为拜火教遗物请教时，老先生的回答是："这些都属于火崇拜而非拜火教。"正如前文引用林悟殊先生的话："有火崇拜的宗教，未必就是琐罗亚斯德教；有火崇拜习俗的民族，未必就是拜火民族。不过，琐罗亚斯德教特别强调火崇拜，这却是不争的事实。"在吐鲁番的阿拉沟古墓中就出土了祭火的铜盘（图 17）。②

---

① Gisela Wolf und Frank M. Andraschko, 1991, S. 157、159.
② 龚方震、晏可佳：《祆教史》，上海社会科学院出版社 1998 年版，第 131 页。

这些年来新考古材料的涌现更加证实火崇拜的普遍存在。吐鲁番胜金店墓地为战国末至汉代初期当地居民的墓地。在墓地规模最大、规格最高的M13号墓葬里出土一盏苇灯（图18），位于墓室壁北端（图19）。苇灯紧贴墓壁，下葬前点燃，随着墓室封闭缺氧而熄灭。

图17　吐鲁番阿拉沟古墓里出土的铜盘

图18　泥座苇灯

图19　M13墓室

生活在欧亚草原地区的原始印欧人普遍存在拜火的习俗，只是部分文化发达地区演化成了宗教——拜火教，而其他地区由于社会生产方式等原因，仍然停留在火崇拜阶段，一直到了历史时期这种古老的习俗才为宗教习俗所取代。到了突厥时期大概是有了认祖归宗的想法，其上层开始向拜火教靠拢，至少在形式上如此。

图1—6，摄影者周芳；图7—8，摄影者巫新华；图9，摄影者祁小山；图10，摄影者李肖

此文的完成得到了新疆吐鲁番学研究院张永兵先生，新疆吐鲁番市博物馆周芳、马丽萍女士，中国科学院植物研究所李金峰先生，中国社会科学院考古所巫新华先生的帮助，在此一并表示诚挚的感谢。

（作者单位：中国人民大学国学院）

新疆出土铜鍑的初步科学分析

梅建军　王博　李肖

铜鍑是欧亚草原游牧民族所特有的一种容器,它既可能用作炊具,也可能是祭祀活动中的礼仪用器。它在欧亚草原上的大量出现大致始于公元前第一千纪前期,与骑马游牧部落在草原地带的兴起似有很密切关系。关于中国北方和西北地区出土的铜鍑,已有很多学者做过深入地研究[①],使我们对铜鍑的类型、分布、年代及传播有了很多新的认识和了解。但是,迄今为止,还很少有人从冶金学分析的角度来研究古代的铜鍑。本文所报告的对五件新疆出土铜鍑的分析,仅是一个初步的尝试,旨在引起学术界的重视,以推动冶金考古研究工作的开展。由本文的工作可以看到,冶金学分析不仅能提供有关铜鍑化学成分及制作工艺方面的信息,而且能提出一些新的问题,促使我们从多种角度去探讨铜鍑所反映出的文化背景及联系。

---

① 关于中国北方和西北地区出土铜鍑的研究,可参见以下文献:
　a. 田广金、郭素新编著:《鄂尔多斯式青铜器》,文物出版社 1986 年版,第 145—149 页;
　b. 刘莉:《铜鍑考》,《考古与文物》1987 年第 3 期,第 60—65 页;
　c. 冯恩学:《中国境内的北方系东区青铜釜研究》,《青果集》,吉林大学编,知识出版社 1993 年版,第 318—328 页;
　d. 高浜秀:《中国の鍑》,《草原考古通信》1994 年第 4 号,第 2—9 页;
　e. Miklos Erdy, "Hun and Xiong-nu Type Cauldron Finds throughout Eurasia", *Eurasian Studies Yearbook*, 1995, 67, pp. 5-94;
　f. 王博、祁小山:《新疆出土青铜鍑及族属分析——兼谈亚欧草原青铜鍑》,《丝绸之路草原石人研究》,新疆人民出版社 1996 年版,第 276—294 页;
　g. 郭物:《青铜鍑在欧亚大陆的初传》,《欧亚学刊》1999 年第 1 辑,第 122—150 页。

一 关于新疆出土铜鍑的类型与年代

就目前所看到的资料而言，新疆出土的铜鍑总数已有三十多件（见表1），其中多数年代可定在公元前一千纪中期左右，个别年代可晚至公元2、3世纪。除两件发现于南疆的西部天山南麓以外，其余的铜鍑都出自北疆地区，主要集中在天山北麓一带如巴里坤和伊犁，以及阿尔泰山地草原区。[①] 这些地区均有大片的草场，适于畜牧业的发展。因此，从新疆出土铜鍑的分布来看，铜鍑在北疆的出现和广泛使用应与公元前第一千纪初期游牧经济在该地区的兴起有联系。

关于新疆出土铜鍑的类型划分，学者们已有一些初步地探讨，大体上都是依据鍑耳的位置和形态来划分，也兼顾到圈足的形态。[②] 本文为讨论方便，不拟对铜鍑类型作过细地划分，只考虑几个大的类别，大致有如下四种：Ⅰ型铜鍑的特点是一对环状耳直立于口沿上，或可称作立耳鍑（见图1）；Ⅱ型铜鍑则以双耳设于肩部或上腹部为特征，或可称作肩耳鍑（图2：1—3、5、7）；Ⅲ型铜鍑与前三类铜鍑明显不同在于足部，它有三足，而不是一般所见的单个喇叭形圈足，或可称作"三足鍑或釜"（图2：6）；Ⅳ型铜鍑可能自Ⅰ型演进而来，其特异处在于一对方形立耳及其上的"蘑菇"形装饰（图2：4）。该型铜鍑目前在新疆仅见一件，年代一般定在公元2到4世纪，较之前两类铜鍑要晚得多。

值得注意的是，尽管新疆出土的铜鍑可以粗略划作四个主要的类型，它们的大小尺寸、外形及装饰细节却存在很大的差异，还没有发现两件完全相同的铜鍑，这表明这些铜鍑的来源很可能是多种多样的。Ⅰ型铜鍑在类型上中国北方及南西伯利亚出土的铜鍑很相似，后者的年代一般认为在

[①] 王博、祁小山：《新疆出土青铜鍑及族属分析——兼谈亚欧草原青铜鍑》，《丝绸之路草原石人研究》，新疆人民出版社1996年版；龚国强：《新疆早期铜器初论》，《考古》1997年第9期，第7—20页；岳峰等编：《新疆文物古迹大观》，新疆美术摄影出版社1999年版，第252、270页。

[②] 参见王博、祁小山《新疆出土青铜鍑及族属分析——兼谈亚欧草原青铜鍑》，《丝绸之路草原石人研究》，新疆人民出版社1996年版，第292—294页；郭物《青铜鍑在欧亚大陆的初传》，《欧亚学刊》1999年第1辑；张玉忠、赵德荣《伊犁河谷发现的大型铜器及有关问题》，《新疆文物》1991年第2期，第42—48页；王林山、王博编：《中国阿尔泰山草原文物》，新疆美术摄影出版社1996年版，第88页。

公元前 8 世纪到前 4 世纪①，因此，新疆所出的 I 型铜鍑大体上也可定在这一年代范围内，唯有阿勒泰富蕴县沙尔布拉克所出的铜鍑或为例外，其圈足镂空，带有附耳（图 1：2），年代当晚一些；有些研究者把此件铜鍑视为一个单独的类型，也是可行的。②

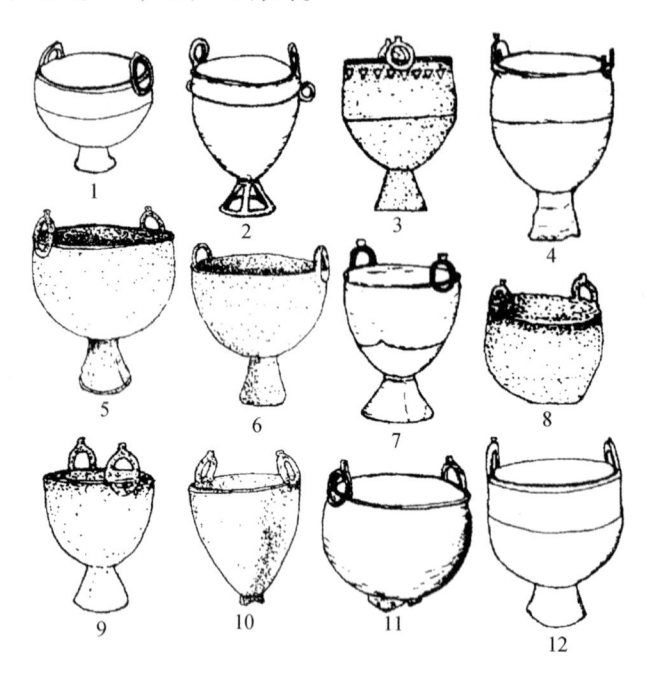

图 1　新疆出土的 I 型铜鍑

1. 出自阿勒泰哈巴河铁热克提；2. 出自阿勒泰富蕴沙尔布拉克；3. 出自伊犁巩留；4. 出自伊犁新源肖尔布拉克；5. 出自阿克苏温宿；6. 出自喀什疏附；7. 出自哈密巴里坤兰州湾子；8. 出自哈密巴里坤大河；9. 出自哈密巴里坤南湾；10. 出自哈密巴里坤红山；11. 出自乌鲁木齐；12. 出自昌吉奇台坎尔孜（1，2，4，7，11，12，引自王博、祁小山《丝绸之路草原石人研究》，新疆人民出版社 1996 年版，第 290 页，图 11；3，引自张玉忠、赵德荣《伊犁河谷发现的大型铜器及有关问题》，《新疆文物》1991 年第 2 期，第 41 页，图 1；5，6，8—10，作者据照片绘制）。

---

①　参见刘莉《铜鍑考》，《考古与文物》1987 年 3 期；高浜秀《中国の鍑》，《草原考古通信》1994 年第 4 号；N. L. Chlenova, "On the Degree of Similarity between Material Culture Components within the 'Scythian World'", In: *The Archaeology of the Steppes: Methods and Strategies*, Bruno Genito ed., Napoli: Istituto Universitario Orientale, 1994, p. 506。

②　参见王博、祁小山《新疆出土青铜鍑及族属分析——兼谈亚欧草原青铜鍑》，《丝绸之路草原石人研究》，新疆人民出版社 1996 年版，第 292—294 页；龚国强《新疆早期铜器初论》，《考古》1997 年第 9 期。

Ⅱ型和Ⅲ型铜鍑或釜在型制上则与西边哈萨克斯坦之七河地区的发现颇为相近，苏联学者把七河地区所出的铜鍑划归塞克或塞人文化，年代定为公元前 7 至前 4 世纪①或公元前 5 至前 3 世纪②。形态上的相似性表明新疆发现的Ⅱ型和Ⅲ型铜鍑也可视作塞人的文化遗存，年代当在公元前 7 至前 3 世纪。在Ⅱ型铜鍑中，奇台县碧流河所出的一件型制甚为特别，其尺寸硕大，口沿外翻，双耳有"三只脚"与鍑体相连（图 2：2）。带有这种"三脚耳"设计的铜鍑尚未见于七河地区，但在南西伯利亚却有发现。③ 看来碧流河的这件铜鍑可能不宜视作"塞人"铜鍑，而应划作单独的一类，其与南西伯利亚的发现或存在某种联系。这一问题后文还将论及。

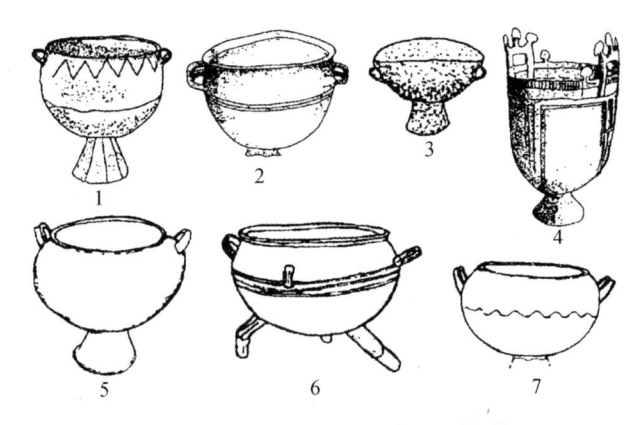

图 2　新疆出土的Ⅱ，Ⅲ和Ⅳ型铜鍑

1. 出自阿勒泰哈巴河塔勒恰特；2. 出自哈密巴里坤南湾；3. 出自伊犁新源；4. 出自石河子；5. 出自昌吉奇台碧流河；6. Ⅳ型，出自乌鲁木齐南山矿区；7. Ⅲ型，出自伊犁新源（1，2，引自王博、祁小山《丝绸之路草原石人研究》，新疆人民出版社 1996 年版，第 290 页，图 11；3—6，作者据照片绘制；7，引自李肖、党彤《准噶尔盆地周缘地区出土铜器初探》，《新疆文物》1995 年第 1 期，第 44 页，图 3)。

---

①　K. A. Akishev & G. A. Kushayev, *Drevnyaya Kul'tura Sakov i Usuney d. r. Ili*（《古代伊犁河流域塞克和乌孙的文化》），Alma-Ata：Nauka，1963.

②　A. N. Bernshtam, "Osnovnye etapy istorii kul'tury Semirech'ya i Tyan'-Shanya"（《谢米列契及天山历史文化发展的主要阶段》），*Sovetskaya arkheologiya*（《苏联考古学》），1949，11，pp. 337–338.

③　承俄国学者德米登科（S. V. Demidenko）博士惠告并展示照片，谨此致谢。

Ⅳ型铜鍑在新疆虽仅发现一件，但意义却不容低估。类似的铜鍑在东欧地区有大量发现，新疆的这一件很可能是这类铜鍑分布最靠东的。学者们已经注意到这类铜鍑的分布地域与匈奴的活动及西迁路线相吻合，故把这类铜鍑定为匈奴铜鍑。① Erdy 认为新疆的这件铜鍑是同类铜鍑中较早的，是公元 2 世纪前后在阿尔泰山附近发展起来的一种地方类型，为匈奴西迁前所遗。② 换言之，这件铜鍑是匈奴早期在新疆活动的重要实物见证。也有学者对此持不同看法，认为该铜鍑的年代较晚，是公元 4 世纪下半叶由东欧回传至新疆的。③

表1　　　　　　　　　新疆发现的各类铜鍑④

序号	发现地点	尺寸（厘米）	类型	图示
1	阿勒泰哈巴河铁热克提	高：25.1；口径：20.7—21.8	Ⅰ	1：1
2	阿勒泰富蕴沙尔布拉克	高：37.2；口径：27—28	Ⅰ（?）	1：2
3	伊犁巩留	高：61；口径：38	Ⅰ	1：3
4	伊犁尼勒克	高：34；口径：26.5	Ⅰ	
5	伊犁霍城	高：56.4；口径：36.7—41.7	Ⅰ	
6	伊犁新源肖尔布拉克	高：76；口径：40.5	Ⅰ	1：4
7	伊犁特克斯	高：60；口径：51	Ⅰ	
8	阿克苏温宿	高：50；口径：33.2	Ⅰ	1：5
9	喀什疏附	高：57；口径：46；底径：17	Ⅰ	1：6
10	哈密巴里坤兰州湾子	高：50.5；口径：33	Ⅰ	1：7

---

① 王博、祁小山：《新疆出土青铜鍑及族属分析——兼谈亚欧草原青铜鍑》，《丝绸之路草原石人研究》，新疆人民出版社1996年版，第292页。

② Miklos Erdy, "Hun and Xiong-nu Type Cauldron Finds throughout Eurasia", *Eurasian Studies Yearbook*, 1995, 67, p.46.

③ 郭物：《青铜鍑的起源及其在欧亚大陆的传播》，硕士学位论文，北京大学，1995年，第22页。

④ 此表据以下文献资料辑成：张玉忠、赵德荣《伊犁河谷发现的大型铜器及有关问题》，《新疆文物》1991年第2期；王博、祁小山《新疆出土青铜鍑及族属分析——兼谈亚欧草原青铜鍑》，《丝绸之路草原石人研究》，新疆人民出版社1996年版，第289—292页；龚国强《新疆早期铜器初论》，《考古》1997年第9期；岳峰等编《新疆文物古迹大观》，新疆美术摄影出版社1999年版，第252、270页；郭林平《新疆尼勒克县发现古代铜鍑》，《文博》1998年第1期。

新疆出土铜鍑的初步科学分析　　　　　　　　　　　　　　141

续表

序号	发现地点	尺寸（厘米）	类型	图示
11	哈密巴里坤大河	残高：36	I	1：8
12	哈密巴里坤南湾	高：约50	I	1：9
13	哈密巴里坤红山	残高：35.5；口径：22	I	1：10
14	乌鲁木齐	高：51；口径：33	I	1：11
15	昌吉奇台坎尔孜	高：56.5；口径：30	I	1：12
16	阿勒泰哈巴河塔勒恰特	高：49；口径：40.4	II	2：1
17	哈密巴里坤南湾	残高：26.7；口径：29；腹径：32	II	2：2
18	伊犁新源	高：57.5；口径：42	II	2：3
19	伊犁昭苏	残高：31；口径：47	II	
20	伊犁霍城	高：48.5；口径：39.8—45.7	II	
21	伊犁巩留莫合尔	高：40；口径：41	II	
22	伊犁特克斯阿克图乎勒	高：41；口径：38	II	
23	伊犁特克斯喀甫萨朗	高：47；口径：47.5	II	
24	石河子	高：19.5；口径：19—24	II	2：4
25	乌鲁木齐	高：约30	II	
26	昌吉奇台碧流河	高：约50	II（？）	2：5
27	塔城	仅余圈足，高：11；口径：15	I，II（？）	
28	乌鲁木齐南山	高：57；口径：39	IV	2：6
29	伊犁尼勒克	不详	III	
30	伊犁新源	高：44.5　口径：42	III	2：7

　　新疆地处东西交通要径，所出文化遗物上也多呈东西文化混融的特征，这在铜鍑的发现上表现尤为突出，如 I 型跟欧亚草原东部所见铜鍑的相似，II 型和 III 型跟西方塞人铜鍑的联系。有学者认为新疆的铜鍑发现表明，新疆北疆地区在铜鍑由东向西传播的过程中起到了中介作用。[①] 这无疑是一个很大胆的论断，只是要具体论证铜鍑传播和演化的历程，现有的资料还是远远不够的。也有学者主张铜鍑起源于西方，如伊朗高原

---

① 郭物：《青铜鍑在欧亚大陆的初传》，《欧亚学刊》1999 年第 1 辑。

或外高加索一带，那里见有较早的锻造制成的圈足铜鍑。[①] 但演进的轨迹如何亦尚乏证据说明。铜鍑的起源及欧亚草原东西两端出土铜鍑的关系还有待更深入的比较研究。值得注意的是，新疆所出Ⅰ型和Ⅱ型铜鍑大多为素面，即便个别铜鍑有一些装饰，也多为很简单的波浪线或三角形。这种不事装饰的倾向与黑海沿岸地区斯基泰人装饰繁复的铜鍑形成了鲜明的对比。

二　铜鍑的初步科学分析

我们对五件取自不同铜鍑的样品进行了金相检验和成分分析。这五件铜鍑的出土地点、类型及年代列于表2。分析手段包括金相显微镜和扫描电子显微镜及能谱分析仪。分析方法是通过金相和扫描电子显微镜观察铜器的显微组织，以判定其制作和加工工艺；用能谱分析仪测定铜器的化学成分，以确定其材质并推测其冶炼工艺。所取样品经镶嵌、磨光和抛光后，用三氯化铁盐酸溶液浸蚀以显出微观组织，而后即可用于金相观察、照相和成分分析。需要指出的是，能谱分析是一种微区分析方法，对一般的铜合金而言，分析结果大体上与合金的真实成分相吻合，但在某些情形下如铅含量较高时，分析结果可能会存在一些偏差。

表2　　　　　　　五件新疆铜鍑样品的出土地区及年代

样品号	出土地区或地点	年代	类型	图示
107	伊犁新源	750—200 BC	Ⅲ	2∶7
108	哈密巴里坤南湾	700—200 BC	Ⅱ	2∶2
109	乌鲁木齐	100—400 AD	Ⅳ	2∶6

[①] See N. L. Chlenova, "On the Degree of Similarity between Material Culture Components within the 'Scythian World'", In: *The Archaeology of the Steppes: Methods and Strategies*, Bruno Genito ed., Napoli: Istituto Universitario Orientale, 1994, p. 506; Emma C. Bunker, *Ancient Bronzes of the Eastern Eurasian Steppes from the Arthur M. Sackler Collections*, New York: The Arthur M. Sackler Foundation, 1997, p. 178.

续表

样品号	出土地区或地点	年代	类型	图示
118	塔城①	800—400 BC	Ⅰ or Ⅱ？	
123	昌吉奇台碧流河	800—400 BC	Ⅱ	2：5

金相检验表明，五件样品均为铸造组织，而且未经进一步地捶锻加工。107号样品的显微组织（图3）由相对较大的多边形α固溶体晶粒构成，并有较多的铸造气孔，呈黑色点块状；还有一些细小的颗粒状夹杂物，多呈灰色，经能谱分析计有三类：一类是铅、锑和铋的氧化物（Pb 34.0%，Sb 31.3%，Bi 5.27%，O 12.7%，Cu 11.6%），第二类是锡的氧化物锡石（SnO_2，Sn 75.9%，O 19.9%，Cu 4.2%），第三类是铜器中常见的夹杂物硫化亚铜（Cu_2S，Cu 81.2%，S 18.8%）。有趣的是有些硫化亚铜颗粒与锡石颗粒熔合在一起（图4），这一现象似与冶炼过程的化学反应有关。其他四件样品的显微组织均为枝晶偏析结构（图5—8），其中108号样品的偏析不很明显（图5），有很多弥散分布的夹杂物，它们是块状的硫化铜、铁颗粒及圆球状的铅颗粒；118号样品取自铜鍑的足部，其枝晶偏析组织（图7）跟109号样品（图6）比显得很杂乱，不仅有很多较大的铸造气孔，而且有大量的硫化亚铜夹杂颗粒（Cu_2S，Cu 81.0%，S 19.0%）；少量的硫化亚铜夹杂物在109号和123号样品的显微组织（图6、8）中也能观察到。

---

① 此样取自塔城所出铜鍑的圈足部，原器器身已不存，仅余圈足，故原器所属的类型不明。此器在最初的研究报告中被定名为"平底铜盆"，经新疆文物考古研究所于志勇和吕恩国等先生提示，注意到此器用作圈足的证据，故在此更正，并向于志勇和吕恩国等先生表示感谢。与此器相关的研究报告请参见：(1) 李肖、党彤《准噶尔盆地周缘地区出土铜器初探》，《新疆文物》1995年第1期，第40—51页；(2) Mei Jianjun, Colin Shell, Li Xiao & Wang Bo, "A Metallurgical Study of Early Copper and Bronze Artefacts from Xinjiang, China", *Bulletin of the Metals Museum*, 1998, Ⅱ (30), pp. 1-22。

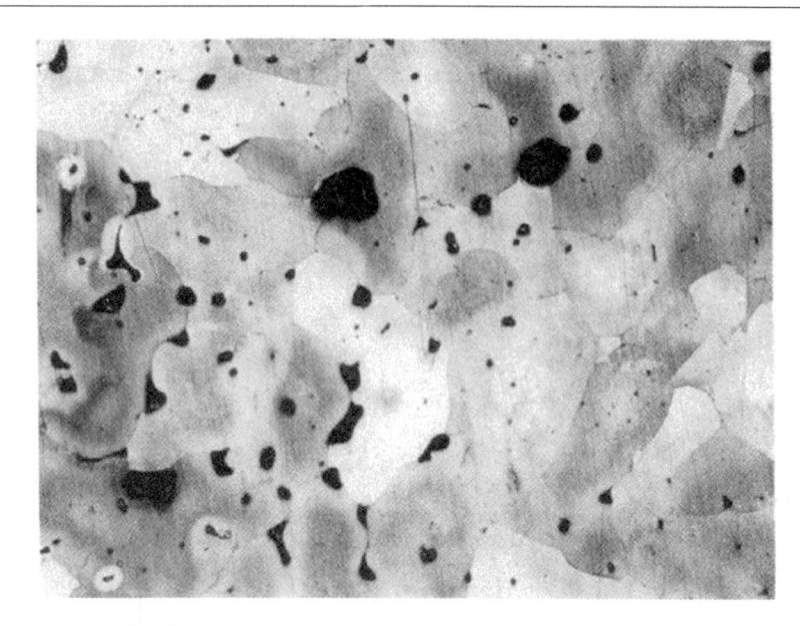

图3 伊犁新源所出Ⅲ铜镞（107号）的金相组织，由相对较大的多边形α固溶体晶粒构成，并有较多的铸造气孔及灰色颗粒状夹杂物。225倍

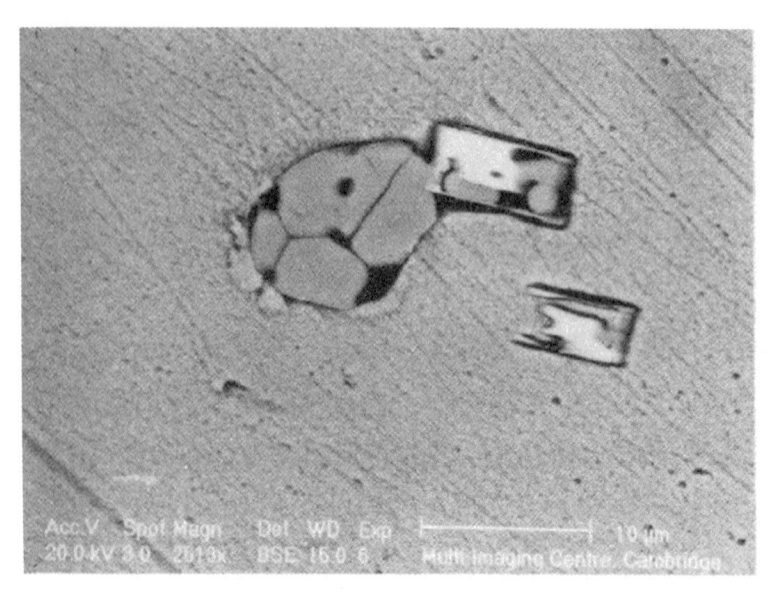

图4 伊犁新源所出Ⅲ铜镞（107号）显微组织的背反射电子像，显示硫化亚铜颗粒与锡石颗粒熔合在一起形成的夹杂物相

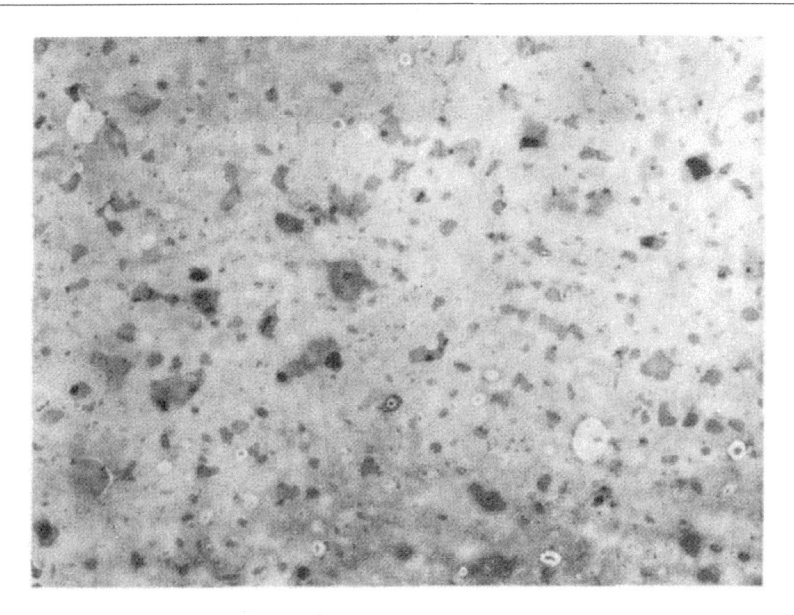

图5 哈密巴里坤南湾所出Ⅱ型铜镞（108号）的金相组织，显示铸造结构，但枝晶偏析不很明显，夹杂物较多，呈弥散分布。225倍

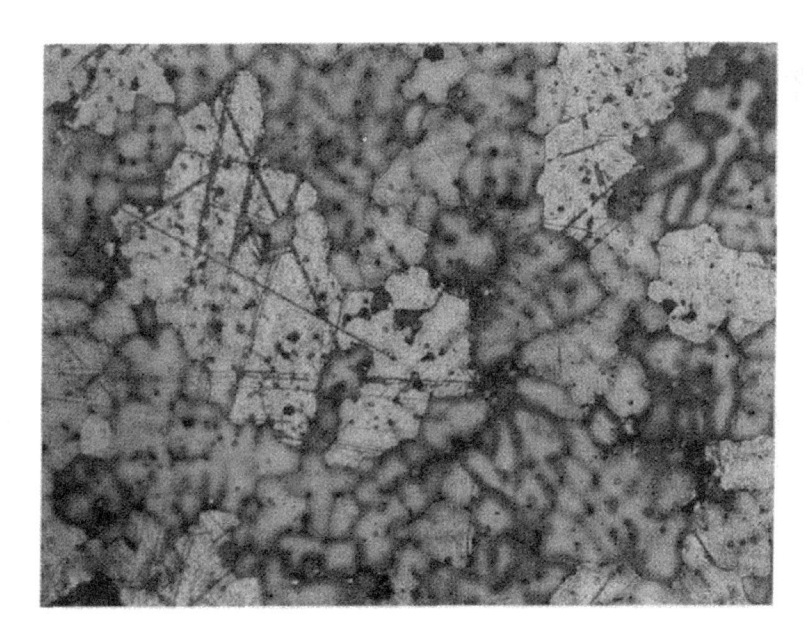

图6 乌鲁木齐南山矿区所出Ⅳ型铜镞（109号）的金相组织，显示典型的铸造枝晶结构。225倍

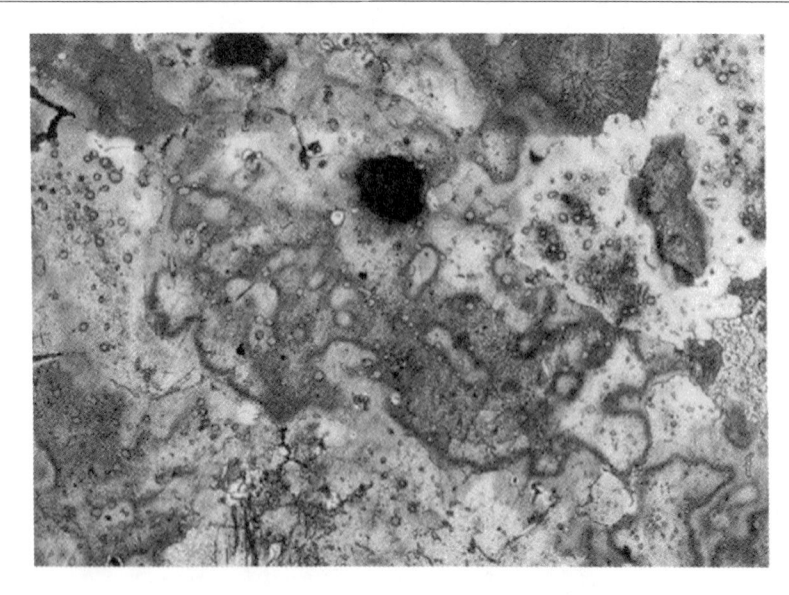

图 7 塔城所出 II 型铜鍑（118 号）的金相组织，显示典型的铸造枝晶结构，有很多较大的铸造气孔以及大量的硫化亚铜夹杂颗粒。225 倍

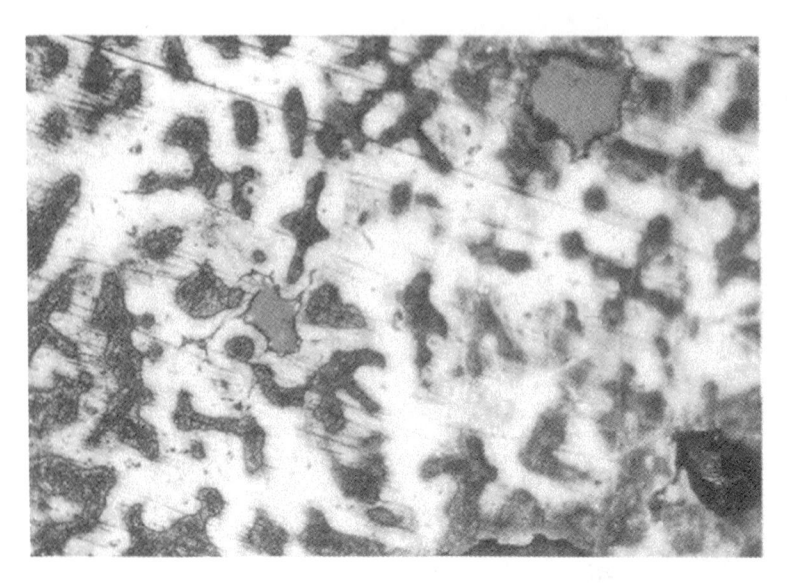

图 8 昌吉奇台碧流河所出铜鍑（123 号）的金相组织，显示典型的铸造枝晶结构，有少量灰色的硫化亚铜夹杂颗粒。225 倍

五件样品的化学成分经电镜能谱分析所获结果列于表3。

表3　　　　新疆铜鍑样品的化学成分分析结果（%重量）

样品号	Cu	Sn	Pb	As	Sb	S	O	合金类型
107	98.6	det.	det.	n.d.	det.	det.	1.8	Cu（O）
108	97.2	n.d.	det.	n.d.	1.2	0.5	Fe（det.）	Cu-Sb（S, Fe）
109	94.9	2.9	2.3	n.d	n.d.	Cl（det.）	det.	Cu-Sn-Pb
118	98.7	n.d.	n.d.	n.d.	n.d.	1.3	det.	Cu（S）
123	96.4	n.d.	n.d.	2.2	1.5	det.	n.d.	Cu-As-Sb

注：在此表中，n.d.表示没有检测到，det.表示已被检测到。本项实验检测工作于1998年初完成于英国剑桥大学考古系。

由表3可以看到，四件早期的铜鍑（样号107、108、118和123）均用铜或含少量砷、锑或硫的铜铸成，而唯一的一件晚期的Ⅲ型铜鍑则用铜锡铅合金铸成。108和118号样品含有大量的硫化铜夹杂物，可能表明铜料是用硫化铜矿冶炼得到的。早期铜鍑采用铜而非锡青铜铸造的原因目前还不清楚，但看来是与当时当地可供利用的铜矿资源或铜料来源有关。值得注意的是，出自奇台碧流河和巴里坤南湾的两件铜鍑（样号123和108）都含有少量的锑（Sb1.0%—1.5%），奇台和巴里坤均位于天山北麓，相对而言相去不是太远，这是否暗示着在东部天山的北麓存在一处含锑的铜矿呢？这个问题值得进一步地研究。

奇台碧流河所出的铜鍑不仅含锑，还含少量的砷，这也是值得注意的。前已提及，奇台的这件铜鍑耳部设计颇有特点，呈"三只脚"形状（图2：2），带有这种耳部造型的铜鍑在南西伯利亚也有发现。这种型制上的遥相对应似乎也得到了科学分析的支持，因为铸造奇台铜鍑所用的铜砷锑三元合金在南西伯利亚公元前一千纪晚期曾得到广泛地使用，尤其是用于铸作带动物纹饰的腰带饰牌。[①] 此外，近期的分析还发现，克里雅河流域出土的一件残铜块（XJ132）为含铅的锑砷青铜，分析者认为该锑砷

---

① M. A. Devlet, "Sibirskie Poyasnye Plastiny, II v. do n. e. – I v. n. e."（《西伯利亚透雕带饰，公元前2世纪—公元1世纪》），*Arkheologiya USSR*, D4-7, Moscow: Nauka, 1980, 32-33.

青铜可能与新疆以西地区的冶金技术有联系。①

令人感兴趣的是，在南西伯利亚发现的大多数铜鍑也都用铜而不是锡青铜铸成。根据 Bogdanova-Berezobskaya②的研究，在 20 件被分析的铜鍑中，13 件为纯铜制成，5 件为含砷 1%—1.5% 的砷铜，剩余两件分别为铜锡和铜锡铅合金。但就工具和武器如刀、镰刀和短剑而言，则多以锡青铜或砷铜制作。这样看来，在公元前一千纪的南西伯利亚，很可能是有意识地选择铜而不是锡青铜来铸作铜鍑的。至于新疆的情形是否也是如此，尚需做更多的分析工作。

出自伊犁新源的三足鍑或釜（Ⅲ型）在外型上与中原地区商周时期的三足青铜鼎颇有相似之处。早有学者推测这种相似或意味着铸造技术由东相西的传播。③另外，在有些新疆铜鍑的表面，可以清楚地看到范线的遗迹，表明容器的制作采用了分范合铸的技术工艺。这一工艺的源流也同样要追溯到中原地区。然而，有关铜鍑的铸造工艺目前尚乏深入的探讨，如鍑耳及鍑足的铸造、范型的设计及组合等问题都不甚明了。日本学者高浜秀曾注意到有些铜鍑的表面仅见横向的范线，而不见纵向的范线，这就为分范的方式提出了问题，有待深入地考察和探讨。④还应看到的是，带三足的铜鍑似仅流行于伊犁和相邻的谢米列契地区，为该地区的塞人文化所特有，而罕见于其他地区，尤其是中原和新疆之间的地区，这也为追溯文化联系的途径带来了困难。与新源的三足铜鍑同出的两件对兽铜环经鉴定均为锡青铜⑤，而这件铜鍑却为红铜，表明铜鍑和铜环虽都可划归塞人文化，但铸器所用的铜料却来源不同，或许它们根本上就制作于或来源于

---

① 北京科技大学冶金与材料史研究所等：《新疆克里雅河流域出土金属遗物的冶金学研究》，《西域研究》2000 年 4 期，第 6—7 页。此文还提到哈密黑沟梁墓地出土有含砷锑的红铜或锡青铜器物，应予注意。

② I. V. Bogdanova-Berezovskaya, "Himicheskiysostav metallicheskih predmetov iz Minusinskoy kotloviny"（《米奴辛斯克河谷所出工具的化学成分》），In：*Novie Metodi v Arheologicheskih Issledovaniyah*（《考古研究的新方法》），Moskow：Leningrad，1963，136，153.

③ A. N. Bernshtam, "Osnovnye etapy istorii kul'tury Semirech'ya i Tyan'-Shanya"（《谢米列契和天山历史文化发展的主要阶段》），*Sovetskaya arkheologiya*（《苏联考古学》），1949，11，351-352；安志敏：《塔里木盆地及周缘地区的青铜文化遗存》，《考古》1996 年第 12 期。

④ 承高浜先生惠教，谨此致谢。

⑤ Mei Jianjun, Colin Shell, Li Xiao, Wang Bo, "A Metallurgical Study of Early Copper and Bronze Artefacts from Xinjiang, China", *Bulletin of the Metals Museum*, 1998, II (30), p. 14.

不同的铸工作坊。

三 结语

  新疆的铜鍑发现为我们了解公元前一千纪该地区的文化演变和交流提供了重要的实物证据，从冶金学分析的角度来研究古代的铜鍑有助于全面揭示其历史和文化价值。本文报告了对五件新疆出土铜鍑的初步分析，结果表明，四件早期的铜鍑均用红铜或含少量砷、锑或硫的铜合金铸成，而唯一的一件晚期铜鍑则用铜锡铅三元合金铸成；出自奇台碧流河和巴里坤南湾的两件铜鍑含1%—1.5%的锑化学成分也特别，为铜砷锑三元合金所制。从外型和化学成分两个方面，奇台碧流河的铜鍑都显示出与南西伯利亚早期文化的联系，应在今后的研究中给予特别注意。

鸣　谢

  本研究得到了香港东亚科学史基金会和日本学术振兴会的慷慨资助；在实地调研过程中，得到了新疆文物考古研究所伊第利斯、吕恩国、张玉忠、于志勇，昌吉州博物馆迟文杰，奇台县文馆所陈霞等诸位师友的大力支持和帮助；在实验分析和写作中，得到了剑桥大学考古系谢尔博士、金泽大学文学部高浜秀教授和东京文化财研究所平尾良光博士的热情指导和帮助；剑桥李约瑟研究所莫弗特先生、早稻田大学冈内三真教授和雪屿宏一先生、东京国立博物馆东洋课谷丰信和后藤健先生、东京大学文学部大贯静夫和安斋正人等先生为收集和查阅资料给予了多方关照；创价大学林俊雄教授和中国社科院考古研究所郭物先生惠予了铜鍑资料；谨此一并致以衷心感谢！

  （作者单位：梅建军，英国剑桥李约瑟研究所；王博，新疆维吾尔自治区博物馆考古部；李肖：中国人民大学国学院）

西域绿洲人与自然的互动与演变

——以高昌绿洲为例

李 肖

新疆，古称西域，主要是指天山南麓－环塔里木盆地的绿洲城邦诸国，这些国家基本上是由无数个大小不等的绿洲组成的，故西域文明也可称之为绿洲文明。从目前考古发掘得到的材料来看，这些绿洲大多在旧石器时代晚期（距今约四五万年以前）就已经有人类活动的痕迹，在距今约一万年前后进入细石器文化阶段，这是一种以狩猎活动为主的生活方式。当时的人们生活在山区与自然状态的绿洲之间，靠猎取野生动物为生，间或也采集一些生长在上述地区的野生植物果实或根茎作为食物的补充。但由于新疆旧石器－细石器阶段的考古成果基本上来自采集到的一些散布于地表的石器，并无地层关系，因此也就无从判定其准确的时代，受研究成果匮乏的困扰，当时生活在这里的人类是何人种，来自何处，和欧亚大陆的哪一支文化存在渊源关系等问题至今尚不明了，仅可以从他们遗留下来的石器的形制和打制技法去分析，推断出当地的石器制造工业同时具有东亚地区和欧洲地区的双重特征。

到了距今约四千年前，天山南麓及塔里木盆地周缘的各个绿洲基本上都已进入了非常成熟的青铜时代，生产生活形态基本上是半游牧半定居：即秋冬季节全体部落成员均生活在盆地边缘的绿洲里，到了春天，青壮年们便赶着马牛羊等牲畜进入山区草场放牧，老幼则继续生活在绿洲，利用绿洲的水资源从事小面积的大麦、小麦、粟、黍等农作物的种植及葡萄等经济作物的栽培，由于这一时期对农业种植及灌溉技术的掌握尚处于探索阶段，所能收获的谷物和果实产量很低且无法保障，故农业在整个社会生活中所占比例不大，仅仅是畜牧经济的补充而已，所以称这一阶段的绿洲农业为"园圃式农业"。到了大约相当于中原王朝的春秋战国时期，这里开始由青铜时代进入早期铁器时期。随着铁制品的普及使用，社会生产力有了空前的提高，社会形态也随之从生活在各个小绿洲呈分散状态、各自为政的单个部落向血缘关系比较密切的相邻绿洲部落组成一个部落联盟的状态演化。至迟在西汉张骞凿空西域之前，西域各个绿洲基本上都已演化出各自的绿洲城邦国家，社会生活也由半游牧半定居转化成以绿洲农业为主的形态。

从现有的考古资料来看，创造这些绿洲青铜时代—早期铁器时代文明的人们并不是当地四千年以前细石器文化乃至更早的那些旧石器时代的人们的后裔，而是一些具有高度发达的青铜文明的游牧部落从南西伯利亚-阿尔泰山脉地区辗转南下，进入天山南麓及塔里木盆地周缘各个绿洲所创造出来的。他们从此定居下来，逐渐演化成了绿洲的土著居民，其文化的渊源虽然来自欧亚草原游牧文明，但定居于绿洲之后，由于农业及贸易的发展，其文明也逐渐脱胎于游牧文明而向农业文明转化并由此演进出独具特色的绿洲文明。

当西域绿洲进入历史时期，亦即张骞凿空西域之后，由于地处亚洲中部和丝绸之路中段这样一个独特的地理位置，使这里成为欧亚大陆五大文明沟通交往的媒介，即除了前人所说的希腊-罗马文明，波斯-阿拉伯文明，印度文明，华夏文明之外，这些年的深入研究证实，欧亚草原的游牧文明也往往借助西域绿洲与周边地区的其他文明进行交往。因此，西域绿洲在欧亚大陆间不同人类文明的交流与发展当中占据非常独特的地位。

一　绿洲文明的萌发期，即青铜时代—早期铁器时期：从半游牧半定居的部落联盟到绿洲城邦诸国的建立

所谓绿洲，是干旱荒漠地区的一种地理景观类型。在《辞海》中被解释为"荒漠中通过人工灌溉农牧业发展的地方"；在《中文大辞典》中则被定义为"草木繁茂，色呈绿色之洲"或"沙漠中有水的地方"；在西方编的《地理学辞典》中，绿洲解释为"荒漠中泉水常流、土壤肥沃的

地方"。由于自然界绿洲的千差万别，学者曾分别从不同学科角度给绿洲做过一些定义，如中国的韩德麟先生给出的"绿洲是干旱区人类对特殊自然环境——荒漠进行长期开发经营、以人工灌溉为依托并以农牧业开发为主体的地理区域，是干旱区所独有的人工生态景观"。

绿洲大小不一，有稳定的水源可以对土地进行灌溉，适于植物生长，明显区别于荒漠景观；有适于植物迅速生长的温度，加上充足的灌溉水源，小麦、棉花、瓜果等农作物都能生长良好。我国新疆塔里木盆地和准噶尔盆地边缘的高山山麓地带、甘肃的河西走廊、宁夏平原与内蒙古河套平原都有不少绿洲分布。绿洲是浩瀚沙漠中的片片沃土，它就像是沙漠瀚海上美丽的珍珠，镶嵌在沙漠里，闪烁着神奇的色彩。由此可见，水当之无愧是绿洲文明之母。

绿洲的分类方法很多，可以从绿洲的功能、历史、区域、土壤、水文条件、形成方式等多个方面来划分绿洲的类型，古绿洲主要指历史上曾存在，但后来由于种种原因消失的绿洲，中国西北有很多曾经创造过历史文明的绿洲遗迹，最著名的有孔雀河下游的楼兰绿洲、疏勒河的锁阳城、黑河中游的骆驼城及其下游的居延海等。老绿洲是指形成已有百年甚至千年以上的历史、目前仍然保留的绿洲，这种绿洲比较普遍，吐鲁番高昌故城所在的绿洲就是这样一座古老的农业绿洲。

吐鲁番盆地位于今天新疆东部的天山南麓，亦即古代西域的东部，盆地内的绿洲也就自然归属于新疆东部绿洲的类型。由于盆地所在的东天山地区缺乏大型的冰川河流，所以这一区域的绿洲分布范围较为集中且面积不大，似乎无法和塔里木盆地边缘的受大川大河滋润的大绿洲相比。但由于吐鲁番盆地所处的独特地理位置和非常稳定的自然环境，使得吐鲁番盆地的绿洲文明生生不息地存在了近四千年，一直延续到今天。和塔里木盆地的一些已经衰亡的大绿洲，如孔雀河流域的楼兰绿洲、尼雅河流域的精绝绿洲相比，不能不说是一个奇迹。同样，由于吐鲁番绿洲地处天山南麓，和塔里木盆地周缘地区已经消亡及仍然存在绿洲都处在同一个地理单元，历史和文化也有着密不可分的联系，所以可以将吐鲁番绿洲视为整个西域绿洲的一个缩影。

二 绿洲文明的成长期:汉代—元末明初伊斯兰化以前的吐鲁番绿洲

位于吐鲁番绿洲的高昌一带是中原势力进入西域较早的地区之一。史书所记载的"高昌壁"、"高昌垒"不仅是军事要塞,也是西域地区由汉朝势力开发建设成的一个小绿洲,是中原移民和西域土著共同开发、建设西域的一个典范。

在高昌的屯田不仅仅是一个移民的过程,而且也是一个民族融合,文化交流,相互学习先进经验的社会发展过程。车师前国都城——交河城所在的交河绿洲,虽然面积较大,旱涝保收,且车师、匈奴、汉朝都在此经营绿洲农业,开荒屯田,但由于战略位置和力量对比等原因,最终只为车师人一家独享;而高昌在汉朝移民进入之前,并未形成严格意义上的绿洲,这一点也可以从其附近的洋海墓地及遗址、苏贝希墓地及遗址、胜金店墓地的发掘得到证实:三者都在今天高昌绿洲的周边,但在高昌绿洲并未发现青铜时代—早期铁器时代的遗迹。其原因在于高昌一带地势虽好,土地也平整肥沃,从胜金口宣泄而下的木头沟水量充足,但要将这里改造成为适合人类生活耕作的绿洲还需要投入先进的水利技术和大量的人力。因为木头沟河水一冲出胜金口峡谷就是平敞的平原,要想将水引到需要的地方去就需要修渠,而建立一个灌溉体系则需要更高超的专业技术;此外,每年夏季的洪水期又是对灌溉系统的一大考验!刚刚进入绿洲城邦制的车师前国尚不具备建设大绿洲的技术和经验。但是,来自中原地区的移民们却恰好具备这些条件!中原地区在五六千年前就已经开始兴修水利,在大流域范围内建设排灌系统,技术在整个欧亚大陆都是非常先进的。

汉朝与匈奴在西域争夺的结果是汉朝政府在汉宣帝神爵二年(前60年)重新全面掌控了西域并设立了西域都护。该机构的建立,开创了中央王朝统治西域的新格局,不仅有专设的官僚机构统领汉朝在西域的军政事务,也为今后汉族及周边少数民族共同开发高昌地区奠定了基础。西域都护府的设立,使吐鲁番盆地的历史翻开了新的一页。从此开始,中原势力逐渐在吐鲁番盆地站稳脚跟、发展,内地的汉族移民伴随着中原王朝的政权机构在吐鲁番盆地屯垦戍边。

高昌的发展脉络是从西域都护府的建立（汉宣帝神爵二年，前60年），并护丝绸之路的南、北二道开始。由于北道靠近匈奴，为保障道路安全，在西汉元帝初元元年（前48年），又设置了戊己校尉在吐鲁番屯田，下设屯田机构高昌壁，开始了在今高昌故城一带的屯田活动。这是"高昌"这个地名首次出现在有关吐鲁番盆地的历史记载当中。在高昌壁的屯田一直持续到王莽天凤三年（16年），由于中原大乱，车师国又被匈奴占领，屯守这里的中原军队撤回敦煌，高昌壁的使命就此终结，但可能有部分中原人因为种种原因滞留下来，使"高昌"这个地名从此延续下来，为后来的朝代所沿用。

到了东汉时期，中央政府重新控制了吐鲁番盆地，但这时戊己校尉的屯田壁改设在柳中城（今鄯善县鲁克沁镇），高昌一带就成了前沿，在这里设置了保护柳中屯田的斥候之垒——"高昌垒"，这就是高昌垒的由来。在东汉后期，生活在柳中城及高昌垒一带的中原人士逐渐增多并且稳定下来，和东汉末年中原的社会大动荡相比，这里相对稳定，成为人们躲避兵灾的一小块西方乐土，特别是河西、敦煌的氏族大家，由于地理位置上的便利，为躲避战乱，多整族迁往高昌，为后来高昌郡、高昌国建立奠定了民众基础。

东汉末年，凉州（今甘肃）大乱，西域亦绝。高昌逐渐进入今天所说的"无政府状态"。但无政府状态并不是真的没人管，而是政府委派的官员逐渐世袭化、久任化、土著化，也就是说朝着自治化的方向演变。如中央王朝负责管理西域、高昌的戊己校尉就是如此演变的。

因此，魏晋时期的高昌地区，一方面由于中原动荡，政府失去了对这里的管辖，早期的军事行政单位"壁"或"垒"早已荡然无存；而另一方面由于世家大族的迁入，人口的不断繁衍，逐渐形成了实质上由高昌世家贵族领导的自治政府，使得高昌地区逐渐脱离军事驻屯区的"壁垒"，向城市化、郡县化过渡。这些变化为高昌建郡奠定了基础。

西晋晚期，王室内讧导致中原大乱十六年，史称"八王之乱"。这场战乱导致边防空虚，北方少数民族匈奴、鲜卑、羌、氐、羯等乘机入侵中原，人民陷入水深火热之中，是谓"五胡乱华"。西晋在大乱中灭亡，中国的历史进入分裂的南北朝时期：南方是东晋和宋、齐、梁、陈；北方是"五胡"的十六国。在这一时期，高昌正式建郡（东晋咸和二年，亦即前凉建兴十五年，327年），并先后成为五胡十六国时期前凉等八个割据政权的属郡。北凉承平十八年（460年），沮渠氏北凉流亡政权首领沮渠安周为柔然所杀，北凉流亡政权灭亡，高昌郡也随之消亡。高昌郡大约存在了133年。

高昌郡时期给吐鲁番绿洲带来了两个重要变化：一是中原地区由于内乱的加深，对包括高昌在内的西域绿洲控制力进一步削弱，而北方游牧民族势力对该绿洲的控制则进一步增强；此同时，随着高昌地区土著汉族势力的增强，独立的意识和外部条件逐渐走向成熟，为高昌国的建立夯实了最后的基础。二是在高昌郡的晚期，立国约550年的车师王，经受不住自然灾害和沮渠氏北凉流亡政权及柔然游牧势力的联合军事打击，国家走向灭亡。从此以后，吐鲁番盆地内部走向统一，吐鲁番绿洲的历史也以高昌王国史的形式向后延续。

北凉承平十八年（460年），沮渠氏北凉流亡政权首领沮渠安周为柔然所杀，北凉流亡政权灭亡。同年，柔然以阚伯周为高昌王。《魏书·高昌传》云："其称王自此始也。"传统史料也基本认为这年是高昌建国之始。从北凉承平十八年阚氏高昌建国，到唐太宗贞观十四年（640年），麴氏高昌灭亡，高昌国总共经历了阚、张、马、麴氏四个地方割据小王朝，历时180年。

唐贞观十四年八月，麴氏高昌王国为唐所灭，唐朝政府改置高昌为西州，将其纳入了和内地一样的府州制范围内，使之成为大唐王朝最远的一个州，意义非凡。唐朝又置安西都护府于交河城，后移置高昌，至此，吐鲁番绿洲的历史才真正开始和内地历史同步发展。高昌的老百姓在经过几百年的漂泊挣扎后，终于回归到母体文化之中。这是历史发展的必然，并不是由于唐朝的强大才使其然。

在唐帝国的有效经营下，包括西州在内的西域绿洲都欣欣向荣，华夏文明的光芒沿着丝绸之路撒布到欧亚各地，当时作为一个大唐国人是一件非常值得荣耀的幸事。但由于中国古代封建王朝结构性缺陷，随着唐王朝的衰落，西域也逐渐失守。唐贞元八年（792年），西州为吐蕃攻陷，并再也没有能够回归唐朝。西州，这个大唐最远的边州一共存在了152年（640—792年）。随着西州的陷落，这里的中原文化也逐渐融入由漠北迁来的回鹘文化当中，并为后来回鹘文化在西域的复兴提供了丰富的精神财富。

西州陷于吐蕃后，原有的社会结构和社会生产力遭受到前所未有的重创。从唐贞元八年（792年），吐蕃攻陷西州，到唐咸通七年（866年）回鹘人驱逐吐蕃占领西州的74年里，西州的历史是一片空白！既无明确的史料记载，也无这一时期的文物出现，可见摧残之严重。古代吐蕃民族骁勇善战、开疆扩土的剽悍性格，曾令大唐、突厥、大食（阿拉伯）人都甘拜下风，但攻掠之处都是一片疮痍，既破坏了别人的文明，也未留下自身的文明。

唐文宗开成五年（840年），回鹘汗国位于漠北鄂尔浑河谷的都城受到另一支游牧民族——黠戛斯人的攻击，国破汗亡，余部纷纷南迁，其中一部的回鹘首领仆固俊，于唐咸通七年自北庭（吉木萨尔县北庭古城）取西州，立国于高昌城，史称高昌（西州）回鹘。回鹘民族虽痛失漠北草原，但在西域实现了民族复兴。

高昌回鹘承袭了唐西州"四折冲府五县"的行政体制，遗留在高昌的西州遗民也融入回鹘民族之中，吸收了汉文化的回鹘人使得高昌的华夏文明得以在吐鲁番延续开来。回鹘民族也从一个信仰摩尼教的草原游牧民族演变成为以佛教为主要信仰的绿洲农耕民族，高昌回鹘王国也成为当时中亚地区文明程度最高的国家之一，也是抵抗西面信仰伊斯兰教的喀拉汗王朝宗教扩张的桥头堡。公元1132年左右，高昌回鹘归附于建立西辽的耶律大石。蒙古兴起后，高昌回鹘审时度势，摆脱了西辽的统治，于公元1209年臣服成吉思汗，元至元二十年（1283年），卷入元朝和察合台汗国之间宗室战争的高昌回鹘王室被迫东迁甘肃永昌，立国约417年（866—1283年）的高昌回鹘王国灭亡。

三 绿洲文明的成熟期：伊斯兰文明传入以后的吐鲁番绿洲

虽然宋代以后陆路丝绸之路开始衰落，西域绿洲以多种宗教代表的多种文明的社会形态为单一的伊斯兰文明所取代，战乱导致这里和中原、西藏、欧洲的联系近乎中断，再加上各个文明发展到这一阶段自身都遇到了文明进程中不可逾越的问题，这便使得以吐鲁番绿洲为代表的西域绿洲多种文明集合体的结构在伊斯兰文明的强大压力下发生倾覆解体，形成了和中亚其他伊斯兰文化区域融为一体的局面。

西域绿洲虽然地缘上通过河西走廊和中原接壤，同时也和中原王朝保持较为密切的朝贡贸易关系，但由于接收伊斯兰文明之后便缺少对异质文明——华夏文明的认同，华夏文明、印度文明等非伊斯兰文明的影响力迅速弱化，导致曾经创造出辉煌无比的佛教文明的西域绿洲，其原有的文化迅速走向衰亡；另外，由于这里是整个中亚最晚接受伊斯兰文明的地区，亦即是伊斯兰文明的边缘地区，其伊斯兰文明的繁荣程度也从未达到波斯、中亚两河地区和奥斯曼帝国的高度，所以在这一时期的西域绿洲极少有能够代表当时伊斯兰文明发达水平的建筑、著作和人物。但无论如何，最重要的一点是从这时起，西域绿洲本身开始壮大起来，不似以往只是被动地接受周边各个政治势力的操控，而是开始以自身绿洲的角度去考量与周边的关系，以至于可以向周边地区进行军事扩张，这在资源匮乏、人口极少，加之强敌环伺的前一个阶段是不可想象的事情。

高昌回鹘灭亡后，其土地并入察合台汗国。洪武三年（1370年）察合台汗国亡，这里又分裂为吐鲁番王国（今吐鲁番市一带）以及火州（今高昌故城一带）、柳城（今鲁克沁镇一带）等"地面"，"吐鲁番"这一新建城市和地名初次登场。明洪武十六年（1383年），蒙古察合台汗国的后裔黑的儿火者继承汗位，这位伊斯兰化的蒙古首领热衷于圣战传教，随后开始对高昌地区实行武力传教，高昌、交河、柳中等城池相继毁于战火。吐鲁番盆地的宗教文化发生了彻底的交替，自此，伊斯兰教取代佛教和景教、摩尼教等其他宗教，使多种文化信仰并存的高昌绿洲演变成为单一宗教的吐鲁番绿洲。但无论民族、宗教、文化如何变化，吐鲁番绿洲自汉代以来修建的水利设施非但没有被破坏，还在不同文化的民族间传承，特别是明清以后随着坎儿井技术的普及，吐鲁番绿洲面积扩大了数倍，使盆地的人口从汉唐时期开始就长期徘徊于四五万人之间猛增了数倍，以至于在明代的一段时间内，吐鲁番当地的统治者还能够组建一支人数不少的远征军向东进发，控制了从哈密到甘肃嘉峪关及敦煌一带的广大地区，阻断了中亚各个向大明王朝朝贡的通道。

四　结语

吐鲁番绿洲向外军事扩张的历史现象可以说在以前是绝无仅有的，这和吐鲁番绿洲社会经济的发展，特别是水利制度、水资源的开采所带来的粮食增产、人口增加是密不可分的。

纵观整个西域绿洲的历史演变，我们也清醒地认识到：人类活动对绿洲的存在与发展是一柄双刃剑：它既创造了绿洲历史上的辉煌，但也有可能断送绿洲的未来。在没有人类活动以前，绿洲一直在自然界干旱与风蚀的灾害中自我挣扎和飘摇，是结构简单、功能单一、抗灾害能力十分低下的自然生态系统。而正是绿洲内有了人类活动，逐步完善了绿洲的灌溉系统、改进了绿洲的植被类型、健全了绿洲的林网及灌溉系统，才使绿洲结构更加合理，功能更加多样，生态机能更强。可以说人类活动使绿洲焕发了勃勃生机。

与此同时，在对考古及历史资料的研究中，屡屡可见由于人类过度活动而造成绿洲毁灭的迹象。如罗布泊地区的楼兰绿洲、塔里木盆地的尼雅绿洲、丹丹乌里克绿洲等都已消亡在浩瀚的沙漠之中。今天盲目的人类活动更使绿洲面临着空前的危险，近几十年已有一些绿洲消亡和正在退化的事件发生。人类活动的盲目性主要在于它对资源的消耗远远超过了绿洲资源的再生能力。人类活动对绿洲的影响还有更广泛的方面，譬如人类对与绿洲相关区域环境的干预（如山区涵养林破坏等）以及全球范围内的人类活动引起的全球变暖所造成的山区冰雪异常融化等都能波及绿洲。

高昌绿洲可以说是西域绿洲极具代表性的缩影。研究西域绿洲的变迁，不仅具有非常重要的学术价值，而且还具有非常深远的历史意义和紧迫的现实意义。今天研究高昌绿洲的变迁历史也是希望有助于更加准确地认识今天整个天山南麓－塔里木盆地周缘各个绿洲社会发展所面临的诸多问题，为建设中国的新疆，新疆各族人民的新疆提供一个真实的历史借鉴。

（作者单位：中国人民大学国学院）

交河沟西康家墓地与交河粟特移民的汉化

李 肖

一 历史背景与考古发掘

吐鲁番盆地位于丝绸之路新疆维吾尔自治区境内的东段。其交河故城、高昌故城均是当时建国于此的车师前国、高昌郡、高昌国、唐西州及回鹘高昌王国的重要城池，也是当年丝绸之路上非常重要的国际性大都市。特别是交河故城，它是古代西域政治、军事、文化重镇之一，故城从始建到废弃，历经一千余年的沧桑，城外周边遗存有大量的古墓群，故城西侧台地上的"雅尔湖墓地"（也称沟西墓地）墓葬分布密集，连绵不断，是十六国至唐西州时期交河城中居民的主要埋葬地。当时这里的居民以内地陇右、河西地区的汉族移民为主，死后聚族而葬，用砾石垒筑茔院围墙，形成独立家族墓地。

沟西墓地除了19世纪末开始遭受外国探险家的盗掘外，从20世纪30年代至90年代，历经四次考古发掘：1930年中国考古学家黄文弼先生发掘200余座墓葬[1]；1956年中国科学院考古所庄敏、刘观民先生等指导新疆"考古专业人员训练班"实习发掘22座[2]；1994—1996年新疆文物考古研究所与日本早稻田大学两次合作发掘36座，并对墓地进行详细的

---

[1] 黄文弼：《高昌陶集》上篇《雅尔湖古坟茔发掘报告》。
[2] 新疆首届考古专业人员训练班：《交河故城寺院及雅尔湖古墓发掘简报》，《新疆文物》1989年第4期；参见《新疆文物考古新收获（1979—1989）》，新疆人民出版社1995年版。

调查和系统的测绘①。历次发掘对沟西墓地的年代、形制、结构、葬俗等有了更新的了解和认识。

2004—2005 年，吐鲁番地区文物局对该墓地中的康氏家族茔院进行了抢救性发掘，清理墓葬 33 座。康氏家族茔院位于沟西墓地的东南部，外表形制与该墓地同时代其他姓氏的没有区别，但内部却有较大的差异，除了当时普遍使用的斜坡墓道洞室墓外，还出现了竖穴偏室墓。这三座竖穴偏室墓，出土的器物很少，其墓葬形制与阿斯塔那 86TAM384 相似，而 86TAM384 出土文书为唐显庆四年（659 年）。② 但是，根据 1994—1996 年中日合作发掘交河沟西墓地的结果来看，交河沟西墓地成片分布的竖穴偏室墓不在斜坡墓道洞室墓埋葬区，它们的时代大致在两汉至西晋。③ 而此次发掘的三座竖穴偏室墓位于康氏家族茔院内，没有被茔院内的其他墓葬叠压或打破，从考古学上讲，这两类不同形制的墓葬为同一时期、同一家族的埋葬遗存。结合前面的材料，说明车师国虽然在公元 450 年灭亡了，但车师人作为高昌地区的一支少数族裔却一直延续到唐西州时期，竖穴偏室墓作为当地土著车师人的埋葬形式依然存在。④ 虽然他们也和盆地内的其他族裔通婚，但即使埋葬在同一个家族茔院内，也一直固守着本民族的丧葬习俗。

通过多年的考古发掘和研究，学术界已普遍认同公元 4—8 世纪期间吐鲁番地区的墓葬以斜坡墓道洞室墓为主，是移居这里的汉族移民从内地带来的埋葬形式。而通过该茔院中斜坡墓道洞室墓出土的"康"姓墓志来看，这里是一支入籍汉化的而且是和车师人后裔通婚的康姓粟特人家族墓地。康氏为昭武九姓之一，为粟特地区康国人的后裔。在交河沟西墓地，康姓还是第一次出现。当年黄文弼先生在这里并未严格以茔院为单位

---

① 新疆文物考古研究所：《1994 年吐鲁番交河故城沟西墓地发掘简报》，《新疆文物》1996 年第 4 期；《1995 年吐鲁番交河故城沟西墓地发掘简报》，《新疆文物》1996 年第 4 期；《新疆吐鲁番交河故城沟西墓地麴氏高昌—唐西州时期墓葬 1996 年发掘简报》，《考古》1997 年第 9 期；《交河沟西：1994—1996 年度考古发掘报告》，新疆人民出版社 2001 年版；シルクロード學研究センター編：《中國・新疆トウルファン交河故城城南區墓地の調査研究》，《シルクロード學研究》10，2000 年。

② 柳洪亮：《1986 年吐鲁番阿斯塔那古墓发掘简报》，《考古》1992 年第 2 期。

③ 新疆文物考古研究所：《交河沟西：1994—1996 年度考古发掘报告》，新疆人民出版社 2001 年版。

④ 李肖：《交河故城的形制布局》，文物出版社 2003 年版。

进行发掘，大都只是掘取墓志。到 1994—1996 年中日合作考古发掘为止，沟西墓地已发现有 24 个姓氏的墓葬，即张、刘、任、巩、麴、索、画、汜、孟、韩、王、史、曹、袁、令狐、唐、赵、毛、苏、田、马、贾、罗、卫姓氏。

康氏家族茔院内墓葬排列很规整，依据其墓室的位置排列，分为 8 排，从茔院的后墙向门口，第一排为 M2、M4、M5 三座墓，其中 M4《康□钵墓志》年代为延昌三十六年（596），M5《康蜜乃墓志》年代为延昌三十三年（593 年）。第二排为 M1、M3、M6、M11 四座，其中 M6《康众僧墓志》年代为延昌三十五年（595 年），M11《康□相墓志》年代为唐太宗贞观十四年（640 年）。第三排为 M12、M13、M15 三座墓，无出土墓志。第四排为 M17、M20、M21、M23、M24、M25 六座墓。M20《（康）厶墓志》年代为唐高宗龙朔二年（662 年）。五至八排均无墓志出土。在这个时期内，康氏家族的墓葬从出土有墓志或随葬有骨灰瓮，带有长墓道，到后来无墓志或随葬骨瓮，墓道较短，反映出了时代的变化以及康氏家族在这段时期内由盛而衰的转变。骨灰瓮为粟特人葬俗，流行于中亚地区的粟特人。巴托尔德认为：在中亚流行火葬（用盛骨瓮埋骨灰）。这种盛骨灰瓮多数陶质，少数为石膏制成。

二　出土墓志及其所见粟特移民的汉化

康氏茔院内的墓葬根据出土墓志判断，靠茔院后墙的墓葬入葬时间较早，年代跨度至少在 69 年以上。年代上限最晚在麴氏高昌的延昌三十三年（593 年），下限最早在唐高宗龙朔二年（662 年）。根据吐鲁番安乐城废址出土的《金光明经》卷二题记上关于胡天的记载，可知粟特人在 5 世纪前半叶就已生活在高昌地区[①]，但从他们汉化的程度看，进入盆地的时代可能会更早。

（一）康□钵墓表（04TYGXM4：1）。青灰色方砖，用墨画格线，朱砂题写志文，共 48 字，从右至左竖行书写，朱书，其中部分文字漫漶不识，志文为延昌三十六年（596 年）十二月十八日康□钵之墓表。

录文：

---

① 荣新江：《中古中国与外来文明》，生活·读书·新知三联书店 2001 年版，第 45 页。

1　延昌卅年庚戌岁十
2　二月朔 甲 寅十八日
3　庚 戌，领兵胡将康□
4　钵，春秋五十有四，□
5　疾卒于 交河 城内，□
6　柩启康氏之墓

（二）康蜜乃墓表（04TYGXM5：1）。青灰色方砖，用朱砂从右至左竖行题写志文，共35字，志文为延昌三十三年（593年）三月某日康蜜乃之墓表。

录文：

1　延昌卅三年癸丑
2　岁三月□□日卒于
3　交河，埠上殡葬。康
4　蜜乃春秋八十有二，
5　康氏之墓表。

（三）康众僧墓表（04TYGXM6：1）。青灰色方砖，墨书题写志文，从右至左竖行排列，共35字，其中一字漫漶不识，志文为延昌三十五年（595年）三月廿八日康众僧之墓表。

录文：

1　延昌卅五年乙卯
2　岁三月朔己未廿八
3　日丙 戌 ，帐下左右康
4　众僧，春秋卅有九，
5　康氏之墓表。

（四）康业相墓表（2005TYGXM11：1）。青灰色方砖，从右至左竖行朱砂题写志文,共50字,楷书,其中1字漫漶不识,志文为贞观十四年(640年)十一月十六日康业相之墓表。

录文:

1　贞观十四年岁次
2　在庚子十一月朔
3　甲子十六日己卯,
4　交河县民高将康
5　业相,春秋八十有
6　二,以蚑蟧灵(柩)殒,殡
7　葬斯墓,康氏之墓表。

(五)某人墓志(2005TYGXM20:15)。青灰色方砖,红线格界,朱砂题写志文,共270字,从右至左竖行书写,楷书。其中5字漫漶不识,志文为龙朔二年(662年)正月十六日某人墓表。

录文:

1　讳厶,字延愿,交河群(郡)内将之子。其先出
2　自中华,迁播属于交河之郡也。君以立
3　性高洁,禀气忠诚,泛爱深慈,谦让为质。
4　乡邦推之领袖,邻田谢以嘉仁。识干清
5　强,释褐而授交河郡右领军岸头府队
6　正,正八品,属大唐启运,乘以旧资,告身
7　有二,一云骑,二武骑尉。忽以不袁(幸),遇患
8　缠躬,医方药石,将疗不绝。转以弥留困
9　笃。今以龙朔二年正月十六日,薨于私
10　第也,春秋七十有六,即以其年其月十
11　六日,葬于城西暮(墓)也。河(何)期积善无徵,变
12　随物化。亲族为之悲痛,乡间闻之叹伤。
13　岂以川水难停,斯人逝往,故立铭记于
14　□官之左,使千秋不朽。
15　　　　　　正月十六日书。

康□钵、康蜜乃墓葬位于茔院的第一排，属于该茔院最早的一批墓葬，由于这两座墓均建于麴氏高昌时期，2号墓位于它们的左侧，通过对沟西墓地的长期发掘研究，其时代只会早于后者，可以推断这一排墓葬均属于麴氏高昌时期，也就是康氏家族墓地的始建时期。康□钵在麴氏高昌王朝有一个"领兵胡将"的官职，在以前未曾出现过。一般来说，在麴氏高昌王朝的官制中，除殿中中郎将外，其余一些带"将"字的都是低级军官，他们以"将"为本，没有高下之分，只有分工不同。① 所以"领兵胡将"自然和康氏家族的粟特人族属有关，可能是专门授予胡人的领兵将，作用也是管理入籍的本族居民。领兵将属成卫兵将，官品在第七等级。② 康业相墓志中记载墓主人曾任"交河县民高将"，应该也是麴氏高昌王国的一名低级军官。生活在麴氏高昌时期的康□钵、康蜜乃二人，均有一个很粟特的名字；但到了后期，特别是唐西州时期，由于国家的统一、民族认同感的增强，这些粟特裔移民的名字也日趋汉化，如康众僧、康业相就是汉式的名字。康众僧生前官居"帐下左右"，相同官职的记载见延和七年（608年）贾阿善墓志、重光四年（623年）傅僧邷墓表，我们可以了解到"帐下左右"属成卫兵将中之最低等级者，官品在第九等级。③

20号墓葬的墓志虽然姓名缺失，但却有规律地排列在康氏茔院内，可以肯定是该家族的成员。墓主人讳"厶"，是"交河郡内将之子"，死于龙朔二年（662年），曾经是唐西州右领军岸头府队正，正八品，后被追赠为"云骑尉"，此时这一支康姓粟特人后裔不仅名字完全汉化，连出生地也改为"其先出自中华"，绝口不提其位于中亚西侧的粟特老家，这反映了经过长时间的定居和融合，其民族归属感已将自己认同于中原的汉人。

作为袄教徒，粟特人在进入吐鲁番盆地的初期还是采用了其本土的天葬葬法④，如在吐鲁番吐峪沟沟口出土的两个纳骨器⑤，应当是这一时期

---

① 王素：《麴氏王国军事制度新探》，《文物》2000年第2期。
② 侯灿、吴美琳：《吐鲁番出土砖志集注》，巴蜀书社2003年版，第344页。
③ 侯灿、吴美琳：《吐鲁番出土砖志集注》，巴蜀书社2003年版，第273、340页。
④ 林梅村：《从考古发现看火袄教在中国的初传》，《西域研究》1996年第4期。收入《汉唐西域与中国文明》，文物出版社1998年版，第102—112页。
⑤ 影山悦子：《東トルキスタソ出土のオッスアリ（ゾロアスター教徒の納骨器）について》，《オリエソト》第40卷第1号，1997年，第78—80页。

的遗存。但这一时期很短暂，因为从出土的墓葬材料看，保持天葬习俗而将骸骨装入纳骨器的墓葬只有两座，但以国为姓，取汉字"康、安、曹、石、米、何、史"为姓，并且认同汉人葬法的粟特人极多，死后在高昌、交河城附近形成了庞大的家族墓地。

三　考古遗物所见交河粟特移民的汉化

康氏家族茔院为汉化了的粟特人家族墓地，从出土的墓志的官职和汉字的书写，汉文语句的流畅，以及生活形态中所表现出来的佛教意识观念，充分反映了隋唐时期粟特人的汉化程度以及中华文化对外来文化的深远影响。出土的仿罗马金币和银币又反映了粟特人喜好经商的民族特点。康姓在交河沟西墓地首次出现，首次出土骨瓮葬，为考古学家和民族学家研究粟特人葬俗提供了素材，也为史学家研究交河地区的粟特人的经济、文化、生活提供了有力的证据和条件。

首先，从近年来新出土的材料来看，在高昌城和交河城附近生活着大量的粟特裔的居民，他们多已入籍，除了在丝绸之路上经商之外，还在当地政府或军队里任职，其语言上的天赋还成为汉族政权和周边少数民族政权交涉的媒介。这一点可以从巴达木墓地出土的唐代粟特语政府文件中得到证实。其次，生活在高昌地区的粟特人后裔除了一小部分经商外，绝大部分都是普通的民众。最后，粟特人在进入高昌地区后，从一开始就致力于融入以汉民族为主体的主流社会，这可以从他们极少的粟特传统墓葬——纳骨器和大量的汉式墓葬——斜坡墓道洞室墓材料中得到证实。

（作者单位：中国人民大学国学院）

吐鲁番近年来出土的古代钱币

李 肖　张永兵　丁兰兰

吐鲁番地区文物局考古工作者近年来对被盗、水毁坍塌等遭到破坏的墓葬及时进行了抢救性清理，出土了一些珍贵文物，并在交河沟西、巴达木、木纳尔、阿斯塔那等墓地的清理过程中，出土了一批古钱币。

这批古钱币共计39枚，其中金币17枚，银币16枚，铜钱6枚。这批钱币的出土为研究该地区的古代文化及其在丝绸之路上的重要作用，提供了宝贵的资料，同时也为丝绸之路古国钱币增添了新的内容。现将这批古钱币的出土情况作一介绍，并就相关问题展开讨论，希望能引起学术界，尤其是钱币爱好者重视。

一　出土概况

1. 交河沟西墓地

交河沟西墓地即雅尔湖四号台地，位于交河故城西南。2004年和2005年，吐鲁番文物局对交河沟西因风蚀、盗扰等因素而裸露的墓葬进行了二次抢救性清理。共清理墓葬36座，其中出土钱币的墓葬有6座，均为斜坡墓道土洞室墓（图版一）。

其中05TYGXM11、05TYGXM20墓葬各出土金币一枚。

05TYGXM11位于康氏家族茔院西部。在墓道发现方砖墓志一方，纪年为贞观十四年（640年）。为夫妇合葬，尸骨均置于尸台上，仰身直肢，头均残破，脚向北，骨架严重腐朽。男性墓主人名康业相，年龄为82岁，女性不详。金币出土于男性骨架头部，05TYGXM11：6，圆形，箔金压制，图案为帝王戴冠头像。直径1.7厘米，重0.2克（图版二，1）。

05TYGXM20 位于康氏家族茔院内。在墓道北壁侧立方砖墓志一块，纪年为龙朔二年（662年），尸台上有一男一女两具骨架，仰身直肢，腐朽严重，头残失，脚向北。墓主人名厶，年76岁。在墓葬尸台南部出土金币一枚，05TYGXM20：11，残存三分之一，金箔压制，纹饰不清。直径1.34厘米，重0.15克（图版二，2）。

04TYGXM1、05TYGXM14、05TYGXM29各出土银币一枚。

04TYGXM1位于康氏家族茔院内西南角，南邻茔院围墙，两具人骨架置放于尸台上，保存完好。为夫妇合葬，男左女右，均为仰身直肢，头南脚北。在女尸口中出土银币一枚，04TYGXM1：27，呈圆饼形，正面雕人头像，边轮饰星月，正、背面中间均为三周凸弦纹。背面中间题刻文字，轮饰对称四个星月纹。直径3.1、厚0.15厘米，重3.52克（图版二，3）。

05TYGXM14位于康氏家族茔院西北部。两具骨架均位于尸台上，骨架不完整，严重腐朽，向脚北。尸台南端出土银币1枚，05TYGXM14：1，呈不规则圆形，锈蚀严重，无法辨认，三道凸弦纹依稀可见。直径4.3、厚0.1厘米，重3.0克（图版二，4）。

05TYGXM29位于康氏家族茔院东南部，骨架腐朽严重，仅残留有骨渣。在墓室尸台南出土银币1枚，05TYGXM29：1，残，呈圆形，正面铸人头像，边轮施星月纹，正、背面中间有三周凸弦纹。背面中间铸有图案，边轮饰星月纹。直径2.9、厚0.1厘米，重1.6克（图版二，5）。

05TYGXM33出土铜钱一枚。

05TYGXM33位于康氏家族茔院东部。尸台上仅残存有骨渣。在墓室南部尸台下出土铜钱一枚，05TYGXM33：1，圆形，铸制，方穿，边轮较厚。钱面铸"开元通宝"四字，楷书，背素面。直径2.4、穿径0.65、厚0.2厘米（图版二，6）。

2. 巴达木墓地

巴达木墓地位于吐鲁番市二堡乡八达木村东，南距高昌故城4公里。2004年10月在此清理墓葬82座。墓葬分布于南北相邻的三个台地上，根据出土墓志可知，一号台地为"白氏家族墓地"，二号台地为"康氏家族墓地"，三号台地志砖遗失，墓主姓氏不明。其中出土钱币的墓葬共12座，均为斜坡墓道土洞室（图版三）。

其中 04TBM103、04TBM106、04TBM234、04TBM235、04TBM237、

04TBM238、04TBM252、05TBM301、05TBM304 中出土金币，共9枚。

04TBM103 位于巴达木1号墓地白氏茔院西北角。夫妇合葬墓，在墓室扰土中出土金币一枚，04TBM103：1，圆形薄金片模压印制作，图案为罗马国王戴冠头像，周边压印文字符号。直径1.8厘米，重0.5克（图版四，1）。

04TBM106 位于1号台地白氏家族茔院内。为夫妇合葬墓。在男尸口中出土金币一枚，04TBM106：1，圆形薄金片模压印制作，图案为免冠人头像，人头颈部左侧压印"卍"字符号。径2.15厘米，重0.43克（图版四，2）。

04TBM234 位于2号台地康氏家族茔院北部偏东，在道口向北1.1米处西壁侧立"延昌三十七年（597年）康将军"墓志砖一方。骨架陈放墓室底，由于盗扰骨架残缺不全，现状呈仰身直肢，头残佚，骨架残长1.4米。在墓室填土中发金币1枚，04TBM234：5，圆形薄金片模压印制作，图案为罗马国王戴冠头像，周边压印文字符号。径1.65厘米，重0.38克（图版四，3）。

04TBM235 位于2号台地康氏家族茔院东北角，为一男二女合葬墓，男尸嘴含金币一枚，04TBM235：1，圆形箔金币压制，图案为罗马国王戴冠头像，周边为压印的字母。径1.8厘米，重0.67克（图版四，4）。

04TBM237 位于2号台地北端东部，为夫妻合葬墓，均平躺在棺床上，呈头西脚东，仰身直肢葬。男尸口内含有一枚金币，04TBM237：1，残成碎块，呈圆形，币面图案锈蚀不清。径2.2、厚0.06厘米，重0.75克（图版五，1）。

04TBM238 位于台地康氏家族茔院东北角，为一男三女同葬，女性三具骨架均平躺在棺床上。其中位于棺床上东侧的骨架保存较完整，呈头北脚南，仰身直肢，右眼处出土一枚"高昌吉利"铜钱。另两具女性骨架位于棺床中部，均无头骨，呈身西脚东。由于盗扰所致，男性骨架被盗墓者托出墓室至墓道内。在墓室扰土中出土金币一枚，04TBM238：5，圆形薄金片模压印制作，图案为罗马国王戴冠头像。金币上边钻两小孔。径1.85厘米，重0.7克（图版四，5）。

04TBM252 位于巴达木2号墓地东南，2号墓地康氏家族茔院门道中，在墓室共计发现5具干尸，为1男4女，均头西脚东，仰身直肢。2号干尸位于1号干尸近北侧，与1号干尸同置于一张苇席上，仰身，手脚残佚，头略偏向南，头戴对马珠纹黄绢覆面，覆面下带铜眼罩，衣服残朽，下身女性特征明显。尸长1.42米，脸盖覆面，口含金币一枚（图版六，1）。04TBM252：22，仿拜占庭金币，金箔片模压制作，呈不规则圆形，图案模糊不清，直径1.7厘米，重0.4克（图版四，6）。

05TBM301位于3号台地中部。为夫妇合葬墓，初步鉴定男性年龄约65岁，女性约60岁。在男尸头部出土金币一枚，05TBM301：1，金箔片捶揲制作，呈椭圆形，图案模糊不清，顶端镂穿系孔。直径1.4—1.6厘米，1克（图版四，7）。

女性骨架胸部出土银币一枚，05TBM301：4，呈不规则圆形，残损严重，纹饰不清。直径2.2厘米，重1.3克（图版五，5）。

在女性骨架肩部正南出土铜钱一枚，05TBM301：5，铸制，圆形，方穿，边轮较窄，上下左右对铸"常平五铢"篆体。北齐文宣帝天保四年（553年）始铸，天保四年即麴氏高昌国和平三年，其"平"字上横与穿下缘平行互错，看上去似一横郭，此法为近代篆刻家据以入印。直径2.4、穿径0.9厘米（图版六，5）。

05TBM304位于3号台地中部。为夫妇合葬墓，尸骨保存较差。在墓室填土中出土金币一枚。05TBM304：5，呈不规则圆形，金箔捶揲压印制作，有两个人工穿孔。正面图案为戴冠人头像，周围有一周文字符号，模糊不清。直径1.8、厚0.016厘米，重0.4克（图版四，8）。

04TBM216、04TBM225、04TBM244、05TBM301、05TBM303出土银币。

04TBM216位于2号台地西部，为夫妇妻妾合葬。经初步鉴定，男尸在50岁左右，女尸分别在35岁和40岁左右。在尸床上的女尸头部出土银币一枚，04TBM216：6，呈不规则圆形，捶揲模压而成，正面为人头像，背面图案模糊不清。径3厘米，重2.15克（图版五，2）。

04TBM225位于巴达木2号墓地西南。为夫妇合葬墓，在墓室尸台中部出土银币一枚，04TBM225：9，仿波斯银币，呈圆形，捶揲模压，图案锈蚀不清。径2.7、厚0.09厘米，重1.9克（图版五，3）。

04TBM244于2号台地西南为夫妻妾三人合葬墓，男尸口含银币一枚，04TBM244：1。捶揲模压制作，呈不规则圆形，正背图案为人头像，背面图案模糊不清。径2.7、厚0.1厘米，重2.95克（图版五，4）。

05TBM301出土银币，见前所述。

另外在 04TBM238、05TBM301、05TBM302 各出土铜钱一枚。

04TBM238 出土"高昌吉利"一枚，04TBM238：3，铸制，圆形，方穿，边轮较厚。钱面顺时针铸"高昌吉利"四字，方笔楷书。背素面。径 2.6、厚 0.3、穿径 0.7×0.6 厘米（图版六，2）。

05TBM301 出土"常平五铢"一枚，详见前述。

05TBM302 位于 3 号台地中部，为夫妇合葬墓，男尸年龄约 65 岁。女尸年龄约 60 岁。女尸腰部左侧出土铜钱两枚，05TBM302：4，铸制，圆形，方穿，边轮稍宽，左右对铸"五铢"，字体较瘦，钱肉较薄。"五"字交股直笔，上下横笔连郭，"铢"字金子旁为"歪头金"，面穿右侧多一竖画，为"大统五铢"，始铸于西魏孝文帝大统六年（540 年）。直径 2.35、穿径 0.9 厘米（图版六，3、4）。

05TBM303 位于 3 号台地墓地中部第一排北部，南邻 M303。由于盗扰，人骨架乱堆墓室后部，头骨破碎，位于墓室北，以其头骨判断为男性，年龄约 35 岁。出土的银币散乱于墓室西北角，05TBM303：8，为萨珊银币，呈不规则圆形，正面为布伦女王（630—631 年）侧面胸像；背面中心为拜火教祭台，台两侧各站一祭司，正背外沿均有 4 个新月抱星纹。直径 3.1 厘米，重 3.2 克（图版五，6）。

3. 木纳尔墓地

木纳尔墓地位于吐鲁番市区东侧，2004—2005 年共清理墓葬 42 座。根据出土墓志，1 号台地为宋氏家族茔院。2 号台地发现两座茔院墓地和一处排列有序的无茔院墓葬，其中 1 号茔院为张氏家族茔院，其余墓主姓氏不详。3 号台地墓主姓氏不详。其中出土钱币的墓葬有 8 座，均为斜坡墓道土洞室（图版七）。

其中 04TMNM102、04TMNM103、04TMNM203、05TMNM214、05TMNM302、05TMNM312 出土有金币。

04TMNM102 位于宋氏家族茔院内北部，在墓道口西壁侧立墓志砖一方，纪年为唐显庆元年（656 年）。有两具骨架，扰乱较甚。墓主名武欢。在墓室扰土中出土金币一枚，04TMNM102：11，圆形金箔模压制作，图案为人头像，边沿压印字母，顶部作系链圆环。直径 1.8、厚 0.02 厘米，重 1.02 克（图版八，1）。

04TMNM103 位于宋氏家族茔院内北部，为夫妇合葬墓。墓道西壁侧立两块墓志，为延寿四年（627 年）、延寿九年（632 年）兵曹司马宋佛住及妻张氏墓表。在墓室扰土中出土金币两枚，04TMNM103：3，圆形金箔模压制作。图案为王者戴冠胸像，边沿压印有字母。一枚直径1.7厘米，重0.43克（图版八，2）。一枚直径1.8厘米，重0.4厘米（图版八，3）。

05TMNM203位于2号台地张氏家族茔院，墓道东壁侧立延和八年（609）张容子墓志一方。为夫妇合葬墓，骨架腐朽较甚，性别不可识。在外侧尸骨下颌处出土金币一枚，05TMNM203：33，金箔片模制压而成。正面图案为王者戴冠正面胸像，周边字母模糊，头像左侧压印有"＋"形符号。直径1.6厘米，重0.6克（图版八，4）。

内侧尸骨下颌处，出土银币一枚，05TMNM203：32，波斯银币，呈不规则圆形，捶揲模压而成，正面为人物侧面胸像，外延饰4个新月抱星纹；背面中心为拜火教祭坛，台两侧各站一祭司。直径3.2厘米，重3.75克（图版九，1）。

05TMNM214位于2号台地2号茔院内，尸台上有两具人骨架朽迹。北边骨架残迹长1.20，南边骨架长1.50米。在南边骨架头骨上出土一枚金币，05TMNM214：1，圆形金箔片模压而成，图案为戴冠王者胸像，头像右侧有"＋"字行符号，周边压印字母。直径1.7厘米，重0.8克（图版八，5）。

05TMNM302位于3号台地西北部。墓室北部有两具骨架朽迹，内侧骨架残长1.56，外侧骨架残长1.24米。在外侧头骨朽痕处出土一枚，05TMNM302：1，圆形金箔片模压制作，图案为一大一小两个戴冠王者胸像，大者有短须，小者无须。中有"＋"字。周围压印有字母。直径2.1厘米，重1.22克（图版八，6）。

05TMNM312，位于3号台地中偏西。夫妇合葬墓。男性骨架位于外侧，女性位于内侧。在墓室扰土中出土金币一枚，05TMNM312：1，圆金箔片模压制作，边有小孔。币面被挤压褶皱，图案模糊不清。直径1.8厘米，重0.35克（图版八，7）。

在05TMNM203、05TMNM301、05TMNM306出土有银币，共4枚。

05TMNM203内侧尸骨下颌处出土银币一枚，详见前述。

05TMNM301位于3号台地西北部，为单人直肢葬，性别不详，在尸骨下颌朽迹处出土银币一枚，05TMNM301：1，呈不规则圆形。正面为王者胸像，外沿有4个新月抱星纹；背面中心为拜火教祭台，台两侧各站一祭司，外沿也有4个新月抱星纹。直径3.4厘米，重3.2克（图版九，2）。05TMNM301：2银币，为波斯银币，残，圆形，币面锈蚀，图案模糊，似库思老一世（531—579年）银币。直径3.12、重1.67克（图版九，3）。

05TMNM306位于3号台地东北部，墓室内有3具骨架，为两女一男，在男尸头骨处出土银币一枚，05TMNM306：24，呈不规则圆形。正面为王者胸像，外沿饰4个新月抱星纹；背面中心为拜火教祭台，台两侧各站一祭司。直径2.71厘米，重2.2克（图版九，4）。

4. 阿斯塔那墓地

阿斯塔那古墓群，位于吐鲁番市三堡乡。西距市区约40公里。2004年清理了3座遭到破坏的墓葬，均为斜坡墓道土洞室。

其中出土银钱一枚，铜钱2枚。

04TAM5，一男两女合葬墓。在墓石扰土中出土银钱一枚，04TAM5：5，正面为王者胸像，皇冠顶为双翼，外沿饰4个新月抱星纹；背面中心为拜火教祭台，台两侧各站一祭司。直径3.2厘米，重2.48克（图版十，1）。

04TAM408，夫妇合葬墓，扰乱严重。男尸腰部出土铜钱一枚，04TAM408：21，剪轮，方孔，肉厚。径1—1.2，孔径0.6×0.6厘米（图版十，2）。

04TAM409，夫妇合葬墓，被扰，在女尸裆下出土铜钱一枚，04TAM409：20，圆形，剪轮，方孔，较薄，质地差。径1.5，孔径0.8×0.8，厚0.1厘米（图版十，3）。

这批出土的金币均为仿拜占庭金币，用金箔压制而成，因而重量较轻，几乎都在1克以下，有一半甚至不到0.5克。一般只有单面打押纹饰。压印的纹饰比较粗糙，大多很难判断其仿制对象。当中可以明确得知的仅有04TBM103：1，其正面应为阿纳斯塔修斯一世（Anastasius I，491—518年）戴盔配甲胸像，压印的字母为"DNANASTASIVSPPAVG"，意为"我主阿纳斯塔修斯·万岁奥古斯都"。但是，这件金币亦为单面打押，无疑也应是仿制品。其余的金币均因字母为随意书写，且图像不够清晰，而影响准确判断。其中05TMNM203：33、05TMNM214：1、04TBM235：1，图像中，王者戴盔配甲，手持十字球，疑为仿提比略二世（Tiberius II，578—582年）。而05TMNM302：1，似为仿短须希拉克略一世和无须希拉克略·君士坦丁，因而是属希拉克略一世（Heraclius I，610—641年）时。余者从图像上看多为戴盔配甲，或束头，肩扛长矛，应是仿立奥王朝（Leo，457—518年）币。

随葬的银币则均为流通用。能够辨认的属库思老一世（531—579年）的有04TBM225：9、04TBM244：1、05TMNM302：32；属库思老二世（590—628年）的有04TYGXM1：27、05TYGXM14：1、05TYGXM29：1、05TBM216：6、05TMNM301：1、05TMNM306、04TAM5：5；属布伦女王（630—631年）的为05TBM303：8。

因为这些墓葬几乎都被盗扰，大部分钱币所处的原始位置已不是很清楚。根据可供判断的资料，所处位置明确的金币均为男性的口含，有的因尸骨腐朽严重，钱币位于头骨朽迹处，推测原先应该也是含在口内。相较之下，银币的随葬情况则没有那么明显，男女口中都有。铜钱，除一枚"高昌吉利"覆于一女尸眼睛上外，余皆在尸骨身边出土。

此次出土钱币的墓葬从墓志上来看，最早为延昌三十七年（597年），最晚为龙朔二年（662年）；随葬陶器多见彩绘，纹饰以仰莲纹内填圆点及连珠纹为主。众所周知，麴氏高昌国笃信佛教，而莲花纹是佛教艺术中常见的题材，因此，仰莲纹可以作为判断麴氏高昌时期的典型器。结合墓志及随葬品我们可以得出，这些墓葬应为麴氏高昌国至唐西州初期，即公元6到7世纪。

二　相关问题讨论

拜占庭金币自1897年在我国首次发现以来，随着时间的推移，其数量也在逐渐增加。据陈志强先生统计，截至2002年7月，我国发现的拜占庭金币达53枚。之后，中国钱币博物馆又公布了馆藏的17枚罗马（拜占庭）金币。其发现范围已遍及新疆、甘肃、宁夏、陕西、内蒙古、河北、河南、辽宁、浙江等地。其中仿制品见有12枚。在新疆和田及吐鲁番共发现4枚，余者皆在内地出土，如西安东郊唐陈感意墓中发现东罗马阿那斯塔修斯一世（Anastasius I，491—518年）金币的仿制品。西安西郊曹家堡唐墓中也发现拜占庭金币仿制品（http：//www. eurasianhistory. com/data/articles/a02/457. html - _ ftn179）。在拜占庭金币仿制品中，以宁夏固原南郊粟特胡人墓葬中发现的金币最引人注目。1981年，在唐史道德墓（仪凤三年，678年）发现的金币可能属于东罗马皇帝芝诺（Zeno，474—491年）金币的仿制品。1985年，在唐史索岩墓（麟德元年，664年）中又发现了拜占庭金币仿制品。1986年，在唐史诃耽墓（咸亨元年，670年）也发现了仿制的拜占庭金币。这一次，吐鲁番金币的出土更是极大地丰富了国内拜占庭金币仿制品的内容。

拜占庭金币在我国的出现，一般认为是通过在中亚大陆上进行贸易的商人或其他人员直接或间接带入的，并且成为当时西域的通行货币，史载"河西诸郡，或用金银之钱，而官不禁"，此所用金钱，即拜占庭金币。但起初使用的应为商人带入的拜占庭当朝帝王发行、使用的货币，为什么后来会出现仿制金币，又是何人所为？关于仿制品出现的原因，一般认为有两种情况：一是拜占庭帝国所为；二是中间商人铸造。拜占庭帝国的确在540—670年铸造过"轻型索里德"，但目前尚无确切证据说明国内发现的仿制品为此一时期拜占庭所造。那么中间商人是否是仿制之源呢？说到当时穿行于中亚大陆的商人，非粟特人莫属。粟特（Sogdiana，音译"索格底亚那"）位于泽拉夫善河流域，粟特人以经商著称，长期活跃在中世纪的亚洲丝绸之路上，从事各种贸易活动。史载其"善商贾，争分铢之利。……利之所在，无所不到"，精明如此，在拜占庭帝国与中国贸易相当繁荣的时期，粟特人应不会放弃从中渔利的大好机会。所以有人说"中原地区出土的拜占庭金币仿制品"与"入华粟特人有着深厚的因缘"。①

无可否认，在众多的仿制品面前，粟特人一定是继续发挥了他作为商人的长处。但是吐鲁番此次出土的这批仿制金币则似乎有些不同。首先，它体态之轻要远远小于以往的仿制品，无论是双面打押花纹，还是单面打押，重量都不超过1克，并且往往低于0.5克，是标准索里德的1/5（标准索里德在4.4克左右），甚至不到。直径也均小于20毫米（标准应为22毫米上下）。而在宁夏、陕西、河南、辽宁等地发现的金币仿制品至少也在1克到2克之间。大小变化更不明显。

同时，发现的金币几乎都有穿孔，更有甚者，如04TMNM102：11，在一端还铸有穿孔纽；而04TBM106：1更具特色，其在币面上加了一个佛教符号"卍"，鲜明地表达了麴氏高昌笃信佛教的立场，从而更证明了

---

① 林英：《九姓胡与中原地区出土的仿制拜占庭金币》，《欧亚学刊》第4辑。

此类金币绝非作为流通之用，而应该就是装饰品。

高昌是粟特商人由西而东的必经之地，也是他们的贸易中转站，因此，在这里总是会聚集一大批的粟特人，久之而形成聚落。这些聚落除了作为商人们的家园，还帮助来往于贸易网络中城镇的商人们进行买卖活动。在史籍中为大家所知的粟特人，也译作"粟弋"、"窣利"，即隋唐时期所称的昭武九姓，亦称九姓胡、杂种胡、粟特胡等。分布在粟特地区大大小小的绿洲上，其中以撒马尔干（Samarkand）为中心的康国为最大，是粟特各城邦的代表。

此次在交河与巴达木墓地清理出的康氏家族茔院，就很可能是粟特人的家族墓葬。这些墓葬，形制与汉人墓葬无异；墓志书写，语句流畅。充分显示出粟特人融入当地汉族社会的迹象。当时聚居中国的粟特人可以自给自足，他们不仅从事商业贸易，亦充当农民、工匠，因此，他们的生活方式也必然深刻地影响着当地的经济生活，如金银币成为西域的流通货币，仿制品的出现，应该都与他们不无干系。

虽然这次出土的金币均为仿制品，但我们不能说这个时候金币已经不是一般等价物了，只是相比较银币而言，金币的造价高，导致它的普及远远比不上银币，因此，只能作为赏玩物而珍藏起来，而银钱成为基价货币。各类铜钱的出土，则似乎也说明一般等价物并不仅仅限于金银。在巴达木 M245 出土的衣物疏中有"金银铜钱一千文"，阿斯塔纳 M408 随葬衣物疏中亦有"故手中黄丝，三两铜钱"的记录，可见当时铜钱在人们的经济生活中也占有了一席之地。尤其是高昌王国晚期"高昌吉利"铜钱的铸造，使铜钱与金银币一起荣升为高昌流通货币。

图版一

1. 金币05TYGXM11：6正、背面　2. 金币05TYGXM20：11正、背面

3. 银币04TYGXM1：27正、背面　4. 银币05TYGXM14：1正、背面

5. 银币05TYGXM29：1正、背面　6. 铜币05TYGXM33：1正、背面

图版二

图版三

吐鲁番近年来出土的古代钱币　　　　　　　　　　　　　177

1.金币04TBM103：1正、背面　　2.金币04TBM106：1正、背面

3.金币04TBM234：5正、背面　　4.金币04TBM235：1正、背面

5.金币04TBM238：5正、背面　　6.金币04TBM252：22正、背面

7.金币05TBM301：1正、背面　　8.金币05TBM304：5正、背面

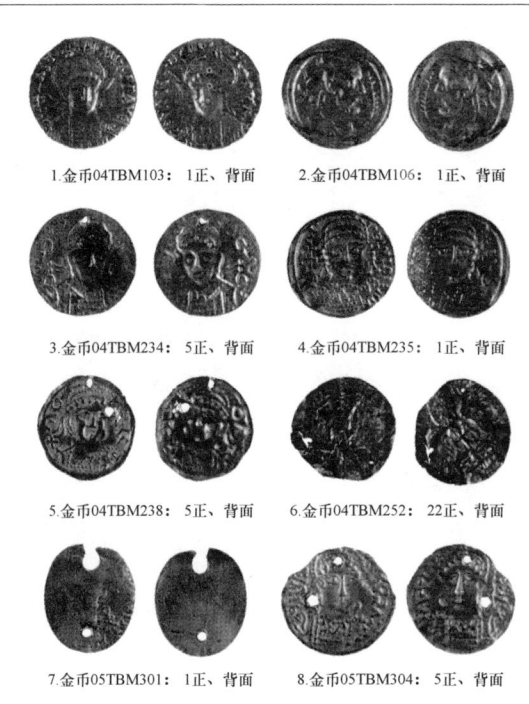

图版四

1.金币04TBM237：1　　2.银币04TBM216：6正、背面

3.银币04TBM225：9正、背面　　4.银币04TBM244：1正、背面

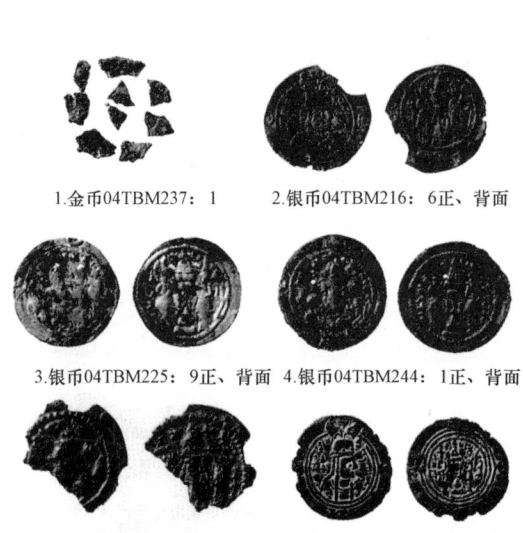

5.银币05TBM301：4正、背面　　6.银币05TBM303：8正、背面

图版五

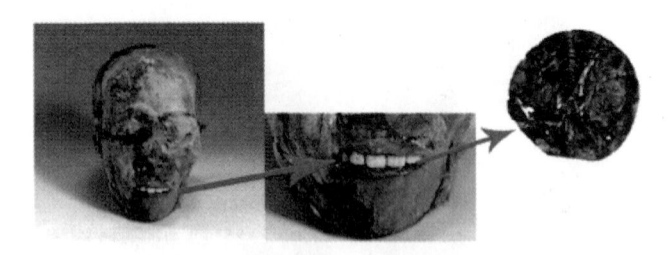

178　考古所见古代新疆地区的东西方文明交流

1. 04TBM252 男性尸口中金币

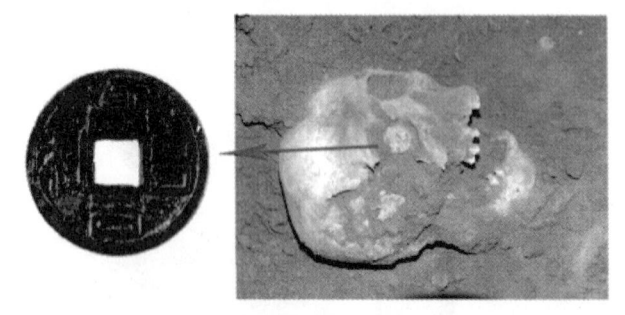

2. 04TBM238 出土 "高昌吉利" 铜钱

3. 铜钱 05TBM302：4-1　　4. 铜钱 05TBM302：4-2　　5. 铜钱 05TBM301：5

图版六

图版七

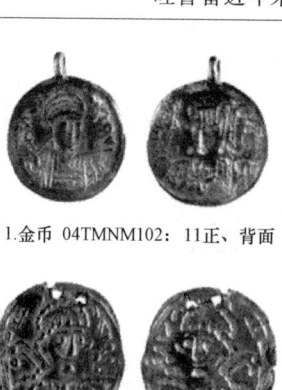

吐鲁番近年来出土的古代钱币　　　　　　　　　　　179

1. 金币 04TMNM102：11正、背面  　　2. 金币 04TMNM103：3-1正、背面

3. 金币 04TMNM103：3-2正、背面 　　4. 金币 05TMNM203：33正、背面

5. 金币 05TMNM214：1正、背面 　　6. 金币 05TMNM302：1正、背面

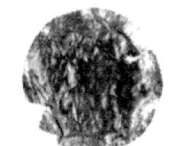

7. 金币 05TMNM312：1正、背面

图版八

1. 银币 05TMNM203：32正、背面 　　2. 银币 05TMNM301：1正、背面

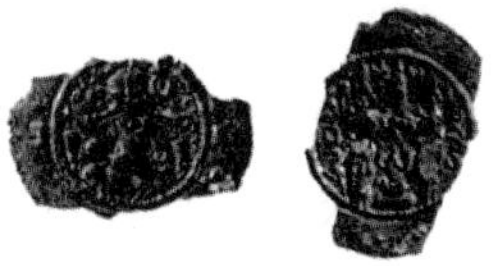

3. 银币 05TMNM301：2正、背面 　　4. 银币 05TMNM306：24正、背面

图版九

1. 银币 04TAM5：5 正、背面

2. 铜币 04TAM408：21　　3. 铜币 04TAM409：20

图版十

（作者单位：李肖，中国人民大学国学院；张永兵，新疆吐鲁番学研究院；丁兰兰，江苏无锡阖闾城遗址博物馆）

吐鲁番——欧亚大陆种族、语言交流的十字路口

李 肖

在漫长的历史长河里，伴随着史前时期不同人类族群在欧亚大陆之间的迁徙游动和历史时期横贯欧亚的丝绸之路的开通，以西域为代表的内陆亚洲地区便成为这些文明交流的通道，吐鲁番则相当于欧亚文明交流汇聚的十字路口。

新疆古称西域，位于中亚东部，是欧亚大陆极为封闭的自然区域之一。虽然近百年来的考古发掘证实最迟在距今约4万年前就有人类在此生活，但从未发现这些人类的遗骸化石，只是从发现的石器可以得出其打制技法属于欧洲旧石器的打制技法，和东亚地区的旧石器有所差别，因此，从石器的打制技法上分析推测，这些石器的主人可能和欧洲地区有着更为密切的联系。

从距今约1万年前到距今约4千年，是新疆的细石器时代或者是前陶新石器时代，因为从这一时期的遗迹中只发现有细石器，而未发现有陶器的痕迹。由于种种尚无定论的原因，考古学家们同样没有发现这一时期人类的居址和墓葬，而这些细石器的风格又和中国河西走廊地区及内蒙古地区较为接近，所以推测新疆这一时期的居民可能和中国西北地区的狩猎文化有一定的关系。至于这些人类使用哪个语系的语言，则只能依据一些语言学家的推测。

到了距今4千年以后，新疆各地均已进入青铜时代，这些青铜文化都已经非常成熟，和周边地区，特别是中亚西部、南西伯利亚地区的文化有着极为密切的关系。可以视为是上述地区古代文化迁徙、扩散的结果。这

些青铜文化是以游牧部落为载体进入新疆的。从历史时期的文献记载来看，无论是生活在阿尔泰山地区，还是生活在天山以北地区的游牧民族，都是后来称为"塞"、"塞克"、"斯基泰"人的近亲，也就是操印欧语系中"塞语"的民族之一，他们的分布范围甚至翻越天山，一直扩散到天山以南，塔里木盆地西缘的喀什、和田以及昆仑山地区。历史文献记载，距今约2千年前在西域立国的"塞"、"乌孙"、"于阗"、"疏勒"等西域古国的先民就是这些青铜时代"塞语"系的民族。

除此之外，还有一支早于塞人进入西域地区的游牧文化，他们就是所谓的吐火罗人，操印欧语系的一个古老的分支——吐火罗语。这些人一部分分布在东天山地区的哈密、吐鲁番和昌吉地区，最远到达河西走廊的中部至敦煌一带，建立了后来称为月氏和姑师的王国；一部分进入罗布泊盆地，建立起楼兰王国；第三部分进入塔里木盆地北缘的焉耆绿洲和库车绿洲，分别建立起龟兹王国和焉耆王国。吐鲁番、焉耆、罗布泊地区的吐火罗人操甲种吐火罗语；库车地区的则操略有差异的乙种吐火罗语。

最后，在和塔里木盆地接壤的青藏高原西部，阿尔金山地区，还生活着一些操藏羌语族的羌人部落，是后来青藏高原西部女国的先民。

到了西汉以后，由于汉朝和匈奴战争范围的扩大，西域地区便成为汉匈两大民族角逐的战场，随着这两大民族势力的进入，西域地区的语言构成也开始出现深刻的变化。首先是从汉至唐，操汉藏语系的中原人进入西域，并在吐鲁番、库车、和田地区建立移民机构，进行系统的移民屯田，其中以在吐鲁番盆地建立的高昌郡、高昌国最为成功，使西域真正出现了以汉语为主要语言的中原民族的聚居区。其次是操阿尔泰-通古斯语系的匈奴人进入西域，虽然他们自身并未形成匈奴民族的聚居区，但生活在蒙古高原的匈奴人，姑且不论他们是阿尔泰语系里的突厥语族还是蒙古语族，却为此后操突厥语民族和蒙古语民族进入中亚打开一条民族迁徙的通道，从此以后西域地区就开始进入突厥化的民族变迁过程。丝绸之路的开通也为欧亚大陆各语系民族的进一步交往创造了极为有利的社会环境。

魏晋南北朝到唐西州时期，天山以北地区均为着操突厥语的游牧国家所控制，天山以南、塔里木盆地北缘诸国随着王室成员和突厥人联姻通婚，越来越多的突厥人进入印欧语系民族建立的国家，开始出现突厥化的过程。

汉语系民族的生活范围种族是以吐鲁番盆地为中心并辐射到于阗、疏勒、龟兹等环塔里木盆地地区。这期间，虽然有很多生活在中亚两河流域的粟特人移民到西域地区，由于他们是不成系统的移民，又没有强大的军事集团为后盾，所以很快就消融在汉、突厥和西域土著居民的汪洋大海之中。但是，由于他们所使用的粟特语是丝绸之路上的通用语言，而且操突厥语的突厥人也多以粟特人为秘书和商业委托人，所以粟特语在商业、中央王朝和北方游牧政权的沟通联系上承担着不可取代的重要作用。

唐朝后期随着吐蕃人的兴起，整个西域地区都为吐蕃所控制，他们虽然在整个西域都派驻有军队，并且在塔里木盆地南缘移民屯田，但由于占领西域的时间较短，其相对落后的文化又不为西域各民族所认可，所以当吐蕃王朝发生内乱后，吐蕃人立刻就从西域消失得毫无踪迹，其语言也只是在藏传佛教重新崛起后随佛教典籍传入西域。

随着唐朝后期失去对西域的直接控制，原来生活在蒙古高原的回鹘人失国后大量迁入西域避难，西域地区便开始了突厥化的过程。这期间，由回鹘人建国于西域西部的喀拉汗王朝，为推行伊斯兰教化而对库车、和田地区进行的圣战，也是西域突厥化—维吾尔化的重要一环。

西辽的建立，使得操阿尔泰语系东胡语族的民族也开始进入西域，这些契丹人口极少，统治时间又短，当蒙古大军进入西域后，他们就踪迹全无了。但由于建立西辽国的契丹人汉化程度较高，所以西域当地的人们就把他们等同于中国内地的汉族人，将"契丹"的称号给了汉族。

元代，大批操阿尔泰语系蒙古语族的蒙古人随着成吉思汗西征的大军进入西域，特别是天山以北地区都成了蒙古人游牧的家园，他们取代了以前在此游牧的突厥语民族，使天山以北地区的民族构成又一次发生了彻底的变化。

而在天山以南的环塔里木盆地地区，统治这里的蒙古贵族由于很快地从处于被统治地位的维吾尔人那里接受了伊斯兰教，所以和其下属的蒙古人一起便融合到了维吾尔人当中。

到了明代，西域民族构成的基本状况就是天山以北，包括准噶尔盆地，是蒙古准噶尔部的地盘；天山以南，包括环塔里木盆地和哈密、吐鲁番在内的东天山地区，是维吾尔族的聚居区。两千年前广泛生活在西域地区的印欧语系民族，就仅剩下生活在帕米尔高原、操东伊朗语支的塔吉克人了。

随着清朝重新领有新疆，新疆的民族构成又有了极大的变化，而且这种变化一直影响到新疆今天的民族分布及构成格局。当时清朝政府为了稳定新疆，除了在今天的伊犁地区和塔城地区长期驻扎有满族、锡伯族、达斡尔族等阿尔泰－通古斯语族东胡语支民族的军队之外，还从内蒙古东部迁来了察哈尔蒙古驻扎在今天的博尔塔拉蒙古自治州来协防新疆的边境安全。此外，大量的汉人士兵、农民、服劳役的囚犯和稍后迁来的回族也随之散居到新疆各地；另外有一些生活在阿尔泰山地区（这一地区在民国以前不归新疆管辖，而属于清朝的乌里雅苏台将军管制）和哈萨克草原上哈萨克族由于清朝和沙俄划界等原因，也成为新疆的常住居民，这些民族共同奠定了今天新疆民族分布版图的雏形。

通过百多年来的考古发掘和各国专家潜心释读，基本上可以认定在漫长的历史时期，以吐鲁番为代表的新疆地区，曾经流行过用约十几种文字或字母书写或拼写的约二十一种语言，计：

1. 汉语文
2. 阿拉伯语文/波斯语/察合台文
3. 契丹文
4. 突厥/回鹘文
5. 藏文/八思巴蒙文
6. 梵文
7. 印度俗语
8. 混合文字
9. 叙利亚语文；叙利亚文/突厥语
10. 波斯语文
11. 帕提亚语文
12. 巴克特里亚语文
13. 粟特语文/回鹘文/托忒蒙古文/满文
14. 婆罗谜文
15. 于阗塞语
16. 图木休克语
17. 吐火罗 A
18. 吐火罗 B
19. 希腊语文

20. 西夏语文
21. 希伯来文/波斯语

这些其中已经变成"死文字"的古典语言文字，曾经是丝绸之路上不同文明集团的交流媒介，它们根植于今天欧亚大陆仍在使用的语言文字当中，成为现代人们思维、交流所使用词句中的重要组成部分，只是由于这些语言文字的"源代码"已经消亡很久，让今天的人们不知出处在何方。

国外考察队吐鲁番探险回顾

19世纪末20世纪初，随着各个帝国主义国家在西亚、南亚和中亚地区的扩张碰撞，同时也伴随着大清王朝统治的中华帝国的衰落，新疆这块由冰峰雪岭所环绕，为戈壁、沙海所阻隔，为河流所分割的中亚最封闭的地理单元逐渐走进了那些醉心于中亚、西藏地理大发现的西方探险家眼中，那里遥不可及、被各种传说所笼罩的绿洲废墟成为他们所追寻的终极目标，早已湮灭在历史沙尘中的丝路重镇吐鲁番就这样从历史又回到了今世。

1. 从1893年开始，俄国人罗波洛夫斯基、科兹洛夫和克列门兹，都先后来到吐鲁番并带走大量出土文物。由此，开启了吐鲁番考古探险的大门。

2. 1902—1912年，德国共组织了四次新疆考察探险，都以吐鲁番考察为名义，但考察范围涉及整个新疆塔里木盆地北沿全境。

3. 1902年，日本西本愿寺长老大谷光瑞开始组建西域探险队，到1910年，他们一共进行了三次西域考察，其中第二次和第三次，在吐鲁番都大有收获。因为他们进行了墓葬挖掘，所以获得了大量文书。

4. 1913—1915年，斯坦因第三次中亚考察，在吐鲁番收获尤其丰富。他不仅切割壁画，还对阿斯塔那墓地进行了系统发掘，多达34座古墓被他一次挖掘完毕。

黄文弼开启中国吐鲁番考古先河

1928年，是吐鲁番学的一个里程碑时刻。中国、瑞典联合西北考察团成立，作为中方的成员，黄文弼开始了他的西北考察活动。1928年和

1931 年，黄文弼两次重点考察吐鲁番，古代遗址、古代石窟和古墓地都是他的考察对象。黄文弼的考察与研究，不仅揭开了吐鲁番学研究的一个新阶段，更重要的是黄文弼的学术活动标志着中国的吐鲁番学取得了坚实的成果，在历史文献的整理和研究方面甚至具有主导地位。

以唐长孺为首的吐鲁番出土文书整理小组的辉煌时代

1959—1975 年，新疆考古部门在吐鲁番阿斯塔那和哈拉和卓先后进行了 13 次发掘，出土了大量文书和文物。1975 年开始，国家文物局成立了以唐长孺为首的吐鲁番出土文书整理小组。从 1981 年开始，陆续出版了十册录文本《吐鲁番出土文书》。到 1996 年，四卷本图版录文对照本也出版完毕。与大谷文书相比，这批新出的吐鲁番文书，有系统发掘记录，符合考古学的要求，所以在释读和理解上更加便利。此外，文书数量多、内容丰富，对于相关的研究促进很大。国内吐鲁番学从此进入一个研究的高峰时期。

吐鲁番柏孜克里克千佛洞出土文献整理情况

1980—1981 年，对柏孜克里克千佛洞进行清理，获得 800 多件古籍、佛经及胡语文书。其中汉文文书 796 件，回鹘文文书 96 件，汉文、回鹘文合璧文书 133 件，婆罗谜文文书 27 件，汉文、婆罗谜文合璧文书 12 件，粟特文文书 13 件，西夏文文书 3 件。

1. 汉文佛经文书的整理、定名、编目

1995 年以后，《吐鲁番柏孜克里克千佛洞出土文书整理编目》被列入新疆维吾尔自治区"九五"社会科学项目，在此期间，吐鲁番文物局和博物馆课题组成员对每件文书的尺寸、形制和写印本进行了测定、分辨、编号和登记；并对每件文书进行了拍照、放大，尽可能地对每件文书的内容作出定题、断代、定名。至 2007 年，大部分佛经定名、编目工作完成，《吐鲁番柏孜克里克石窟出土汉文佛教典籍》经文物出版社正式出版发行。

2. 胡语文献的初步释读研究

针对 1981 年夏天柏孜克里克千佛洞 65 号窟出土的保存完好的 3 件粟特文书和 5 件回鹘文文书，吐鲁番地区文物局与日本粟特语专家吉田丰、回鹘语专家森安孝夫合作对其进行研究，此 8 件文书，全部是摩尼教徒的书信。其中81TB65：1，是由九张纸粘贴连接而成的长卷，高26、长268厘米，存墨书粟特文135行，在接缝处和底行书写的地方钤有朱色印鉴，中间是一幅工笔重彩的插图，有一行金字标题。此外，吉田丰在1980年柏孜克里克出土的约800件文书中又释读出10余件粟特文残片，均为佛教文献。其成果入吐鲁番地区文物局编《吐鲁番新出摩尼教文献研究》之中，由文物出版社2000年出版。

3. 胡语文献的全面释读研究

2007年，吐鲁番学研究院与日本、德国开展了关于共同整理研究新疆吐鲁番等地出土非汉文古文献的合作项目，此次合作旨在对1980—1981年在柏孜克里克石窟寺出土的非汉文古代文献，主要是回鹘文文献及已经公开和未公开刊布的古代文献进行整理与研究，参加此次合作的人员除了吐鲁番学研究的相关人员外，还有国内外非常知名的回鹘语专家，如国内有耿世民、张铁山、迪拉娜·伊斯拉菲尔、安尼瓦尔·哈斯木；国外有梅村坦、庄垣内正弘、吉田丰、松太井以及德国柏林吐鲁番学研究中心阿不都热西提·亚库甫教授、D. Durkin-Meisterernst（德金）教授。

历时三年，经学者们的共同努力已经取得了如下可喜的研究成果：（1）吐鲁番柏孜克里克1980年出土的约500多件回鹘文书的编目、排版、校正工作已经结束，目前正准备将所获成果公开出版发行。释读工作和校正工作也正在有序展开，并且所有的文献都以高清的电子照片上传到此次研究指定的网站里，每一件文献都附有文字描述和记录，这对其他学者深入研究回鹘文提供了科学有效的网络平台。此外学者们纷纷对这些非汉文文献进行了详细认真研究并撰写有关论文。

近年来吐鲁番考古发掘新发现

1. 2003年3—5月，新疆文物考古研究所与吐鲁番地区文物局合作，对洋海古墓进行了抢救性发掘。共清理发掘509座墓葬，其中一号台地216座，二号台地213座，三号台地80座。

洋海古墓出土的器物之多也让人叹为观止，最引人注目的要算两件竖箜篌了。竖箜篌基本保存完好，是用整块胡杨木刻挖而成，长60.6厘米，由音箱、颈、弦杆和弦组成。音箱上口平面呈长圆形，底部正中有三角形发音孔，口部蒙羊皮。蒙皮正中竖向穿一根加工好的柽柳棍，再用5个小枝等距分别穿在竖棍下，枝、棍交叉呈"十"形露出蒙皮，再分别引一根用羊肠衣做的琴弦到弦轴上（图1）。

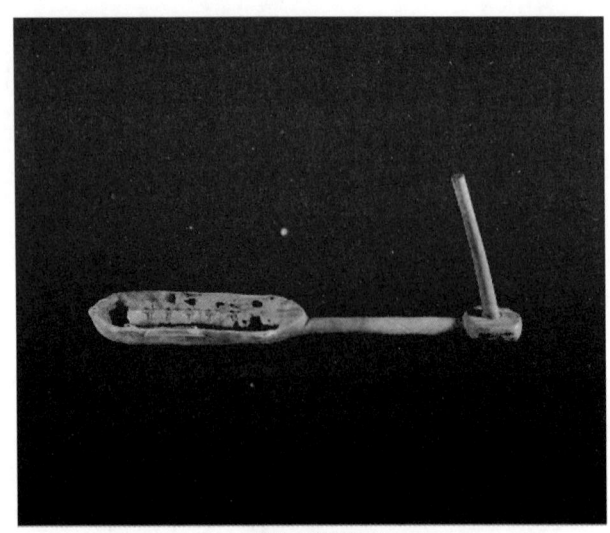

箜篌（竖琴）Harp
□ 车师时期。音箱，长30、宽9.8、深3.5厘米。底部三角形发音孔边长3.6厘米。箱壁厚0.5—0.8厘米。颈长30.6、直径2.8厘米。弦杆长22、直径长1.8厘米。
□ 鄯善县洋海墓地。现藏于吐鲁番地区博物馆。
□ 由音箱、颈、弦杆和弦组成。音箱与颈连为一体，用整块胡杨木刻挖而成。音箱上口平面长圆形;颈为圆柱形，颈尾连接着音箱;弦杆圆柱形，杆尾较粗，插于颈首圆孔，与琴颈夹角82度，杆着有明显的五道系弦痕。

图1　吐鲁番洋海墓地出土箜篌　摄影：张永兵

据考古资料显示，竖箜篌发源于西亚美索不达米亚，最早存在于古代巴比伦、埃及、希腊的音乐中。竖箜篌传入我国中原的时代，最早有文字记载是在东汉。在新疆，考古工作者1996年在且末的扎滚鲁克墓地发掘、出土过三件竖箜篌实物，时代为公元前5世纪前后。

据考证，洋海和且末两地出土的竖箜篌形制与埃及、西亚所见的箜篌十分接近，应起源于西亚。洋海古墓只保存了皮面连接弦的部件，弥足珍贵。它证明，西域早于后汉灵帝前就有了竖箜篌，而公元前后由西域传入中原也是完全有可能的。

2. 2004年10月至2005年3月，吐鲁番地区文物局对被盗扰严重的巴达木墓地进行清理发掘，共发现墓葬82座，实际清理79座，其形制可分斜坡道土洞室和斜坡道带天井土洞室墓两型。其中斜坡道土洞室墓占大宗，为76座；斜坡道带天井洞室墓3座，地表原封土均残蚀无遗。共出土随葬品700余件，以陶器为主，次为木器，另有泥、铜、银、金、珠、石、骨器及丝织品、墓志、文书等。时代为麴氏高昌国至唐西州时期（图2）。

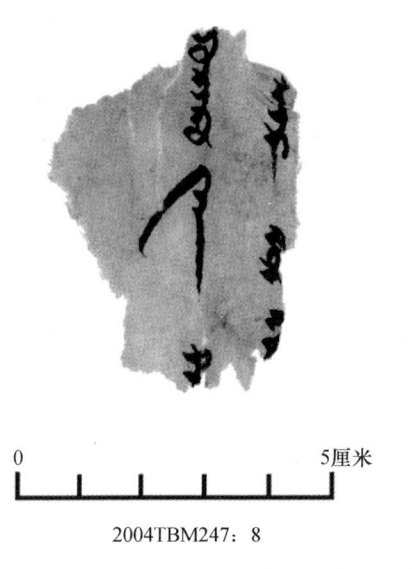

2004TBM247：8

图2　巴达木墓地出土粟特语文书　摄影：张永兵

3. 2004年至2005年，吐鲁番地区文物局先后三次对木纳尔三个台地被盗墓葬进行考古清理，共清理墓葬42座，其中竖穴偏室墓和斜坡道带天井土洞室墓各1座，余40座均为斜坡道土洞室墓。共出土随葬品310件，按质地可分为陶器、泥器、木器、铁器、铜器、银、金币及墓志、文书等。时代为麴氏高昌国晚期至唐西州早期（图3）。

4. 2007年底和2008年3月，在胜金店墓地发掘墓葬36座。

胜金店墓地位于吐鲁番市胜金乡胜金店村南郊、胜金店水库与火焰山之间的坡地上。为了配合312国道吐鲁番—鄯善段复线工程建设，前期考古调查中被发现。2006年5月，自治区文物考古研究所曾在公路北侧进行了考古发掘，考古资料尚未公布。2007年修路施工时挖掘机在路边山坡上取土，挖出了人骨和器物，靠近公路南侧的墓葬始被发现。同时，吐鲁番学研究院的文物考古人员进行了调查。

2007年10月，在请示并得到自治区文物局许可后，吐鲁番学研究院考古研究所组织考古专业人员进行了抢救性清理。发掘工作分两个阶段进

三足彩陶盆Painted Pottery vessel with hooflike legs
□ 麴氏高昌国时期。高24.8、口径28、底径24.8厘米。
□ 吐鲁番市木纳尔墓地出土。现藏于吐鲁番地区博物馆。
□ 方唇，直口，斜腹，平底，三足仿兽足。器表模压珠纹，宝相花纹、映射何纹组合图案，器内壁涂红彩，品沿内外及腹部用红线勾画界格。

图3　木纳尔墓地出土三足彩陶盆　摄影：张永兵

行，第一个阶段从2007年10月14日开始至11月30日结束，开10×10米探方9个，发现并发掘墓葬26座。第二个阶段从2008年4月4日开始至4月28日结束，又开10×10米探方4个，发现并发掘墓葬5座。2次共发掘墓葬31座，出土了一批有价值的文物。

这一时期的墓葬中还有一部分带有床形葬具，即尸床，为木材制成的长方形床形葬具。从洋海、胜金店墓地的发掘来看，它往往和棺罩配套使用，如果推测棺罩是仿自车篷的话，那么尸床则代表了车厢，由棺罩和尸床构成的葬具组合意味着死者在冥界居住的帐篷，是活人世界所居住的帐篷的镜像反映。众所周知，游牧民族不使用床之类的卧具，因为它不便于迁徙和摆放，而是直接在帐篷的地面上铺陈毛毡、地毯或兽皮等柔软、可折叠的物品作为卧具。阿尔泰－南西伯利亚和吐鲁番盆地同时期墓葬中的葬具在形制和使用方式上的一致性，说明了这两个地域在丧葬文化上的密切联系（图4）。

北京大学、新疆吐鲁番学研究院、中国人民大学国学院整理出版的《新获吐鲁番出土文献》

近年来吐鲁番洋海、巴达木、木纳尔的考古发掘，出土了大量的纸质文书、墓志等珍贵文献，同时又陆续征集了近十多年来从吐鲁番地区流散出去

图4　胜金店墓地出土棺罩　摄影：李肖

的古代文书，有着极高的史学价值（图5）。2005年10月，吐鲁番文物局、新疆吐鲁番学研究院与北京大学中国古代史研究中心、中国人民大学国学院西域历史语言研究所合作，由荣新江、李肖、孟宪实三人负责，组成了一个"新获吐鲁番出土文献整理小组"，开始从事整理工作。经过三年多的努力，至2008年4月《新获吐鲁番出土文献》正式由中华书局出版。

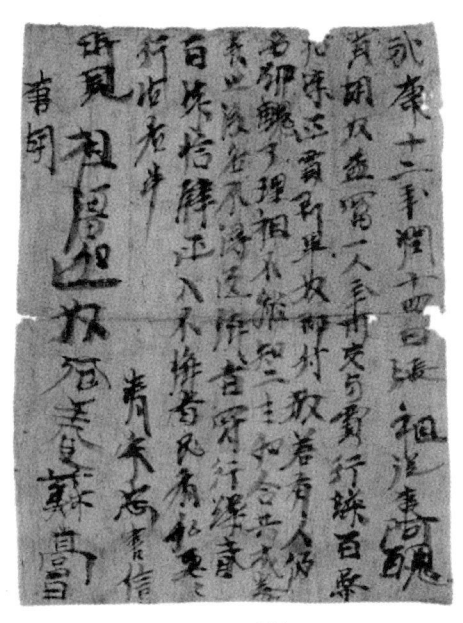

97TSYM1：5正面

图5　吐鲁番新出土文书　摄影：张永兵

吐鲁番雅尔湖石窟突厥文题记的调查与释读

雅尔湖石窟位于吐鲁番市西约 10 公里交河故城西南河谷南崖壁上。下距河谷底约 20 米，窟区东西长 40 余米。现存洞窟自西向东依次编号 7 个窟。窟前有宽约 4.5 米的平台，从崖前残留痕迹看，应有廊檐等木构建筑物与洞窟结合为一个整体。平台两端尚存阶梯通道与谷底连接。1 号窟西 15 米内是塌毁的僧房废墟，阶道入口处西侧露出两条烟道，上部合一，显然是两灶合用一烟囱。7 号窟东 10 米内，有两处坍塌的洞窟遗迹，也发现灶台的痕迹，南壁还残存一个小龛。若包括两侧塌毁的僧房残迹，东西长约 65 米。

窟内存壁画的有 4 号窟与 7 号窟，于此，我们暂且不提。另外一个引人瞩目的就是窟内存有多种语言的题记。如 1 号窟主室后壁有红色汉文题记，字迹难以辨认。2 号窟后壁和窟门西侧壁残存零散红色汉文题记。西壁有尖硬物刻画的竖行回鹘文。3 号窟窟内东西侧壁有零散的红色汉文题记，西侧壁还有尖硬物刻画的汉文文字。4 号窟主室券顶部分的千佛图像，存有大量汉文千佛榜题。6 号窟窟门两侧壁上有零散的红色汉文题记，均难以识别。

然而，雅尔湖石窟最具魅力、最难以辨认的语言文字还算是窟内存在的大量看似杂乱无章的突厥文题记。这对于解读古代操突厥语民族在吐鲁番的社会生活有着极为重要的历史意义。缘此，2009 年，新疆吐鲁番学研究院与北京大学中国古代史研究中心、土耳其阿塔图尔克大学三方联合，旨在对吐鲁番地区的古代突厥文献刻铭进行调查和整理，包括刻写在洞窟墙壁和石质墓志等材料上的铭文，进行拍照、录文、转写和研究，此项工作历时三年。2010 年 9 月，北京大学中国古代史研究中心罗新教授协同土耳其阿塔图尔克大学成吉思·阿勒耶勒玛孜（Cengiz Alyilmaz）教授等学者来吐鲁番进行实地考察，重点对交河故城雅尔湖石窟寺内的几个洞窟进行了考察，并对其中两个洞窟墙壁上刻写的古代突厥文进行了拍照、转写和整理等前期工作。经初步研究可知晓这是属于突厥语民族曾经崇拜和信仰佛教的非常重要的一段历史，清晰地反映出当时突厥族与中央政府之间存在有着鲜明的隶属关系，也可证明新疆自古以来就是一个多民族、多宗教、多文化汇集的区域（图 6）。

图6　吐鲁番雅尔湖千佛洞石窟壁上的突厥卢尼文刻画题记　摄影：李肖

2010年吐峪沟石窟东区的清理发掘

2010年4—5月，为配合丝绸之路（新疆段）申报世界文化遗产项目，以及吐峪沟千佛洞山体加固工程，吐鲁番研究院与中国社科院考古研究所、龟兹研究院合作，于2010年春季对吐峪沟千佛洞东区北侧部分洞窟及窟内进行保护性考古发掘。经过本次发掘，清理出原先完全被山体崩塌所掩压而未知的洞窟四组，面积在二百平方米以上。原先部分显露洞窟的清理，也获得了许多原来位置的信息，修正了长期以来对于吐峪沟石窟的一些错误认识。更为重要的是，本次发掘比较注意石窟前遗迹现象的处理。经过此次发掘，清理出了大量的窟前殿堂、地面、门道、阶梯等重要的遗迹现象，对认识新疆地区的石窟建筑形制提供了重要的新认识，同时也解决了吐峪沟东区石窟族群结构、功能等长期以来混而不清的问题。这为中国古代石窟、古代建筑的研究提供了新的宝贵资料。本次发掘中还出土了文书、壁画等大量珍贵的文物。此外，还新发现了一处地面回鹘佛寺遗址，预计面积500平方米左右。经新疆维吾尔自治区文物局批复，抢救性发掘了约100平方米面积。发现佛寺殿堂一处及相关的仓储、厨房的生活设施。清理壁画残存面积7.2平方米，发现有回鹘文题记。出土的重要文物有汉文、回鹘文写经等（图7）。

图 7　吐鲁番吐峪沟千佛洞沟东区发掘现场　摄影：李肖

总体看来，这次发掘对了解吐峪沟，乃至整个吐鲁番地区、古代新疆地区的历史宗教文化提供了许多宝贵的资料。

结　语

语言是承载文明的基础，由于种种原因，有很多曾经在欧亚大陆上流行过的语言随着他们的使用者消融在历史长河之中而湮灭，只有少许的记忆残片为其他人群所保存。吐鲁番独特的自然环境、位于东西方文明交流的十字路口这一独特的位置，使得这些已经消失很久的文明介质在干燥、炙热的土地下完好无损地沉睡了一两千年，直到百多年前，随着西方文明的崛起，才由到西域地区考察的西方探险家发现，打开了这一尘封弥久的封印，生活在今天不同文明体系下的人们才得以了解他们曾经拥有但今天已经失去的独特语言，和这些语言所承载的远古文明。

（作者单位：中国人民大学国学院）

新疆山普鲁古毛毯上的传说故事

段 晴

2007 年，寻找玉石的人在新疆洛浦县山普鲁乡的古河道挖掘，无意中几块栽绒毯被挖出来，其发现情况祁小山曾做详细报道："这 5 条栽绒毯出土于洛浦县山普鲁乡县总闸口巴什贝孜村东南的戈壁冲沟中，距巴什贝孜村直线距离 700 米，地理坐标为北纬 36°53′10″，东经 79°57′02″，海拔 1522 米。栽绒毯埋藏于用石头砌成的一个长方形坑内。这 5 条栽绒毯中，两条呈长方形，三条为方形。"① 刚出土时，挂毯的颜色无比鲜亮，难以相信它们来自遥远的古代。其中一块方形毯上织有婆罗谜字母的于阗语文字，其中 spāvata-"萨波"（首领）一词使用了古老的拼写模式，据此判断，这些毛毯应织成于 5—7 世纪之间，因为古代于阗直到公元 5 世纪时才开始使用婆罗谜字，而到了 8 世纪时，已经普遍使用 spta-之简化形式了。五条栽绒毯中，有三块图案几近一致的方毯，上面织有供养人的名字，笔者已于先期发表的文章中做过解读。② 本文着重对两块长方形毯的图案进行解读。为方便叙述，分别称人物多者为 1 号毯（祁文编号 08LPSB1），人物少者为 2 号毯（祁文编号 08LPSB2），排列如下图。③

---

① 祁小山：《新疆洛浦县山普鲁乡出土的人物栽绒毯》，《西域研究》2010 年第 3 期。
② 关于婆罗谜字在丝路南道的使用之始，参阅 Lore Sander, "Remarks on the Fromal Brahmi Script of Gilgit, Bamiy-an and Khotan"，载于 Antiquities of Northern Pakistan: Reports and Studies, e-d. Karl Jettmar et al. Mainz: P. von Zabern, 1989, pp. 107 – 130, 具体见第 114 页。另外，关于三块毛毯上婆罗谜字的解读，请参阅笔者的文章《新疆洛浦县"山普鲁"的传说》，《西域研究》2014 年第 4 期。
③ 图中从 a 到 f 的排列借鉴了张禾的排列，但略有不同，详见下文。

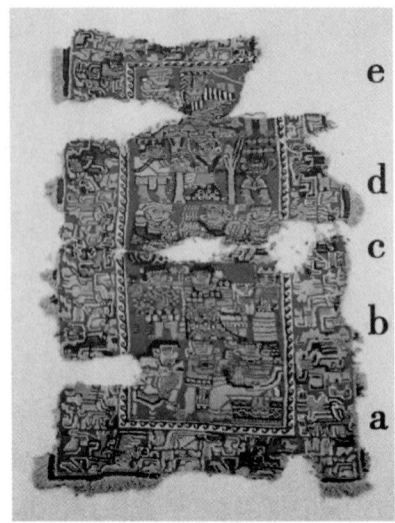

1号毯　　　　　　　　　　　2号毯

一　克里希纳之说不能成立

这批毛毯发现之后，立刻引起旅美华人学者张禾的关注，她连续用汉语、英语撰文，对毛毯上图案、内容一探再探，提出了解析方案。她认为，两次出现在毛毯上的蓝色人物是印度教中牧牛神克里希纳①，并且在《初探》一文中概要介绍了印度教克里希纳的传说。尤其应称道的是，张禾在《风格研究》②一文中以图案底部为起点，将1号毯的众多人物从下到上，从 A 到 G，分出 7 个层次，以方便叙述。她所绘制的线描图将毛毯上的图案清晰地勾勒出来，效果非常直观。但是，张禾对毛毯图案之来源的分析显得颇为混乱。她一方面认为图案反映的是典型的印度教克里希纳的故事，另一方面又在《风格研究》中认为："这种在纺织物中以编织手法表现众多人物故事的传统在罗马时期的西亚和埃及纺织物中非常多见。"如此将西

---

① 张禾：《新疆洛浦山普拉出土人物纹栽绒毯内容初探》，《西域研究》2011 年第 1 期（简称《初探》）。
② 张禾：《新疆洛浦山普拉出土人物纹栽绒毯艺术特征及风格研究》，《西域研究》2012 年第 4 期（简称《风格研究》）。

亚、埃及和南亚杂糅一处,实际上恰恰是未能道破此中玄机的表现。

在印度教中,克里希纳是三大神之一毗湿奴的第八个化身,而且是完整的化身。作为毗湿奴之化身的克里希纳出生之后,还在幼童时期,便完成种种神迹,例如他逼退了蛇王迦里耶(Kliya),为了与因陀罗倾泻的暴风骤雨相抗衡,他用双臂举起一座山,为牧牛人遮风避雨。作为牧童的克里希纳喜欢小小的恶作剧,以讨牧牛女的欢心,为她们偷黄油,趁姑娘们下湖洗澡偷走她们的衣服,以他美妙的笛声为姑娘们舞蹈伴奏。克里希纳的笛声具有魔力,可以驯服所有野兽。

人造神像,为的是祈福,特定的神灵一定具备独有的特征。印度教神的造像,往往体现为多臂,四臂神像最为常见。神祇克里希纳既然是大神毗湿奴的化身,他的造像往往具有毗湿奴的配饰,例如手中持杵,另一手举起形成莲花状。① 作为独立的神灵,克里希纳的造像源自他的神迹,往往表现为吹笛者,或者足踏蛇王的形象,而印度教的蛇王,必然有多蛇头组成扇形冠之形象。印度教各个大神造像很重要的一个元素,便是头饰,化身成人形的毗湿奴神,无论作为罗摩还是克里希纳,二者头上必有王冠。克里希纳的典型形象如下图所示。②

---

① 关于克里希纳的造像风格,可参阅 Eckard Schleberger, "Die indishce Gtterwelt, Gestalt, Ausdruck und Sinnbild, ein Handbuch der hinduistischen Ikonographie", ln: *Eugen Diedrichs Verlag*, 1986(以下简称 Schleberger 1986),第 82 页。

② 这两幅图选自 Schleberger 1986,第 81、82 页。

据此而观洛浦出栽绒毯，两次出现在1号毯、一次出现在2号毯上的小青人身裹兽皮衣，虽然脸是青色，但手、脚还是肉色，这样的描绘一来不符合克里希纳生来皮肤黝黑的形象，也丝毫体现不出他作为印度教大神的身份。人们为神灵造像，是出于信仰，出于对神的歌颂、赞美。在佛教盛行的古代于阗，有《造像功德经》为证①，人们造像是为了积累功德，为了祈福禳灾，未见放弃伟大的神迹而选择表现儿童的劣迹者。② 毛毯小青人头上，有表示大地的图案，显示此人物应处于地下。这一场景是无法还原到克里希纳的传说中。在印度教的群神中，穿兽皮衣者可以是湿婆，但未见克里希纳有身穿兽皮衣的形象。总而言之，将毛毯上的小青人判定为克里希纳不能成立，若要阐释毛毯图案，必须另辟蹊径。

二 波头纹的提示

洛浦所出的这些栽绒毯令人惊异，这是因为，栽绒毯的图案与古代于阗所出图像有天壤之别。于阗是佛教信仰地，自斯坦因起至近十多年所发现的出土文物，更多反映的是佛教的信仰。古代于阗人擅长绘画，画佛像、菩萨像，有屈铁盘丝的绘画风格。③ 这些风格，皆在和田地区出土的壁画上面得到了验证。在古代于阗是佛国的背景之下，再观栽绒毯，基本可以断定：其一，毛毯图案的主题是非佛教的；其二，或许因为图案是织入的，所以"屈铁盘丝"的风格也未能体现；其三，不但主题显示出非常见性，而且人物的表现也令人惊异。古代于阗语属于中古伊朗语的东支，操东支中古伊朗语的民族属于塞种人，而塞种人以头戴尖帽为服饰特征。塞种人的这一特征有居鲁士留在贝希斯顿铭文之上的图像为证，新疆地区出土文物中也有与此相呼应者，例如伊犁巩乃斯河南岸曾出土一尊铜人，

---

① 《造像功德经》仅存于阗文本和汉文本，参阅段晴《〈造像功德经〉所体现的佛教神话模式》，收入《于阗·佛教·古卷》，中西书局2013年版，第109页。

② 张禾认为，1号毛毯小黑人手中擎着的黄色物件，所表现的是偷来的黄油，见《初探》，第76页。

③ （唐）张彦远著，俞建华注释《历代名画记》载："尉迟乙僧，善画外国及佛像……画外国及菩萨，小则用笔紧劲，如屈铁盘丝，大则洒落有气概。"（人民美术出版社1964年版，第172页）

头戴十分醒目的尖顶高冠①，1985年且末县扎滚鲁克墓葬出土的一顶黑褐色尖顶毡帽，显示了古代塞种人的服饰风格②。尽管和田策勒达玛沟地区近年出土的壁画上未能见到戴着尖帽子的塞人形象，但出现在壁画上的各种人物、神灵，也与栽绒毯所描绘的人物服饰有明显的差异。达玛沟壁画更多描绘的是佛以及当地神灵的形象，佛的明显标志是头顶肉髻，而所有的菩萨以及波斯风格的神灵头上皆戴着富有装饰效果的王冠。还有一俗家供养人戴着唐代汉人的平巾帻作为头饰。③ 虽形象各异，但总体而言，达玛沟所出壁画上的人物形象是我们所熟悉的，可以用已经积累起来的对古代于阗文化的知识加以解释。但是1、2号栽绒毯的图案完全超出了我们所熟悉的领域。

虽然张禾对毛毯图案主题来源的理论不能成立，但是她对毛毯周边图案的分析却值得关注。针对1号毯和2号毯内框由白色和深蓝色组成的涡卷纹图案，她写道："这种涡卷纹是典型的古希腊罗马艺术中的装饰纹饰。它大量出现于公元前6—前5世纪希腊陶瓶画和公元1—5世纪罗马时期的意大利、西班牙、突尼斯、以色列、叙利亚等地中海沿岸国家的镶嵌壁画和地板画上。同样的涡卷纹饰样也大量出现在罗马时期的埃及和叙利亚的毛和麻纺织物，以及蒙古的诺音乌拉和新疆的楼兰、山普拉等地出土的毛织物中。"④ 实际上张禾已经将两河流域、爱琴海岸纳入了观察的视野。

1号毯和2号毯的内框纹样，专家称作涡卷纹，又称作波头纹。这样的纹饰出现在希腊、罗马以及中东古代民族的物品之上，再自然不过，因为这些民族生活在海边，横隔在岛屿与岛屿之间的是浩瀚的海水。那里的人们熟悉波浪的姿态，将波浪画入纹饰，合乎从自然到美术的升华规律。但是，这样的纹样出现在山普拉出土的毛毯之上，则是不自然的，因为横

---

① 王炳华：《古代新疆塞人历史钩沉》，《新疆社会科学》1985年第1期。更有人认为尖帽子不仅是塞种人的头饰，而且也是月氏人、吐火罗人的头饰，见尚衍斌《尖顶帽考释》，《喀什师范学院学报》1991年第1期。

② 新疆维吾尔自治区博物馆编：《古代西域服饰撷萃》，文物出版社2010年版，第19页。

③ 盛春寿、朱才斌等：《策勒达玛沟》，香港：大成图书有限公司。神灵形象见第32—33页，俗家供养人像见第36页。

④ 张禾：《新疆和田洛浦县山普拉人物栽绒毯艺术特征及风格研究》，《西域研究》2012年第4期。

在尼雅、楼兰、于阗等绿洲之间的，是无尽的戈壁和沙丘。这样的不自然意味深长，说明山普拉出土的纺织物上出现的波头纹所秉承的是异域的文化传统，源头应在古代的希腊、罗马以及地中海沿岸。

当我们把眼光投向这一片地域时，波头纹所框住的图案主题也似乎清晰起来。经过仔细分析图案上蜿蜒曲折的故事情节，我们发现，1号毯、2号毯所讲述的故事，竟然反映出古老的史诗《吉尔伽美什》之内容，这里为了叙述的方便，先扼要介绍《吉尔伽美什》以及与毛毯主题相关的篇章。

三　苏美尔、巴比伦的《吉尔伽美什》与《冥间》

人类历史上最古老诗篇《吉尔伽美什》发端于两河流域，诞生于公元前2000年前的苏美尔，又经古代巴比伦人改编。古代两河流域那些习楔形文字的书吏用苏美尔语、阿卡德语将这传说记录下来，刻写在泥板之上。随着楔形文字文化的灭绝，这一史诗的文字版也消失了，但史诗的许多情节在民间流传下来，影响了希腊史诗、犹太人的旧约故事，其中的一些人物更是融入了各个民族的民间文学。现代亚述学者，历经多年辛苦，终于破译了楔形文字，将一块块记录着吉尔伽美什故事的泥板翻译出来，于是我们有了英译本、德译本。国内外亚述学者对这一史诗在历史、社会、宗教以及习俗方面的分析，为解读新疆山普鲁毛毯的主题提供了强有力的依据。

《吉尔伽美什》由多层次的主题构成。依据阿卡德语文本，这些层次包括：（1）对恩基都的养育。在史诗中，恩基都是个与兽群一起长大的野人，后来成为吉尔伽美什最忠实的朋友；（2）吉尔伽美什在恩基都的帮助下，进入雪松林，共同杀死了森林魔鬼以及天界的公牛；（3）恩基都受到天神的审判，濒临死亡。吉尔伽美什看到了死亡，受到震撼，决心寻找永生的秘诀，哪怕是走遍天涯海角。他踏上了探寻永生之路。一路上遇到各种神灵，也见到了从前是人，后来经历了大洪水而像天神一样永生的乌塔纳毗湿特（ta-napi ti）。最终吉尔伽美什找到了能使人长生的仙药，却又被闻到仙草之芬芳的蛇偷走。这部人类历史上最古老的史诗体现了人类对永生的追求。史诗中生与死、神与人，还有忠诚和友谊，皆是人们乐于传颂的母题。

以上所述吉尔伽美什与恩基都合伙战胜恶魔的故事，显然与山普鲁古毛毯的主题不符。而古代的史诗版本中，与山普鲁毛毯的主题最为契合的，是吉尔伽美什、恩基都与冥间的故事（以下简称《冥间》）。这一则故事出自楔形文字阿卡德语《吉尔伽美什》的第 12 块泥板。这第 12 块泥板有其特殊之处：相关学者一致认为，无论从语言、行文风格、情节，抑或是从结构来判断，这块泥板的故事似是独立的，不能与前 11 块泥板的故事进行衔接。① 乔治（A. R. George）教授认为，第 12 块泥板是中巴比伦时期的产物，大约诞生于公元前 1500 年前后。《冥间》曾经影响了希腊诗人荷马的创作。《奥德赛》中访问冥间灵魂的章节，便是受到《冥间》的直接影响而产生的。②

12 块泥板的故事其实很简单。吉尔伽美什哭诉道："今天，我的球落入了冥间，我的棒落入了冥间。"恩基都说道："主人啊，您为何哭泣？今天，我将亲自把球从冥间为你取回，将亲自把棒从冥间为你取回。"③ 于是吉尔伽美什嘱咐恩基都，到了冥间，有些事情千万做不得，例如不能穿干净的衣服，否则冥间的人会知道来了陌生人，也不能穿鞋子，否则会踏出声响。恩基都进入冥间，却忘记了主人的话，他被大地扣留。为了让恩基都重返人间，吉尔伽美什求遍神灵，例如他说："恩基都没有死在与壮士的战斗中，是大地抓住了他。"众神灵一筹莫展。最后，吉尔伽美什来到依阿（Ea）神的庙宇，对依阿神重复了他的请求。依阿④神让武士乌古尔（Ukur）在地上打了洞，从这里恩基都的灵魂得以返阳，向吉尔伽美什描绘了在冥间的所见所闻。

12 块泥板还有苏美尔语和阿卡德语的对译部分，内容大致相同，但一些表述有些不同，例如帮助恩基都返阳的大神名叫恩基（Enki），即苏美尔语故事中掌管冥间的大神，而帮助吉尔伽美什开洞的武士叫作乌突

---

① A. R. George, *The Babylonian Gilgamesh Epic*, *Introduction*, *Critical Edition and Cuneiform Texts*, Oxford: Oxford University Press, 2003（以下简称 George 2003），volume I, p. 48。

② George 2003, p. 56.

③ 汉译根据 George 对第 12 块泥板标准版的英译，参阅 George 2003，第 729 页。关于将 pukku 和 mikku 分别翻译作"球"和"棒"，参阅 George 2003，第 898 页以下。

④ Ea 即苏美尔的 Enki，淡水之神，智慧之神，是帮助人类的神。引自 Stephanie Dalley, *Myth from Mesopotamia*, Oxford: Oxford University Press, 1989，第 320 页。

(Utu），等等。① 然而，比中巴比伦时期还要古老至少 500 年的苏美尔语的一块泥板，即于公元前 2000 年时抄写复制的一块泥板，也记载了吉尔伽美什的故事，但这一则故事，没有阿卡德语的版本，讲述的是 Pukku "球"和 Mikku "棒"的起源。这一则也属于《吉尔伽美什》之史诗范畴的苏美尔语故事，被称为《吉尔伽美什与桎柳之树》（以下简称《桎柳》）。② 因为《桎柳》的故事涉及"球"和"棒"的起源，所以亚述学家们普遍认为，阿卡德语的第 12 块泥板并未完整记录《冥间》的故事，而苏美尔语的《桎柳》应放在《冥间》故事之前。《桎柳》故事梗概如下：创世之初，天地分开，人类被造出，大神阿努（Anu）、恩利尔（Enlil）、依勒石基格（Ereshkigal）分别掌管上天、大地和冥间。恩基都启程从海上进入冥间。为了对这位大神表示尊敬，大海泛起波涛。一棵本来生长在幼发拉底河之岸的桎柳（huluppu）被风连根拔起，顺着幼发拉底河漂流。一位在河边漫步的仙女看到这棵树，将树移栽到天神的花园中。女神伊娜娜精心培育，希望有朝一日，可用成材的树木为自己打造座椅和床榻。十年过去，伊娜娜却气恼地发现，她的希望落空了。一条蛇踞在树根处，一只鸟在树上筑了窝，一名叫作梨丽（Lilith）的魔女住在树干中央。吉尔伽美什杀死了蛇，驱赶走了鸟，魔女落荒而逃。他用这棵树的树干，为女神伊娜娜打造了座椅和床榻，用树根为自己造了 pukku（球），用树冠的木材为自己打造了 mikku（棒），这两样东西皆具备魔力。③ 吉尔伽美什和他的伙伴整日玩耍这 pukku 和 mikku。他们的女人厌烦了整日给沉醉于游戏的男人们送吃送喝，将 pukku 和 mikku 投入冥间。上文所述阿卡德语的第 12 块泥板便从这里开启，便有了恩基都自愿赴冥间，吉尔伽美什遍求大神令恩基都重返阳间的故事。

四 山普鲁古毛毯图案的讲述

以上是来自远古、来自远方的《吉尔伽美什》史诗第 12 块泥板与苏

---

① 参阅 George 2003，第 773 页。
② 《吉尔伽美什与桎柳之树》译自 Samuel'N. Kramer 所著 "Gilgamesh and the Huluppu-tree, a Reconstructed Sumerain Text"，*the Oriental Institute of the University of Chicago Assyriological Studies*, No. 10, Chicago, Illinois: the University of Chicago Press（以下简称 Kramer 1938）。
③ 这一梗概依据 Kramer 的英译，参阅 Kramer 1938，第 1—2 页。

美尔语《柽柳》泥板的故事梗概,以下我们初步以看图说话的模式,来剖析毛毯图案所讲述的故事。1、2 号毯图案的故事主题是一致的。1 号毯图案讲述的故事从下至上呈 S 形盘旋展开。此种 S 形的表述方式,既有利于彰显故事的连续性,展示故事的曲折,同时也增加了画面的层次感,再配合各个层面对行装、迈步等细节的描绘,烘托出主人公不畏艰辛,以及他在行程中的不同经历。

a 层

a 层中央作下跪状的是故事的主人公,他位于这一层面构图的中央。这一层面的构图者运用了透视效果,主人公后方一对人物略小,与主人公不在一条水平线上,这使人感觉到这一对人物站在较远的地方,互相依偎的画面传达出二者在互相慰藉,在祈求着什么。右侧两个人物稍显高大,一个端坐于有扶手的座椅之上,扶手一端的蛇头装饰清晰可见。他的前方站立一人,似乎在说着什么,这一对高大的形象代表了一方权威。主人公跪在权威面前,提出了他的请求,他的身量比前方两个肤色呈肉色者矮了近一头,而他的头、肩膀、上身则与代表权威一方的两个人一般魁梧。主人公在祈求着,右侧站立者正在向坐在椅上的人进言。这一坐在蛇椅上的权威,可以按照《吉尔伽美什》"冥间"的故事情节,被视为一方大神。但也可参照希腊史诗《奥德赛》,或许是一个异国国王。位于主人公右侧靠后的青色小人伴随在他的身旁,这暗示了故事的发端。青色小人,面是青色,身是青色,腰间裹着兽皮衣,唯手脚处使用了肉色表现。毛毯的图案上刻画了各种人物,一眼望去便可分辨出老少、男女,他们皆装饰有各种服饰。这些人物,除了出现在 a 层以及 e 层的青色小人之外,其余皆用了肉色、亮黄色来显示生命。亮色代表了生,对比之下,青色小人的阴郁、黑暗凸显出来。青色代表了冥间,青色小人的头顶上有横竖线,这一图案也出现在 2 号毯的 d 层中,也在青色小人的头顶之上。这一横线竖线构成的图案是大地的象征,将这一图案置于青色小人的上方,指明此时的青色小人处于地下,处于冥间之中。小青人的一双脚,按比例稍大,用了不同于身体和脸的色彩,似在着意表现他的一双赤足。而将他的手脚刻意用了亮色表示,说明他是活着下了冥间,仍有生还的希望。青色小人右手明显擎着一个球状物。参照《吉尔伽美什》的《冥间》篇,青色小人的身份得到认证,即为恩基都,此时已经落入冥间。他的头顶上有土地的表征,仿佛在为阿卡德语的第 12 块泥板作形象的描述:"是大地扣留了他。"

而其手中高擎的，不正是吉尔伽美什滚落入冥间的球吗？

a 层的故事所描述的情节大抵如下：

木球落入了冥间，恩基都甘愿赴冥间将木球捡回来。恩基都光着脚、身穿兽皮衣来到冥间。他拿到了球，却被大地扣押，无法返回阳间。吉尔伽美什为救自己的忠实伴侣，告别父母，遍求天下的神灵。此时他来到一位大神面前，下跪恳求大神出手援助，说自己忠实的朋友为捡木球落入冥间，谁能令他重返阳间，有什么办法可使他重返阳间，蛇椅上的大神无法帮助前来求助的吉尔伽美什，因为没有人能够往返于冥间和阳间。但是似乎还是给了他提示，或许某一神灵的仙草可以帮助他。

b 层

当画面上升到 b 层时，故事的主人公位于左侧，他向右望，其余四个人物的脸都望着他，他的独特位置由此而彰显。两块毛毯在这一层面尽管有细节的不同，且 2 号毯的人物似乎少于 1 号毯，但两者所表现的内容是一致的。主人公手握草状物，他面前明显是位女士，女士身后则是一对头戴齿形王冠者，他们或者是神灵，或者是异域的国王与王后，而吉尔伽美什面对的，应是一女神，或者公主。毛毯 b 层左侧人物明显手中擎有一物，像是对某种植物的刻画。

b 层所描述的故事大抵如下：

为获得仙草，吉尔伽美什来到传说中的国度。吉尔伽美什向国王夫妇讲述了自己的诉求，向他们索取能够穿越阳间和冥间的仙草。但是，国王夫妇告诉他，世间没有人可以往返于冥间和阳间，即使仙草也无能为力。他们知道唯一一个人穿越了生死，达到了永生，这便是渡过了大洪水的老者乌塔纳毗湿特，他或许有仙药能将人从冥间带回，但他住在遥远的地方。吉尔伽美什赢得了国王夫妇的独生公主的爱戴，顺利拿到了仙草。但是仙草只能帮助他克服跋山涉水的辛苦，而真正长生不老、返老还童的仙药在唯一长寿人之处。于是吉尔伽美什拿着仙草告别了公主，踏上了征程。

c 层

1 号毯 c 层比较特殊，由左、右两组画面构成。右边一组的主人公位于右边，面朝左。画面表现了他经历的两件事情，下方是一个坐在高背椅之上的人，他似乎讲述着什么，而上方一个老者，须眉长且白，象征绵长的生命，似乎正在将一杯盏送给远道而来的年轻人，他就是 c 层右组画面的主人公，画面呈现的是他在旅途的状态：一方面通过背上的行囊、迈开的双腿而得到展示，另一方面，自 a 层盘旋而上的设计安排也赋予了观者这样的感受。1 号毯的 c 层对应 2 号毯的 c 层，但 2 号毯的构图要简单些。

  c 层左侧一组图蕴含的故事似乎更多些。这一组分作上下两组，下面一组刻画了两名女性，一名女性呈坐姿。2 号毯 c 层构图简单，似省略了 1 号毯右侧的情节。主人公吉尔伽美什出现在 2 号毯 c 层的最右位置，中间刻画了一个戴着耳饰的人物，看上去像是女性。最值得注意的是 1 号毯 c 层左侧上面一组图，主人公出现在右侧，面对着一位老者。此时他肩上扛着一工具，右手也握着一工具。而他面对的老者，长眉白须，正在将一杯盏赠予他。下方则是一女性人物，也在将杯盏赠予对面的女子。

  非常值得关注的是 1 号毯 c 层左侧上图男子所肩扛的工具，以及右手握的工具，这两件物品在 1 号毯 c 层右侧的主人公处也可得到验证。主人公肩扛的，好像是一柄修长的木栓，右手所持一时难以名状，似刻画有齿柱，像是板斧，也像钉耙，无论 1 号毯还是 2 号毯，这一组图所描绘主人公装备了工具的画面，是一致的。虽不能定性，但这两样工具还是令人想起巴比伦传统吉尔伽美什的特征。史诗《吉尔伽美什》第一章，吉尔伽美什梦见有斧子从天而降，成为他的挚爱。有学者甚至在吉尔伽美什的名字中读出"斧"字，甚至读出"用斧子劈木者"。[1]

  c 层故事情节构想：

  服用了仙草，吉尔伽美什风尘仆仆，跨越了千山万水，终于见到了唯一获得长生的乌塔纳毗湿特，这是一位经历了大洪水的仙人，他被吉尔伽美什的真诚所感动，把能够使人返老还童的药水给了吉尔伽美什。但是告诉他，没有人能将堕入冥间的人起死复生，除非他能够找到生命之树。生命之树生长在伊娜娜天神的花园里，生命之树制作的魔棒，可以帮助堕入冥间者返阳。为此，他需要掌握伐天树的技巧，需要获得神斧，而神斧唯独工匠之神拥有。吉尔伽美什又来到了工匠之神的住处。这时候工匠大神告诉他，生命之树确实生长在女神伊娜娜的花园，如果他能战胜盘踞在树上的毒蛇，为伊娜娜砍下这棵柽柳，用神斧、天树制作的魔棒，或能将人从冥间返阳。吉尔伽美什在工匠神这里学艺，得到工匠神授予的神斧。

---

[1] 参阅 George 2003，第 87 页。

d 层

相对于 c 层人物布局的紧凑，d 层的构图略显疏朗，这一层所表现的应是故事的核心部分。在这一层面，1、2 号毯的主题是一致的，细节可以相互呼应并补充。到了 d 层面，主人公从 c 层的右侧又蜿蜒到了左侧，这一层上所描绘的人物全部面朝左侧。这一层的画面十分丰富，主人公身着明亮的黄色，面对他的是一女性形象，耳环和衣裙清晰可辨。仔细观察我们可发现，1、2 号毯在这一层都表现了两棵树，但两棵树所使用的颜色不同。左边的一棵树树干使用了亮黄色，与主人公衣服的颜色是一致的，右边一棵树使用了肉色，色彩与毛毯图案上凡是用来表现生命的颜色是一致的，1 号毯上的青色小人再次出现，就站立在这棵树的旁边，此与 2 号毯所表现的一致。但是 2 号毯右侧肉色的树上，似有蛇头探出于树杈之间，此所描绘的场面——蛇盘踞在树上，与《柽柳》所描绘的情形几近一致。这一棵树应是生命之树，代表了生命。蛇与生命之树的联系，也反映在古代犹太人的信仰中。[①]

d 层故事再现：

吉尔伽美什来到天庭的花园，伊娜娜女神欢迎他的到来，为他讲述了生命之树的来源。这棵树本生长在幼发拉底河岸……（如苏美尔语版《柽柳》）。这棵生长在天堂的树，能流出起死回生的汁液，它可以使病入膏肓的人恢复健康。用它的树冠之木制成的木棒，可以令堕入冥间的人返阳。但是一条蛇怪盘踞在树上，吉尔伽美什挥动神斧，驱赶走蛇怪。他从生命之树的树冠，获得了制作魔棒的木材，打造出魔棒。最终，他凭借魔棒的威力起死回生。因为他拥有此起死回生的魔棒，所以吉尔伽美什又被尊为超度生死的大神，他值守在生死之河，将故去的人渡往天堂。

[①] 天庭有生命之树，这样的记述广泛传播于犹太民族之中。例如亚当、夏娃与天堂的生命之树，见 L. Ginzburg, *The Legends of the Jews*, vol. 1, Philadephia: Jewish Publication Society, 1909, 第 93—94 页。关于生命之树，西方学者讨论较多，甚至有学者从犹太一神论以及希腊哲学的层面展开讨论，认为生命之树是神秘的象征。详见 Simo Parpola, "The Assyrian Tree of Life: Tracing the Origins of Jewish Monotheism and Greek Philosophy", *Journal of Near Eastern Studies*, vol. 52, no. 3 (Jul., 1993), pp. 161-208, 还有针对这篇论文的批评：Jerrold Cooper, "Assyrian Prophecies, the Assyrian Tree, and the Mesopotamian Origins of Jewish Monotheism, Greek Philosophy, Christian Theology, Gnosticism, and Much More Assyrian Prophecies by Simo Parpola", *Journal of the American Oriental Society*, vol. 120, no. 3 (Jul.-Sep., 2000), pp. 430-444, 关于生命之树，需要结合古代于阗的一些现象专题讨论。

e 层

e 层应是大结局的画面，因为毛毯图案自下而上蜿蜒至此结束。e 层与 a 层相呼应，中心人物重新回到画面的中心位置，这说明旅途结束了，故事的主人公又占据了中心位置。1 号毯 e 层画面，让我们感受到两个中心人物。其一是从左侧数第三个人物，他戴着耳环，身着蓝色服饰，双手握着曲棍一样的东西，这便是告别了天庭的吉尔伽美什。图案显示他在做回望的动作，而来送行的人中，那位白眉白胡须的老者非常抢眼。在他的右侧，显然是这一画面的又一中心人物，他的个子明显矮于第一主人公，毛毯用鲜亮的黄色突出了他裸露的四肢，此人似乎仅在腰部有蓝色的服饰。从他低小的身形以及裸露的四肢判断，这个形象应是 1 号毯 a 层青色小人再生的形象。此时，他正迈开双腿，愉悦地扑向前来迎接他的人。1 号毯的 f 层是 2 号毯所缺少的，而且残漏了关键信息。从剩余画面看，位于左上角的小人赤裸四肢，右手擎着一样物品，与 a 层的青色小人相呼应，再次显示了这个赤裸四肢的小人与小青人的关系。1 号毛毯 a 层中部的青色小人为揭开整个故事的发端提供了线索。a 层画面的青色小人，面与身是青色，腰间裹着兽皮衣，唯手脚处使用了肉色表现。再观大结局 e 层面小人的亮色，可发现在整个构图中，亮色代表了生。整个毛毯的人物中，所有生命体皆使用了亮色。对比之下，a 层青色小人的阴郁、黑暗凸显出来，在亮色代表生命的整体画面中，青色似代表了冥间。尤其是，青色小人的头顶上有横竖线。这一图案又出现在 2 号毯的 d 层面，也在青色小人的头顶之上，这一横线竖线构成的图案是大地的象征。将这一图案置于青色小人的上方，指明此时的青色小人处于地下，处于冥间之中。而将他的手脚刻意用了亮色表示，说明他是活着下了冥间，仍有生还的希望。

五　山普鲁的奇迹

现将毛毯图案表现的故事归纳如下：球落入冥间，吉尔伽美什的好友恩基都下冥间捡球，被大地滞留。吉尔伽美什遍求神灵，依次获得了仙草、仙药、神斧。他最终来到伊娜娜女神的花园，找到了生命之树，驱赶走盘踞在树上的蛇灵，用树冠的木材打造了魔棒，令恩基都返阳。吉尔伽美什也因此完成了从人到神的旅程，超越了生死，从此成为超度亡灵的大神。

　　层层分析了毛毯图案蕴含的故事后我们发现，山普鲁毛毯图案所讲述的故事实际上是运用了巴比伦版第 12 块泥板《冥间》篇和苏美尔语版《栒柳》之神话的框架，讲述了一个完整的故事。这里需要指出，公元前 1500 年巴比伦版本第 12 块泥板的《冥间》，以及公元前 2000 年苏美尔语版本的《栒柳》，本是两节残破的故事，相互间缺乏逻辑关联。如何将苏美尔语版的《栒柳》故事与《冥间》相连接，实际上一直是未解之谜。学者们普遍认为《栒柳》故事应冠在《冥间》之首。而根据山普鲁古毛毯所述情节之发展，《栒柳》部分实际上是《吉尔伽美什、恩基都与冥间》之故事的结束部分。换句话说，古毛毯讲述的故事，犹如一组机关，将原来散落的两节碎片整合起来。

　　苏美尔语"栒柳"之泥板，制造于公元前 2000 年，而故事的发生则更早。阿卡德语的标准版《吉尔伽美什》完成于公元前 1500 年前后。随着巴比伦文化的覆灭，楔形文字、泥板制作退出人类文明的历史舞台，这些故事也与特殊的书写文化一同被埋葬。本文开篇处已经说明，1 号毯、2 号毯织成的年代，约在公元 5—7 世纪之间。即使以最早的可能性，即公元 5 世纪为起始点，与苏美尔语、阿卡德语的《吉尔伽美什》版本之间也相隔了至少两千多年的时光，更何况，苏美尔语、阿卡德语之版本代表的是两河流域的文明，那里的民间信仰，从地理上与位于新疆丝路南道的山普鲁相隔千山万水。无论时间还是空间，相隔如此遥远，苏美尔时代、巴比伦时代的史诗竟然以连环画的形式出现在山普鲁的毛毯上，这一把打开一扇古代文明之门的钥匙，竟然保存在新疆山普鲁的戈壁滩，这不能不说是一个真正的奇迹，一个人类文明传播的奇迹。

　　一个故事，在原发起地消失，却转生在新疆地区，这样的奇迹已经不是第一次发生。《吉尔伽美什》之史诗的重要人物，吉尔伽美什、胡姆巴巴（Humbaba），以及经历了大洪水的 ta-napi ti，他们的名字并未在任何阿拉米语的版本中流传下来，却在吐鲁番出土的摩尼教《巨人书》中出现，这为《吉尔伽美什》史诗框架内的故事在新疆出现提供了可能。[①] 这为《吉尔伽美什》史诗框架内的故事在新疆出现提供了可能。

---

① 这一观点来自 George 2003, 第 155 页。吐鲁番出《巨人书》，见 W. B. Henning, "The Book of the Giants", 载于 *Bulletin of the School of Oriental and African Studies*, 1943, 第 52—74 页。

1、2号毛毯与另外三条方形毛毯出自同一地方，那三条毛毯是供奉给一个名叫Sūm的人。笔者依据藏文《于阗国授记》以及于阗语文献，认为Sūm可能正是于阗语文献中出现的Sūmapaua（"苏摩福德，月福德"）。根据传说，"月福德"曾经是一个即将修成正果的僧人，为了保住水源而沉入地下，变成一条龙为寺前的小河供水。现在，这座寺庙早已不复存在，寺前的小河也干涸成戈壁滩，随之逝去的还有关于英雄的传说。传说虽已不传，但"月福德"的名字作为地名保存下来，所谓"月福德"正是"山普鲁"。那么，描绘了"吉尔伽美什与恩基都返阳"之故事的毛毯，怎么会与那供奉"月福德"之毯一道出现呢？两种不同图案的毛毯之间有必然联系吗？关于这一问题，我们将在下篇做详细论述。

（作者单位：北京大学外国语学院）